Science meets Practice

Reihe herausgegeben von
Marko Sarstedt, Institut für Marketing
Ludwig-Maximilians-Universität München
München, Deutschland

Das Ziel der Reihe Science meets Practice ist es, den neuesten Stand der Forschung zu einem klar umrissenen Gebiet für Marketer aufzubereiten. Die Autoren vermitteln klare und auf den neuesten Forschungsergebnissen basierende Empfehlungen, die Marketer unmittelbar in ihrem Alltag einsetzen können. Um dieses Ziel zu erreichen, werden die Inhalte prägnant und möglichst anschaulich vermittelt, ohne jedoch an Stringenz einzubüßen. Videos und Zusatzinformationen auf Webseiten, welche über die Springer More Media-App abgerufen werden können, reichern die Inhalte an.

The book series "Science meets Practice" presents latest research on clearly defined topics for marketers. The authors provide concise recommendations based on the most recent research findings that marketers can immediately apply in their daily work. To achieve this goal, the content is conveyed succinctly and as vividly as possible, without compromising on rigor. Videos and additional information available on websites through the Springer More Media app supplement the content.

The series is bilingual, featuring works in both English and German.

Sascha Raithel • Setareh Heidari •
Jan von Schlieben-Troschke

Produktrückrufmanagement

Vorbereitung, Durchführung und Regeneration

Sascha Raithel
Marketing-Department
Freie Universität Berlin
Berlin, Deutschland

Setareh Heidari
Marketing-Department
Freie Universität Berlin
Berlin, Deutschland

Jan von Schlieben-Troschke
Marketing-Department
Freie Universität Berlin
Berlin, Deutschland

ISSN 2730-714X   ISSN 2730-7158 (electronic)
Science meets Practice
ISBN 978-3-658-47939-8   ISBN 978-3-658-47940-4 (eBook)
https://doi.org/10.1007/978-3-658-47940-4

Die Deutsche Nationalbibliothek verzeichnet diese Publikation in der Deutschen Nationalbibliografie; detaillierte bibliografische Daten sind im Internet über https://portal.dnb.de abrufbar.

© Der/die Herausgeber bzw. der/die Autor(en), exklusiv lizenziert an Springer Fachmedien Wiesbaden GmbH, ein Teil von Springer Nature 2025

Das Werk einschließlich aller seiner Teile ist urheberrechtlich geschützt. Jede Verwertung, die nicht ausdrücklich vom Urheberrechtsgesetz zugelassen ist, bedarf der vorherigen Zustimmung des Verlags. Das gilt insbesondere für Vervielfältigungen, Bearbeitungen, Übersetzungen, Mikroverfilmungen und die Einspeicherung und Verarbeitung in elektronischen Systemen.
Die Wiedergabe von allgemein beschreibenden Bezeichnungen, Marken, Unternehmensnamen etc. in diesem Werk bedeutet nicht, dass diese frei durch jede Person benutzt werden dürfen. Die Berechtigung zur Benutzung unterliegt, auch ohne gesonderten Hinweis hierzu, den Regeln des Markenrechts. Die Rechte des/der jeweiligen Zeicheninhaber*in sind zu beachten.
Der Verlag, die Autor*innen und die Herausgeber*innen gehen davon aus, dass die Angaben und Informationen in diesem Werk zum Zeitpunkt der Veröffentlichung vollständig und korrekt sind. Weder der Verlag noch die Autor*innen oder die Herausgeber*innen übernehmen, ausdrücklich oder implizit, Gewähr für den Inhalt des Werkes, etwaige Fehler oder Äußerungen. Der Verlag bleibt im Hinblick auf geografische Zuordnungen und Gebietsbezeichnungen in veröffentlichten Karten und Institutsadressen neutral.

Planung/Lektorat: Barbara Roscher
Springer Gabler ist ein Imprint der eingetragenen Gesellschaft Springer Fachmedien Wiesbaden GmbH und ist ein Teil von Springer Nature.
Die Anschrift der Gesellschaft ist: Abraham-Lincoln-Str. 46, 65189 Wiesbaden, Germany

Wenn Sie dieses Produkt entsorgen, geben Sie das Papier bitte zum Recycling.

Vorwort

Das Buch *Produktrückrufmanagement: Vorbereitung, Durchführung und Regeneration* taucht tief in das komplexe Thema der Produktrückrufe und die Feinheiten ihres effektiven Managements ein. Unser Ziel als Autorinnen und Autoren war es, einen ganzheitlichen Überblick über dieses kritische Themenfeld zu geben und dabei im gesamten Buch eine Balance zwischen Forschungsergebnissen und praktischen Anwendungsmöglichkeiten zu wahren.

Unser Buch präsentiert aktuelle Forschungsergebnisse, ergänzt durch detaillierte Fallstudien, die zentrale Konzepte und Strategien veranschaulichen. Neben der Bedeutung von Produktrückrufen beleuchten wir ihre Auswirkungen auf Unternehmen, insbesondere im Hinblick auf rechtliche, nichtfinanzielle und finanzielle Konsequenzen.

Des Weiteren analysieren wir die vielfältigen Rollen verschiedener Interessengruppen, darunter Kundinnen, Händlerinnen, politische Entscheidungsträgerinnen, Regulierungsbehörden, Lieferantinnen, Medien, Investorinnen und Finanzanalystinnen. Im Rahmen einer umfassenden Untersuchung betrachten wir den gesamten Zyklus des Produktrückrufmanagements und erläutern die Phasen vor, während und nach einem Rückruf.

Besonderes Augenmerk legen wir auf die spezifischen Gegebenheiten des deutschsprachigen Raums sowie auf branchenspezifische Unterschiede, insbesondere in der Konsumgüter-, Lebensmittel- und Automobilindustrie. Eine vertiefte Analyse von Spillover-Effekten und Folgewirkungen vermittelt ein ganzheitliches Verständnis der weitreichenden Implikationen von Produktrückrufen.

Zum Abschluss des Buches fassen wir die zehn zentralen Erkenntnisse unserer Untersuchung zusammen und bieten eine vorausschauende Perspektive auf zukünftige Herausforderungen und Chancen im Rückrufmanagement.

Dieser umfassende Leitfaden zum Produktrückrufmanagement richtet sich an ein breites Publikum, darunter Managerinnen, Studierende, Pädagoginnen und Forschende, die sich mit der Komplexität von Produktrückrufen befassen.

Wir möchten Shishi Liu, Senait Tenaw, Alexander Mafael, Stefan Hock und Harald van Heerde herzlich für ihre Unterstützung bei diesem Projekt danken. Ein besonderer Dank gilt Eric Wagner und Marc Ruttloff von Gleiss Lutz sowie Chris Harvey und Matt Gigg von Sedgwick für ihre wertvollen Beiträge zu diesem Buch. Ebenso danken wir Barbara Roscher, Birgit Borstelmann, Prashanth Mahagaonkar und Ramya Prakash von Springer für ihre kompetente Hilfe bei der Erstellung dieses Buches. Schließlich danken wir dem Herausgeber der Buchreihe, Marko Sarstedt, für seine Unterstützung. Wir danken ihnen allen herzlich.

Die Autorinnen sind selbstverständlich verantwortlich für verbleibende Mängel und Fehler.

Wir verwenden in diesem Buch das generische Femininum.

Berlin
März 2025

Sascha Raithel
Setareh Heidari
Jan von Schlieben-Troschke

Was Sie in diesem Science meets Practice finden können

- Dieses Buch dient als umfassender Leitfaden für das Produktrückrufmanagement.
- Es fasst die neuesten Forschungsergebnisse im Bereich des Produktrückrufmanagements strukturiert zusammen.
- Es zeigt alle relevanten Aspekte anhand von mehr als zwanzig detaillierten Fallstudien aus der Praxis auf.
- Das Buch bietet Checklisten und praktische Anleitungen.
- Den Abschluss bilden zehn zentrale Erkenntnisse, die den Leserinnen helfen, die Herausforderungen des Produktrückrufmanagements erfolgreich zu bewältigen.

Inhaltsverzeichnis

1 **Über die Notwendigkeit eines Produktrückrufmanagements** 1
Literatur 9

2 **Eigenschaften von Produktrückrufen** 11
Literatur 16

3 **Auswirkungen von Produktrückrufen auf den Unternehmenserfolg** 17
   3.1 Haftungsrechtliche Auswirkungen 23
   3.2 Auswirkungen auf den nicht-finanziellen Unternehmenserfolg 30
   3.3 Auswirkungen auf den finanziellen Unternehmenserfolg 37
Literatur 41

4 **Die Rollen der verschiedenen Stakeholdergruppen** 45
   4.1 Kundinnen 46
   4.2 Groß- und Einzelhändlerinnen 49
   4.3 Politische Entscheidungsträgerinnen und Regulierungsbehörden 57
   4.4 Zulieferinnen 60

4.5	Medien	64
4.6	Investorinnen und Finanzanalystinnen	68
Literatur		71

5 Der Produktrückrufmanagement-Zyklus — 75
- 5.1 Vor-Rückruf-Phase: Planung & Bereitschaft zum Rückruf — 82
  - 5.1.1 Abteilungsübergreifende Task Force für Produktrückrufe — 85
  - 5.1.2 Allgemeine Leitlinien für Produktrückrufe — 87
  - 5.1.3 Aus- und Weiterbildungsprogramme — 89
  - 5.1.4 Rückrufsimulationen — 91
  - 5.1.5 Produktrückverfolgung, Sicherheit und Qualitätskontrolle — 92
- 5.2 Rückruf-Phase: Prozess & Kommunikation — 94
  - 5.2.1 Problemidentifikation — 96
  - 5.2.2 Risikobewertung — 98
  - 5.2.3 Entscheidung zum Rückruf — 99
  - 5.2.4 Erstellung eines Rückrufplans — 102
  - 5.2.5 Kommunikation mit den relevanten Stakeholdern — 105
  - 5.2.6 Durchführung und Überwachung von Rückrufen — 113
  - 5.2.7 Dokumentation und Berichterstattung — 115
- 5.3 Post-Rückruf-Phase: Erholung & Lerneffekte — 115
  - 5.3.1 Wiederherstellung des Unternehmenserfolgs — 116
  - 5.3.2 Aus der Krise lernen — 120
- Literatur — 123

6 Branchenunterschiede — 129
- 6.1 Konsumgüter — 130
- 6.2 Lebensmittelindustrie — 136
- 6.3 Fahrzeugindustrie — 140
- Literatur — 145

7 Produktrückrufe im deutschsprachigen Raum — 149
- Literatur — 158

8	**Spillover-Effekte**	**151**
8.1	Spillover-Effekte auf Produkte desselben Unternehmens	152
8.2	Spillover-Effekte auf Wettbewerberinnen	154
8.3	Spillover-Effekte auf B2B-Kundinnen	170
	Literatur	171
9	**Fazit: Top 10 der wichtigsten Erkenntnisse und Ausblick auf zukünftige Herausforderungen**	**173**
	Literatur	179

Literatur 131

Stichwortverzeichnis 133

Über die Autorinnen

Sascha Raithel ist Professor für Marketing am Fachbereich Wirtschaftswissenschaft der Freien Universität Berlin. Vor seinem Promotionsstudium an der Ludwig-Maximilians-Universität in München sammelte er umfangreiche Erfahrungen als Berater für verschiedene multinationale Unternehmen. Seine Forschungsinteressen konzentrieren sich hauptsächlich auf die Auswirkungen von Produktschadenskrisen auf Marktakteure und das effektive Management von Produktrückrufen. Darüber hinaus erforscht er marktorientierte Vermögenswerte, insbesondere die Schaffung, monetäre Bewertung und Verwundbarkeit von Vermögenswerten wie der Reputation und dem Markenwert. Seine Expertise wird häufig in führenden TV- und Nachrichtenmedien präsentiert. Er tritt zudem als Keynote-Speaker auf. Seine Arbeit wurde in renommierten akademischen und praxisorientierten Zeitschriften veröffentlicht, darunter *Management Science, Strategic Management Journal, Journal of Marketing Research* und *Harvard Business Review*.

Setareh Heidari ist wissenschaftliche Mitarbeiterin und Doktorandin am Marketing-Department des Fachbereichs Wirtschaftswissenschaft der Freien Universität Berlin. Ihre Forschungsprojekte befassen sich mit dem effektiven Management von Produktrückrufen und dessen Auswirkungen auf Unternehmen und Verbraucherinnen. Vor ihrem Promotionsstudium arbeitete sie im Bereich Industrial Engineering, was ihr eine vielfältige Perspektive auf ihrem akademischen Weg ermöglicht.

Jan von Schlieben-Troschke ist wissenschaftlicher Mitarbeiter und Doktorand am Marketing-Department des Fachbereichs Wirtschaftswissenschaft der Freien Universität Berlin. Seine Forschung konzentriert sich auf den Verbraucherschutz und das Management von Produktrückrufen. Im Mittelpunkt seiner Forschung steht die Effektivität von Produktrückrufen. In seinen Forschungsprojekten untersucht er die Determinanten effektiver Produktrückrufe sowie deren Auswirkungen auf Verbraucherinnen und Unternehmen. Vor seinem Promotionsstudium konnte er Erfahrung im Bereich Marketing bei Amazon und Coca-Cola sammeln.

1

Über die Notwendigkeit eines Produktrückrufmanagements

Tauchen Sie ein in die Welt der Produktrückrufe, in der Krisen von enormem Ausmaß weltweit schwerwiegende und branchenübergreifende Konsequenzen haben. Stellen Sie sich folgenden Fall vor: Im September 2016 kündigte Samsung einen Massenrückruf von einer Million Galaxy Note 7 Smartphones an – einem Gerät, das zuvor als technologischer Vorreiter gefeiert wurde (CPSC, 2016). Der Grund: Überhitzende und explodierende Batterien, die 26 Verbrennungsfälle und 55 Sachschäden verursachten. Die Kosten für Samsung beliefen sich auf 5,3 Mrd. Dollar (Lopez, 2017).

Werfen wir einen Blick ins Jahr 2008: Der Rindfleischrückruf der Firma Westland/Hallmark markierte einen der größten Rückrufe dieser Art in der Geschichte. Über 143 Mio. Pfund Rindfleisch wurden aufgrund mangelhafter Qualitätskontrollen als nicht zum Verzehr geeignet eingestuft (USDA, 2009). Die anfänglichen Kosten stiegen auf über 116 Mio. Dollar. Letztlich führte ein Vergleich über 500 Mio. Dollar zum Untergang des Unternehmens (Canavan, 2013).

Ebenfalls 2008 erschütterte die chinesische Milchkrise die Öffentlichkeit: Eine Melaminverseuchung führte zum Rückruf von 9000 Tonnen Sanlu-Milchpulver. Die Konsequenzen waren verheerend: Der Skandal führte zu einem besorgniserregenden Anstieg von Nierensteinen und Fällen von Nierenversagen bei Säuglingen in China. Sechs Kinder verloren ihr Leben, 294.000 Kinder wurden wegen Krankheiten behandelt, die auf verunreinigte Milch zurückzuführen waren, und über Sanlu schwebte das Schreckgespenst des Bankrotts. Angesichts erheblicher Schulden aus Schadensersatzforderungen musste Sanlu im Dezember 2008 Insolvenz anmelden. Zwei Personen wurden wegen des Verkaufs von Melamin an Molkereien zum Tode verurteilt (Wishnick, 2008).

Nicht nur Unterhaltungselektronik und Lebensmittel sind von Produktrückrufen betroffen, sondern auch die Automobilindustrie. Die fehlerhaften Airbags der Takata Corporation führten ab 2013 zu einer der größten Rückrufwellen in der Geschichte. Über 100 Mio. Fahrzeuge verschiedenster Marken wurden zurückgerufen. Die Bilanz: 25 Mrd. Dollar an Kosten, 27 bestätigte Todesfälle und über 400 Verletzte durch tödliche Metallsplitter (Allianz 2017; NHTSA 2024; Klayman & Geoghegan, 2015). Obwohl die Takata Corporation 2017 Insolvenz anmeldete, sind heute noch Millionen von Fahrzeugen mit den defekten Airbags auf den Straßen unterwegs (Hals, 2018; NHTSA, 2024).

Diese spektakulären Rückrufe bilden jedoch nur die Spitze des Eisbergs. Produktrückrufe sind ein globales Phänomen, das sämtliche Sektoren betrifft. Abb. 1.1 zeigt, dass die Anzahl der Produktrückrufe im Jahr 2023 in den Bereichen Automobil, Lebensmittel und Konsumgüter in den USA, der EU + Großbritannien und China insgesamt 10.954 erreichte. Dies entspricht einem Anstieg von 52 % gegenüber dem Jahr 2013.

Die steigende Anzahl von Produktrückrufen in verschiedenen Branchen und Regionen kann auf mehrere miteinander verbundenen Faktoren zurückgeführt werden, die sowohl das wirtschaftliche als auch das regulatorische Umfeld beeinflussen. Der in den Märkten vorherrschende wirtschaftliche Druck zwingt Unternehmen häufig dazu, Kostensenkungsmaßnahmen zu ergreifen, die die Qualität und Sicherheit ihrer Produkte gefährden können. Diese Maßnahmen können zum Beispiel den Abbau erfahrener Mitarbeiterinnen und die Wahl kostengünstigerer Lieferantinnen umfassen, was sich letztlich negativ auf die Qualität des Endprodukts

1 Über die Notwendigkeit eines Produktrückrufmanagements

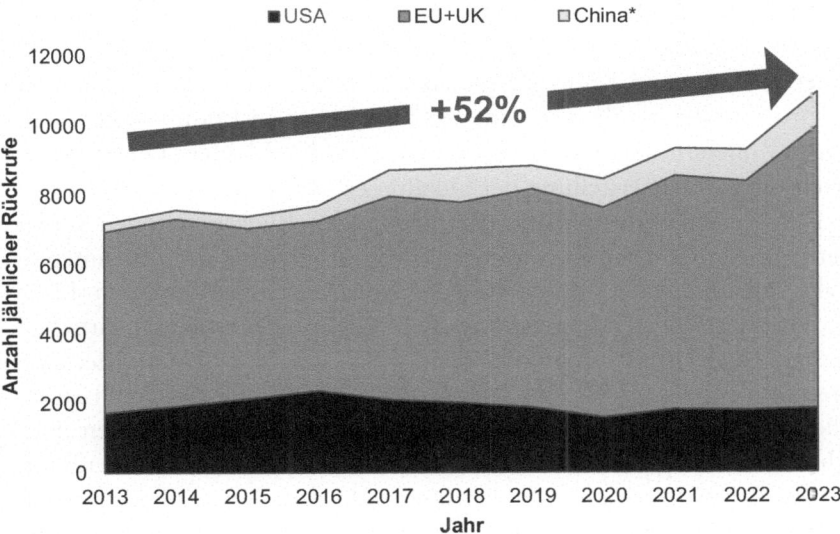

Abb. 1.1 Jährliche Rückrufanzahl in den USA, der EU + Großbritannien und China für Automobile, Lebensmittel und Konsumgüter. (*Lebensmittelrückruf-Daten für China waren nicht verfügbar. Quelle: Eigene Darstellung basierend auf Daten der NHTSA (https://www.nhtsa.gov/resources-related-investigations-and-recalls/annual-recall-reports), USDA (https://www.fsis.usda.gov/food-safety/recalls-public-health-alerts/annual-recall-summaries/summary-recall-and-pha-cases), US FSIS (https://data-dashboard.fda.gov/ora/cd/recalls.htm), US CPSC (https://www.cpsc.gov/About-CPSC/Agency-Reports/Performance-and-Budget), EU Safety Gate (https://ec.europa.eu/safety-gate-alerts/screen/), EU RASFF (https://food.ec.europa.eu/safety/acn/reports-and-publications_en), und der Chinese State Administration für Marktregulierung (https://www.samr.gov.cn/zw/zfxxgk/fdzdgknr/zlfzs/art/2024/art_6a4d19d27bca422dbd726784d7439d0b.html))

auswirken kann. Hinzu kommt der durch Wettbewerbsdruck ausgelöste Zwang zu kürzeren Produktentwicklungszyklen, der die verfügbare Zeit für gründliche Tests und Sicherheitsbewertungen weiter einschränkt.

Die zunehmende Verschärfung gesetzlicher Vorschriften für Produktsicherheit erhöht die Herausforderungen für Unternehmen zusätzlich. Strengere Regulierungen erfordern die Einhaltung komplexerer Sicherheitsstandards, was das Risiko nicht konformer Produkte und damit verbundener Rückrufaktionen steigert. Ein Beispiel hierfür ist die Sanlu-Säuglingsmilchpulver-Krise , die die gravierenden Folgen der Nichteinhaltung gesetzlicher Vorgaben verdeutlicht (Wishnick, 2008).

Auch die Globalisierung der Lieferketten stellt eine bedeutende Herausforderung für die Sicherstellung der Produktsicherheit dar. Die Überwachung und Kontrolle globaler Lieferketten werden zunehmend anspruchsvoller, da die verwendeten Materialien in Endprodukten zahlreiche Zulieferinnen und Produktionsstätten durchlaufen. Dieser Prozess erschwert die Sicherstellung der Qualität erheblich (Allianz, 2017).

Defekte Produkte und die darauffolgenden Rückrufaktionen sind in der heutigen Geschäftswelt allgegenwärtig. Angesichts der zunehmenden Zahl expandierender multinationaler Konzerne mit komplexen Lieferketten, der strengeren Regulierungsstandards und des erhöhten wirtschaftlichen Drucks ist es von entscheidender Bedeutung, wirksame Mechanismen und Strategien für das Management von Produktrückrufen zu etablieren. Solche Ansätze sind unerlässlich, um sowohl die Schäden durch fehlerhafte und gefährliche Produkte für Kundinnen als auch den resultierenden Reputationsverlust der betroffenen Unternehmen zu minimieren.

Die nachfolgenden Beispiele veranschaulichen die erheblichen Unterschiede zwischen schlecht und gut gemanagten Produktrückrufen und betonen die Bedeutung proaktiver Rückrufstrategien zum Schutz des Wohls der Kundinnen *und* des Wohls der Unternehmen.

> **Die Rückrufe von Kinder-Schokolade in den Jahren 2022 und 2023**
>
> Die Rückrufe von Kinder-Schokolade in den Jahren 2022 und 2023 verdeutlichen eindrucksvoll die Bedeutung schnellen Handelns bei Produktsicherheitsproblemen. Im April 2022 leitete Ferrero, einer der führenden Süßwarenherstellerinnen, einen groß angelegten Rückruf mehrerer beliebter Schokoladenprodukte der Marke Kinder ein. Anlass war eine Serie von Salmonellenausbrüchen in ganz Europa, die direkt mit dem Verzehr von Kinder-Schokolade in Verbindung gebracht wurden (Verbraucherzentrale Hamburg, 2023).
>
> Bis Juni 2022 wurden 324 Salmonelleninfektionen gemeldet, die mit Ferreros Produkten in Zusammenhang standen. Dies machte die Entsorgung von über 3000 Tonnen Schokoladenprodukten erforderlich (The Brussels Times, 2022). Besonders alarmierend war, dass die Mehrheit der rkrankten Personen Kinder im Alter von unter 10 Jahren waren. Kinder, ebenso wie ältere Menschen, sind besonders anfällig für schwere Komplikationen wie Dehydrierung, die potenziell lebensbedrohlich sein können (WHO, 2018). Untersuchungen ergaben, dass alle kontaminierten Produkte aus einer einzigen Fabrik in Arlon, Belgien, stammten. Ferrero bestätigte später, dass be-

reits im Dezember 2021 eine Salmonellenkontamination von Rohstoffen festgestellt worden war (PR Newswire, 2022). Die belgischen Behörden reagierten entschlossen: Die Produktionsstätte in Arlon wurde vorübergehend geschlossen, und in verschiedenen Büros von Ferrero fanden Razzien statt, bei denen Dokumente und Computer beschlagnahmt wurden. Die Ermittlungen konzentrieren sich darauf, ob Ferrero seine Pflichten als Lebensmittelhersteller verletzt und gegen gesetzliche Vorschriften zur Lebensmittelsicherheit und Hygiene verstoßen hatte.

Die finanziellen Konsequenzen des Rückrufs waren erheblich. Die Versicherungsgesellschaft Lockton schätzte die Kosten auf über 60 Mio. US-Dollar (Lockton, 2022). Die langfristigen Auswirkungen auf die Einnahmen, die durch den Vertrauensverlust der Verbraucherinnen verursacht werden, zu quantifizieren, erweist sich jedoch als schwierig, insbesondere angesichts der monatelangen Lücke zwischen der ersten Verunreinigungserkennung und dem Beginn des Rückrufs.

Mehr als ein Jahr später, im Juni 2023, wurde die Produktionsstätte von Ferrero in Arlon aufgrund eines weiteren Vorfalls von Salmonellenkontamination erneut stillgelegt. Dieses Mal reagierte Ferrero jedoch schnell und verhinderte, dass kontaminierte Produkte die Verbraucherinnen erreichten. Dadurch konnten die potenziellen Gesundheitsrisiken deutlich reduziert werden (Verbraucherzentrale Hamburg, 2023).

Mattels Spielzeugrückruf im Jahr 2007

Im August 2007 geriet der weltweit agierende Spielzeughersteller Mattel in die Schlagzeilen, als er einen Massenrückruf von Millionen in China produzierter Spielzeuge einleitete (Story & Barboza, 2007). Der Rückruf wurde durch die alarmierende Entdeckung von Blei in der Farbe bestimmter Produkte ausgelöst – eine Substanz, die erhebliche Gesundheitsrisiken für Kinder darstellt. Bereits geringe Mengen Blei können schädliche Auswirkungen haben, während höhere Konzentrationen schwere Schäden am Gehirn und Nervensystem verursachen und im schlimmsten Fall zu Koma, Krämpfen oder sogar zum Tod führen können (WHO, 2018). Gleichzeitig rief Mattel etwa 18 Mio. Spielzeuge mit Magneten zurück, die als potenziell gefährlich eingestuft wurden. Die Kleinteile konnten von Kindern leicht verschluckt werden und schwere gesundheitliche Komplikationen wie Darmverschlüsse verursachen, die chirurgische Eingriffe erforderlich machen.

Mattels unmittelbare Reaktion auf diese Produktsicherheitsprobleme gilt als Musterbeispiel für effektives Rückrufmanagement. Im Gegensatz zum oben genannten Beispiel mit Ferreros Kinderschokolade im Jahr 2022 reagierte Mattel schnell auf die Entdeckung der Mängel (genau wie Ferrero im Jahr 2023) und leitete in Zusammenarbeit mit der US-amerikanischen Consumer Product Safety Commission (CPSC) umgehend einen groß angelegten

Rückruf ein. Das Unternehmen verfolgte eine proaktive Kommunikationsstrategie und kontaktierte nur wenige Stunden nach der Ankündigung des Rückrufs 40 Medienunternehmen. Während der Krise übernahm Mattels CEO Bob Eckert persönlich die Verantwortung. Unter seiner Führung entschuldigte sich Mattel bei den betroffenen Kundinnen, versprach verbesserte Sicherheitsmaßnahmen und arbeitete aktiv mit externen Stakeholdern zusammen (Bartz, 2007; siehe Abb. 1.2). Eckert führte an einem einzigen Tag 14 Fernsehinterviews und 20 Telefonate mit Reporterinnen, während das Unternehmen allein in den USA etwa 300 Medienanfragen beantwortete.

Das Unternehmen führte auch mehrere Werbekampagnen in renommierten Publikationen wie dem Wall Street Journal, der New York Times und USA Today durch. In diesen Anzeigen stand ein einfühlsamer Brief des CEOs im Mittelpunkt, der sich direkt an die Eltern richtete (zitiert nach McIlroy, 2007):

> **Denn Ihre Kinder sind auch unsere Kinder.**
>   Sehr geehrte Eltern,
>   die Sicherheit unserer Kinder hat für uns oberste Priorität. Als Vater von vier Kindern teile ich Ihr Engagement, nur das Beste für unsere Kinder zu wollen. Wir haben einige Spielzeuge aus zwei verschiedenen Gründen zurückgerufen: der Verwendung von Bleifarbe und den Risiken, die mit kleinen Hochleistungsmagneten verbunden sind.

Abb. 1.2 Zusammenfassung des Spielzeugrückrufs von Mattels CEO, Bob Eckert, im Jahr 2007. (Quelle: Screenshot aus einem YouTube-Video (youtube.com/watch?v=9vuCd8Uzwek))

1 Über die Notwendigkeit eines Produktrückrufmanagements

Mein Ziel ist es, sicherzustellen, dass alle Eltern umgehend über diese Probleme informiert werden, betroffene Spielzeuge an uns zurücksenden können und wissen, dass wir bereits umfangreiche Maßnahmen ergriffen haben, um die Sicherheit unserer Produkte nachhaltig zu gewährleisten. Besuchen Sie bitte unsere Webseite unter mattel.com/safety/. Dort finden Sie alle Informationen zu den betroffenen Spielzeugen, zu unseren bisherigen Schritten und Antworten auf häufige Fragen.

Die umfangreiche Erfahrung von Mattel in Sicherheitsfragen hat uns zu einer der vertrauenswürdigsten Marken bei Eltern gemacht. Ich bin zuversichtlich, dass die Maßnahmen, die wir jetzt ergreifen, dieses Vertrauen nicht nur bewahren, sondern weiter stärken werden.

Ich versichere Ihnen persönlich, dass wir mit aller Kraft daran arbeiten, Ihre Anliegen zu berücksichtigen und weiterhin sicheres, unterhaltsames Spielzeug für Sie und Ihre Kinder zu entwickeln.

Aufrichtig,
Bob Eckert
Vorstandsvorsitzender
Mattel, Incorporated.

Mattel ergriff umfassende Maßnahmen, um die Rückrufe effektiv zu managen. Ein speziell eingerichtetes Callcenter diente dazu, Anfragen zu Produktsicherheitsproblemen zu beantworten und Millionen von Kundinnen per Telefon oder E-Mail zu informieren. Das Unternehmen übernahm Verantwortung und verpflichtete sich, nachhaltige Verbesserungen umzusetzen.

Im September 2007 führte Mattel ein neues Drei-Punkte-Kontrollsystem ein, um künftige Bleiverunreinigungen in Spielzeugfarben zu verhindern (Deschene, 2007). Erstens bezieht das Unternehmen Farben ausschließlich von zertifizierten Lieferantinnen, wobei jede Charge vor dem Kauf strengen Tests unterzogen wird. Zweitens wurde die Häufigkeit unangekündigter Inspektionen während des gesamten Produktionsprozesses erhöht. Drittens unterzieht Mattel alle fertigen Produktionsreihen vor der Auslieferung an die Kundinnen umfassenden Tests.

Mattel bewies zudem sein Engagement für Transparenz in Fragen der Produktsicherheit und Rückrufe, indem es auf seiner Homepage einen prominenten Link zu „Rückrufen" platzierte. Dieser leitet Besucherinnen zu einer speziellen Website weiter (service.mattel.com/us/recall.aspx), die als zentrale Informationsplattform für aktuelle Rückrufe dient. Dort können sich Verbraucherinnen auch registrieren, um sofort per E-Mail über neue Rückrufe informiert zu werden.

Trotz dieser Maßnahmen waren die finanziellen Auswirkungen der Spielzeugrückrufe 2007 erheblich. Die Gesamtkosten wurden auf 40 Mio. US-Dollar geschätzt. Zudem verzeichnete Mattel einen Umsatzrückgang, der auf die Besorgnis der Kundinnen über die Produktmängel zurückzuführen war

> (Forbes, 2007). Ohne die proaktive und transparente Reaktion des Unternehmens hätten die negativen Folgen der Rückrufe jedoch weitaus gravierender ausfallen können.

Diese Beispiele verdeutlichen eindrucksvoll die Bedeutung eines effektiven Managements von Produktrückrufen und heben den klaren Unterschied zwischen schlecht und effektiv durchgeführten Rückrufprozessen hervor. Die Folgen eines mangelhaften Umgangs mit Produktfehlern können für Herstellerinnen schwerwiegend sein, mit finanziellen und nicht-finanziellen Konsequenzen wie rechtlichen Problemen, Vertrauensverlust bei Kundinnen und in extremen Fällen sogar Insolvenz.

In den folgenden Kapiteln widmen wir uns zunächst den Grundlagen von Produktrückrufen und Produktschadenskrisen (Kap. 2), gefolgt von einer Analyse ihrer Dynamik und ihrer Auswirkungen auf den Unternehmenserfolg (Kap. 3). Anschließend beleuchten wir die Rolle aller relevanten Stakeholder im Produktrückrufmanagement (Kap. 4).

Darauf aufbauend präsentieren wir praxisnahe Leitlinien für die verschiedenen Phasen des Rückrufprozesses (Kap. 5). Diese umfassen die Entwicklung proaktiver Rückrufstrategien, die optimale Kommunikation von Sicherheitsbedenken gegenüber Stakeholdern sowie die Planung von Regenerationsmaßnahmen nach einem Rückruf. Alle Empfehlungen basieren auf aktueller Forschung und werden durch zahlreiche Fallstudien aus der Praxis untermauert.

Besonderes Augenmerk legen wir auf die Konsumgüter-, Automobil- und Lebensmittelindustrie, die besonders häufig von schwerwiegenden Produktrückrufen betroffen sind. Den branchenspezifischen Herausforderungen im Rückrufmanagement dieser Industrien widmen wir ein eigenes Kapitel (Kap. 6). Darüber hinaus berücksichtigen wir regionale Unterschiede, die sich aus rechtlichen, kulturellen und organisatorischen Rahmenbedingungen ergeben, und analysieren die Besonderheiten des Rückrufmanagements im deutschsprachigen Raum (Kap. 7).

Zusätzlich untersuchen wir die Rolle von Spillover-Effekten,[1] die häufig die Auswirkungen von Rückrufen über das betroffene Produkt hinaus

---

[1] Übertragungseffekte, bei denen Handlungen, Entscheidungen oder Ereignisse in einem Bereich (z. B. der Produktrückruf eines Unternehmens) Auswirkungen auf andere Bereiche (z. B. Wettbewerberinnen) haben. Diese können sowohl positiv als auch negativ sein.

verstärken – mit möglichen Konsequenzen für das gesamte Unternehmensportfolio und die gesamte Branche (Kap. 8).

Zum Abschluss des Buches fassen wir die wichtigsten Erkenntnisse in zehn zentralen Empfehlungen zusammen, die Managerinnen dabei unterstützen, Produktrückrufe erfolgreich zu bewältigen (Kap. 9). Den Abschluss bildet ein Ausblick auf zukünftige Herausforderungen und Entwicklungen, die das Produktrückrufmanagement in den kommenden Jahren prägen werden.

Literatur

Allianz. (2017, Dezember 5). *Product recall risks growing in size and number as technology drives new triggers, warns Allianz*. https://www.allianz.com/content/dam/onemarketing/azcom/Allianz_com/migration/media/press/document/AGCS_product_recall_EN.pdf. Zugegriffen am 15.04.2024.

Bartz, D. (2007, September 12). Mattel apologizes for recalls, backs stronger CPSC. *Reuters*. https://www.reuters.com/article/idUSN12248840/. Zugegriffen am 08.02.2024.

Canavan, N. (2013, März 28). The Business of Recalls: From Booming to Bankrupt. *Food Quality and Safety*. https://www.foodqualityandsafety.com/article/the-business-of-recalls-from-booming-to-bankrupt/). Zugegriffen am 15.04.2024.

Consumer Product Safety Commission. (2016). *Samsung recalls galaxy note7 smartphones due to serious fire and burn hazards*. https://www.cpsc.gov/Recalls/2016/Samsung-Recalls-Galaxy-Note7-Smartphones. Zugegriffen am 09.04.2024.

Deschene, L. (2007, August 20). *Five ways to do damage control like Mattel*. CBS News. https://www.cbsnews.com/news/five-ways-to-do-damage-control-like-mattel/. Zugegriffen am 15.04.2024.

Forbes. (2007, Oktober 15). *Recalls cost mattel in third-quarter*. https://www.forbes.com/2007/10/15/mattel-earnings-recall-markets-equity-cx_af_1015markets12.html. Zugegriffen am 15.04.2024.

Hals, T. (2018, Februar 17). Judge approves Takata's U.S. bankruptcy plan. *Reuters*. https://www.reuters.com/article/idUSKCN1G10SW/. Zugegriffen am 15.04.2024.

Klayman, B. & Geoghegan, I. (2015, Mai 20). Timeline: Takata air bag recalls. *Reuters*. https://www.reuters.com/article/us-autos-takata-takata-idUSKBN0O42QX20150520. Zugegriffen am 09.04.2024.

Lockton. (2022, Mai 12). *A pricey salmonella case hits the product recall space.* https://global.lockton.com/gb/en/news-insights/a-pricey-salmonella-case-hits-the-product-recall-space. Zugegriffen am 15.04.2024.

Lopez, M. (2017, Januar 22). Samsung explains note 7 battery explosions, and turns crisis into opportunity. *Forbes.* https://www.forbes.com/sites/maribellopez/2017/01/22/samsung-reveals-cause-of-note-7-issue-turns-crisis-into-opportunity/?sh=7bb956a324f. Zugegriffen am 09.04.2024.

Mcilroy, M. (2007, August 14). Mattel hopes to reassure parents with print ads. *AdAge.* https://adage.com/article/news/mattel-hopes-reassure-parents-print-ads/119871. Zugegriffen am 19.04.2024.

National Highway Traffic Safety Administration. (2024). *Takata recall spotlight.* https://www.nhtsa.gov/vehicle-safety/takata-recall-spotlight. Zugegriffen am 15.04.2024.

PR Newswire. (2022, April 8). *Ferrero informiert über Rückruf ausgewählter Kinder-Chargen und Zusammenarbeit mit Behörden.* https://www.prnewswire.com/news-releases/ferrero-informiert-uber-ruckruf-ausgewahlter-kinder-chargen-und-zusammenarbeit-mit-behorden-850018447.html. Zugegriffen am 15.04.2024.

Story, L., & Barboza, D. (2007, August 15). *Mattel recalls 19 million toys sent from China.* The New York Times. https://www.nytimes.com/2007/08/15/business/worldbusiness/15imports.html. Zugegriffen am 15.04.2024.

The Brussels Times. (2022, Mai 19). *Up to 324 salmonella contaminations linked to Ferrero factory in Belgium.* https://www.brusselstimes.com/health/225970/up-to-324-salmonella-contaminations-linked-to-ferrero-factory-in-belgium. Zugegriffen am 15.04.2024.

U.S. Department of Agriculture. (2009). *Audit report: Food safety and inspection service oversight of the recall by hallmark/westland meat packaging company.* https://www.fsis.usda.gov/sites/default/files/media_file/2021-03/Audit_Report_Hallmark-Westland_Recall.pdf. Zugegriffen am 15.04.2024.

Verbraucherzentrale Hamburg. (2023, Juli 18). *Salmonellen: rund 300 Infizierte durch belastete Produkte von Ferrero.* https://www.vzhh.de/themen/lebensmittel-ernaehrung/schadstoffe-lebensmitteln/salmonellen-rund-300-infizierte-durch-belastete-produkte-von-ferrero. Zugegriffen am 15.04.2024.

World Health Organization. (2018). *Salmonella (non-typhoidal).* https://www.who.int/news-room/fact-sheets/detail/salmonella-(non-typhoidal). Zugegriffen am 15.04.2024.

Wishnick, E. (2008). Of milk and spacemen: The paradox of Chinese power in an era of risk. *The Brown Journal of World Affairs, 15*, 209.

2

Eigenschaften von Produktrückrufen

> **Was Sie in diesem Kapitel erwartet**
> - Dieses kurze Kapitel charakterisiert Produktrückrufe anhand von sieben Faktoren: (1) rechtliche Bedeutung, (2) Sicherheitsverstöße und Konformitätsprobleme, (3) Verantwortlichkeiten bei der Einleitung, (4) Rückrufmanagementprozess, (5) Motivationen für Rückrufentscheidungen, (6) freiwillige und verpflichtende Rückrufe sowie (7) Rückrufe aufgrund von Fahrlässigkeit oder vorsätzlichem Fehlverhalten.
> - Darüber hinaus wird zwischen verschiedenen Arten der Produktrückholung und verwandten Begriffen differenziert, wie beispielsweise Bestandsrückholung, Produktrücknahme, (latente) Produktschadenskrise, Produktrückruf sowie Rückrufen auf Kundenebene oder auf der Ebene der Vertriebskanäle.

Gesetze und Vorschriften zur Produktsicherheit spielen eine wichtige Rolle bei der Sicherstellung der Integrität von Qualitätsstandards. Die Komplexität dieser Gesetze, die je nach Produktkategorie und Rechtsraum variieren, kann jedoch das Verständnis von Produktrückrufen und deren Abgrenzung von ähnlichen Ereignissen wie Produktschadenskrisen oder Produktrücknahmen erschweren. Astvansh et al. (2024) haben sieben Faktoren identifiziert, die einen Produktrückruf charakterisieren:

1. Das Konzept des Produktrückrufs wird durch rechtliche Rahmenbedingungen geprägt, die auf die Einhaltung diverser Qualitäts- und Sicherheitsstandards abzielen und je nach Produktkategorie variieren können. Rückrufe besitzen erhebliches rechtliches Gewicht und können sowohl zivil- als auch strafrechtliche Konsequenzen nach sich ziehen. Es ist hervorzuheben, dass sich die relevanten Vorschriften primär auf materielle Güter (und nicht auf Dienstleistungen) beziehen.
2. Ein Rückruf ist gerechtfertigt, wenn das Produkt (a) einen Defekt aufweist, der ein erhebliches Risiko für die Sicherheit der Benutzerin darstellt und gegen gesetzliche Normen verstößt, (b) keinen Sicherheitsmangel aufweist, aber gegen Vorschriften verstößt, die nicht sicherheitsrelevant sind, oder (c) den Vorschriften entspricht, jedoch trotzdem einen Sicherheitsmangel aufweist.
3. Die Initiierung einer Rückrufaktion liegt nicht ausschließlich bei der Herstellerin; auch andere Akteurinnen entlang der Wertschöpfungskette können Rückrufmaßnahmen einleiten.
4. Der Rückrufprozess erfordert eine Vielzahl von Managemententscheidungen, wobei die Einleitungsphase als besonders kritisch gilt.
5. Unternehmen entscheiden sich aus unterschiedlichen Gründen für einen Rückruf, etwa (a) um Verantwortung gegenüber Kundinnen zu demonstrieren, (b) um potenzielle Produkthaftungsrisiken zu mindern, oder (c) durch eine Kombination dieser Faktoren.
6. Es ist bemerkenswert, dass nicht alle staatlichen Behörden die gesetzliche Autorität besitzen, Rückrufe anzuordnen. Die zuständigen Stellen neigen daher oft dazu, indirekten Einfluss auf die Unternehmen auszuüben, anstatt zu versuchen in langwierigen Verfahren Vorschriften gerichtlich durchzusetzen. Daher kann ein Rückruf entweder freiwillig (Regelfall) erfolgen oder (sehr selten) verpflichtend, d. h. von den Aufsichtsbehörden bzw. Gerichten angeordnet werden.
7. Sicherheitsmängel und Nichteinhaltung von Vorschriften sind in der Regel auf Fahrlässigkeit von Zuliefererinnen und Herstellerinnen zurückzuführen, können aber auch durch opportunistisches Verhalten und vorsätzliches Fehlverhalten (Produktmanipulation) entstehen.

2 Eigenschaften von Produktrückrufen 13

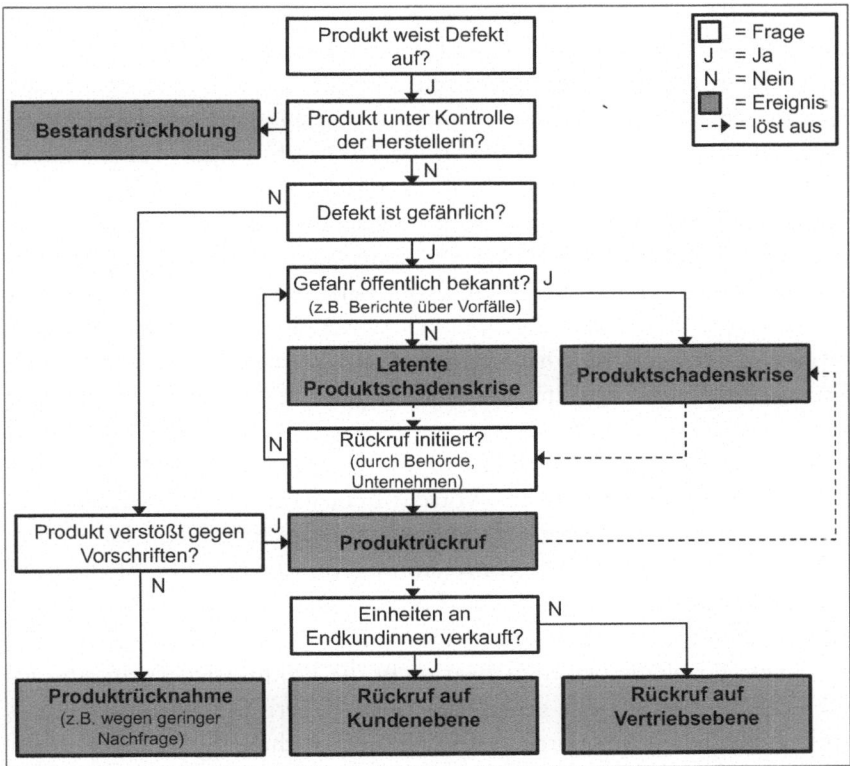

Abb. 2.1 Arten einer Produktrückholung. (Quelle: Eigene Darstellung adaptiert nach Astvansh et al., 2024)

Es ist wichtig zu verstehen, dass nicht jede Produktrückholung aufgrund eines Problems automatisch einen Produktrückruf darstellt. Abb. 2.1 zeigt einen umfassenden Überblick über die verschiedenen Gründe für solche Rückholungen.

Unternehmen haben die Möglichkeit, ein Produkt aus dem Verkehr zu ziehen, solange es sich noch in ihrer Verfügungsgewalt befindet. Dieser Prozess wird als *Bestandsrückholung* bezeichnet. Es kann beispielsweise vorkommen, dass das Produkt die Qualitätsprüfungen des Herstellers vor der Auslieferung nicht besteht. Welche Optionen stehen zur Verfügung, wenn ein Produkt bereits in den Vertrieb gelangt ist?

Obwohl das Produkt keine unmittelbare Gefahr für Menschen, Eigentum oder die Umwelt darstellt und den Vorschriften entspricht, können dennoch Gründe für seine Rücknahme vorliegen. Dazu zählen mangelnder Markterfolg, die Unfähigkeit, Gewinne zu erzielen, das Ende des Produktlebenszyklus, mangelhafte Verarbeitung, Rohstoffmangel, Patentstreitigkeiten oder die Verletzung von Eigentumsrechten. Diese Form der Produktrückholung wird als *Produktrücknahme* bezeichnet. Als Reaktion auf die verheerenden Produkttestergebnisse der deutschen Verbraucherorganisation Stiftung Warentest im Jahr 2024 zogen beispielsweise die Einzelhändler Edeka und Kaufland ihre Eigenmarken-Olivenölprodukte sofort aus dem Verkauf (Hertel, 2024). Die Testerinnen äußerten Bedenken hinsichtlich der minderwertigen Qualität der Produkte und bemerkten ihren ranzigen oder scharfen Geschmack.

Ist ein Produkt sicher in der Anwendung, entspricht jedoch nicht den behördlichen oder gesetzlichen Vorschriften, wird eine Rücknahme unumgänglich, was einen *Produktrückruf* zur Folge hat. Wenn ein Unternehmen beispielsweise die Kennzeichnungsvorschriften für Inhaltsstoffe oder Nährwertinformationen von Lebensmitteln nicht einhält, können Aufsichtsbehörden einen Rückruf anordnen, um diese Fehler zu korrigieren. Diese Probleme betreffen zwar nicht die Produktsicherheit, sind jedoch für die Transparenz gegenüber Verbraucherinnen und die Einhaltung gesetzlicher Standards essenziell und rechtfertigen daher einen Rückruf zur Behebung der Nichteinhaltung. So möchten etwa Veganerinnen wissen, ob ein Produkt tierische Bestandteile enthält.

In Situationen, in denen ein Produkt potenziell gefährlich ist (z. B., wenn es gefährliche Allergene enthält, die nicht auf dem Etikett angegeben sind), sieht sich ein Unternehmen einer *Produktschadenskrise* gegenüber, wenn die Öffentlichkeit auf die Gefahr aufmerksam wird oder, häufiger, wenn Vorfälle, bei denen Personen oder Eigentum geschädigt werden, öffentlich bekannt werden. Selbst wenn die potenzielle Gefahr der Öffentlichkeit nicht bewusst ist, besteht immer das latente Risiko, dass sie öffentlich bekannt wird oder ein Schadensfall eintritt. Eine solche *latente Produktschadenskrise* kann sich dann zu einer tatsächlichen Produktschadenskrise entwickeln, sobald die Gefahren oder Vorfälle öffentlich bekannt werden. Zu diesem Zeitpunkt stehen Unternehmen unter deutlich größerem Druck, einen Produktrückruf einzuleiten. Es ist jedoch nicht ratsam, bis dahin zu warten; stattdessen ist es die erfolgreichere Vorgehensweise, das Produkt zurückzurufen, bevor ein Schaden oder Vorfall öffentlich wird (Raithel & Hock, 2021).

Bei anhaltenden Sicherheitsbedenken trotz Einhaltung der Vorschriften und unabhängig von etwaigen Schadensfällen, kann es erforderlich sein, dass das Unternehmen eine Entscheidung bezüglich des Rückrufes des fehlerhaften Produkts trifft und dabei eng mit den Aufsichtsbehörden kooperiert. Im Falle von Vorschriftenverstößen haben Unternehmen kaum eine andere Option, als mit den Aufsichtsbehörden zusammenzuarbeiten und einen Produktrückruf zu initiieren. Falls Sicherheitsprobleme nicht auf Vorschriftenverstöße zurückzuführen sind, präferieren die Aufsichtsbehörden i. d. R. eine Kooperation mit dem betroffenen Unternehmen. Wie bereits erwähnt, bemühen sich die Aufsichtsbehörden darum, Unternehmen dazu zu bewegen, potenziell gefährliche Produkte umgehend zurückzurufen. Aufgrund der strengen gesetzlichen Rahmenbedingungen und den damit einhergehenden langwierigen Gerichtsprozessen zögern sie jedoch oft, Rückrufe anzuordnen bzw. gerichtlich durchzusetzen. Wenn die Entscheidung getroffen wird, das Produkt aus dem Verkehr zu ziehen, spricht man in allen Fällen von einem *Produktrückruf*.

Je nachdem, ob das potenziell gefährliche Produkt bereits an Kundinnen (Verbraucherinnen oder Geschäftskundinnen) verkauft und von diesen verwendet wurde, wird der Rückruf zu einem *Rückruf auf Kundenebene*. Wenn ein Produkt die Endkundinnen noch nicht erreicht hat und sich noch in der Kontrolle der Vertriebspartnerinnen befindet, fällt es unter die Kategorie eines *Rückrufs auf Vertriebsebene*. Beispielsweise können Inspektionen aufdecken, dass die Kühlkette während des Transports eines Lebensmittels zur Vertriebspartnerin und vor dessen Verkauf nicht ordnungsgemäß eingehalten wurde. Alternativ können Qualitätssicherungsprüfungen der Vertriebspartnerin Verunreinigungen im Produkt feststellen. Treten in dieser Phase der Wertschöpfungskette Produktmängel auf, benachrichtigt die Vertriebspartnerin in der Regel die Herstellerin und leitet die notwendigen Maßnahmen zur Rückholung der betroffenen Produkte ein.

Ein Produktrückruf kann eine Produktschadenskrise auslösen, selbst wenn der potenzielle Schaden vor der Ankündigung des Rückrufs nicht öffentlich bekannt war. Dies liegt daran, dass Rückrufankündigungen in der Regel über öffentlich zugängliche Kanäle wie Websites von

Regulierungsbehörden oder Pressemitteilungen erfolgen. Solche Ankündigungen können bei Kundinnen Bedenken hinsichtlich der Produktsicherheit und der Einhaltung von Vorschriften wecken und dadurch möglicherweise erst eine Produktschadenskrise hervorrufen.

In diesem Buch untersuchen wir produktbezogene Mängel, die bei Einzelpersonen Schäden verursachen, Produktschadenskrisen auslösen und dadurch Produktrückrufe erforderlich machen können. Bevor wir uns dem Management von Produktrückrufen widmen, betrachten wir zunächst die vielfältigen Auswirkungen, die Produktschadenskrisen und Produktrückrufe auf den Erfolg von Unternehmen haben können.

Literatur

Astvansh, V., Antia, K. D., & Tellis, G. J. (2024). What is (and isn't) a product recall? *Journal of Public Policy & Marketing, 43*(4). https://doi.org/10.1177/07439156241242419

Hertel, M. (2024, April 18). *Nach verheerendem Olivenöl-Test: Edeka und Kaufland ziehen betroffene Produkte aus dem Verkehr.* https://www.merkur.de/verbraucher/kaufland-stiftung-warentest-duerre-klimawandel-schlechte-qualitaet-olivenoel-test-edeka-92909811.html. Zugegriffen am 01.06.2024.

Raithel, S., & Hock, S. J. (2021). The crisis-response match: An empirical investigation. *Strategic Management Journal, 42*(1), 170–184.

3 Auswirkungen von Produktrückrufen auf den Unternehmenserfolg

> **Was Sie in diesem Kapitel erwartet**
> - In diesem Kapitel werden die Auswirkungen von Produktrückrufen auf den Unternehmenserfolg analysiert, mit einem besonderen Fokus auf rechtliche, nichtfinanzielle und finanzielle Konsequenzen.
> - Das Kapitel behandelt die finanzielle Belastung durch Rückrufaktionen, einschließlich direkter Kosten wie Rückerstattungen und indirekter Kosten wie Vertrauensverlusten.
> - Die rechtlichen Konsequenzen werden ausführlich beschrieben und umfassen vertragliche, zivilrechtliche, regulatorische und strafrechtliche Haftungen.
> - Darüber hinaus werden die nichtfinanziellen Auswirkungen von Produktrückrufen analysiert, insbesondere ihre Effekte auf die Kundenzufriedenheit und die Wahrnehmung der Marke. Daraus lassen sich Strategien für das Management der Kundenerwartungen im Falle von Rückrufaktionen ableiten.
> - Abschließend werden die Auswirkungen auf den finanziellen Erfolg skizziert, wobei potenziell negative Einflüsse auf Unternehmenswert, Umsatz und Marktanteile hervorgehoben werden. Dabei wird auch auf die Reaktionen der Investorinnen eingegangen.

Wie der Rückruf des Ford Pinto im Jahr 1978 eine Debatte über Profitabilität vs. Sicherheit entfachte

Der Rückruf des Ford Pinto in den USA gilt als berühmt-berüchtigtes Kapitel in der Geschichte von Produktrückrufen und der Automobilindustrie. Auslöser waren gravierende Sicherheitsbedenken hinsichtlich der Konstruktion des Fahrzeugs. Der in den 1970er-Jahren von der Ford Motor Company eingeführte Pinto erregte Aufmerksamkeit, weil ein schwerwiegender Konstruktionsfehler das Auto bei Auffahrunfällen besonders anfällig für Brände machte. Das Problem lag in der Platzierung des Kraftstofftanks zwischen der Hinterachse und der hinteren Stoßstange, wodurch der Tank bei einem Aufprall leicht bersten konnte. Dies führte häufig zu gefährlichem Kraftstoffaustritt und erhöhte die Gefahr von Bränden oder Explosionen (siehe Abb. 3.1).

Die investigative Recherche des Journalisten Lee Strobel deckte auf, dass Ford sich des Konstruktionsfehlers beim Pinto bewusst war, jedoch aufgrund einer Kosten-Nutzen-Analyse entschied, keine Änderungen vorzunehmen (Strobel, 1980). Die Analyse ergab, dass es kostengünstiger sei, potenzielle Rechtsstreitigkeiten mit Unfallopfern und deren Angehörigen mit Abfindungen beizulegen, anstatt das Auto zurückzurufen, zu reparieren sowie die Konstruktion für alle Neuwagen zu ändern.

Abb. 3.1 Crashtest-Video vom Heckaufprall eines Ford Pinto. (Quelle: Screenshot aus einem YouTube-Video (youtube.com/watch?v=lgOxWPGsJNY&t=104s))

3 Auswirkungen von Produktrückrufen auf den ...

Trotz dieses Kalküls von Ford rückte nach einer Reihe von Unfällen mit Verletzten und Toten das Problem ins öffentliche Bewusstsein. Der öffentliche Druck wurde so groß, dass sich Ford 1978 gezwungen sah, eine massive Rückrufaktion einzuleiten und bot Nachrüstoptionen an, um die Fahrzeuge sicherer zu machen. Obwohl das Unternehmen nicht strafrechtlich belangt wurde, war es in zahlreiche Zivilprozesse im Zusammenhang mit Unfällen verwickelt.

Ein besonders bedeutsamer Fall war der des Staates Indiana gegen die Ford Motor Company, in dem Ford wegen fahrlässiger Tötung angeklagt wurde. Drei Teenager waren bei einem schweren Unfall mit einem Ford Pinto ums Leben gekommen. Die Staatsanwaltschaft behauptete, dass Fords Entscheidung, den Kraftstofftank des Pinto trotz Kenntnis der Sicherheitsrisiken nicht zu verstärken, fahrlässiges Verhalten darstellte. Ford wurde jedoch 1980 von den Vorwürfen freigesprochen. Darüber hinaus einigte sich Ford mit zahlreichen Zivilklagen von Personen, die bei Unfällen mit dem Pinto verletzt wurden oder Familienmitglieder verloren hatten. Diese Vergleiche wurden geschlossen, um Opfer und ihre Familien für Schäden zu entschädigen, die durch die Unfälle entstanden waren.

Der Rückruf des Ford Pinto hatte weitreichende Folgen für das Unternehmen: Der Ruf von Ford wurde nachhaltig geschädigt, und das Vertrauen der Kundinnen untergraben. Die Enthüllung, dass Ford wissentlich ein fehlerhaftes Produkt mit erheblichen Sicherheitsrisiken vermarktet hatte, hat das Vertrauen der Öffentlichkeit in das Engagement des Unternehmens für die Sicherheit der Verbraucherinnen erschüttert. Dieser Vertrauensverlust ist eine klare Warnung und zeigt die langfristigen Folgen, die sich aus der Priorisierung kurzfristiger finanzieller Gewinne gegenüber ethischen Grundsätzen ergeben können. Die Priorisierung von Gewinn gegenüber Sicherheit betont in diesem Fall das Dilemma, mit dem Unternehmen konfrontiert sind, wenn sie ihre eigenen finanziellen Interessen gegen das Gemeinwohl abwägen. Dieser Fall wirft nicht nur ethische Fragen auf, sondern hatte auch reale volkswirtschaftliche Konsequenzen. So führte der Pinto-Rückruf zu einer verstärkten Überprüfung der Sicherheitsstandards und behördlichen Aufsicht im Automobilbereich. Er unterstrich die Notwendigkeit strengerer Vorschriften, um sicherzustellen, dass Unternehmen die Verbrauchersicherheit während des gesamten Prozesses von der Produktentwicklung bis zur Herstellung in den Vordergrund stellen und somit ähnliche Versäumnisse in der Zukunft verhindern.

Der Rückruf des Ford Pinto zeigt den potenziellen Konflikt zwischen den ethischen Verpflichtungen gegenüber dem Gemeinwohl und der ökonomisch orientierten Entscheidungsfindung in Unternehmen auf. Jenseits seiner ethischen Implikationen zeigt dieser Rückruf die breiteren

Auswirkungen von Produktfehlern und Rückrufen, die weit über die kurzfristigen und unmittelbaren finanziellen Folgen hinausreichen können. Insbesondere macht er die potenziellen langfristigen rechtlichen, nicht-finanziellen und finanziellen Folgen deutlich, die noch lange nach dem eigentlichen Rückruf spürbar bleiben können. Allerdings befindet sich unser Verständnis dieser langfristigen Folgen – seien sie rechtlicher, nicht-finanzieller oder finanzieller Natur – noch am Anfang. In den folgenden Abschnitten beleuchten wir jedoch einige wichtige Erkenntnisse, die die Forschung bisher hierzu geliefert hat.

Jeder Produktrückruf stellt für Unternehmen eine finanzielle Belastung dar. Direkte Kosten entstehen durch den Rückruf und umfassen die Erstattung des Kaufpreises oder Reparaturkosten. Hinzu kommen indirekte Kosten, da Kundinnen das Vertrauen in die Produkte einer Herstellerin verlieren und sich bei der nächsten Kaufentscheidung für das Produkt einer Konkurrentin entscheiden können. Darüber hinaus können erhebliche Kosten durch Vergleiche mit Regulierungsbehörden sowie Gerichtsverfahren entstehen, insbesondere wenn geschädigte Kundinnen Schadensersatz fordern. Ein Beispiel ist die Insolvenz des japanischen Unternehmens Takata, das weltweit eine riesige Anzahl von Airbags zurückrufen musste und mit schwerwiegenden rechtlichen Konsequenzen konfrontiert war (Soble, 2017).

Diverse Studien zeigen – wenig überraschend –, dass ein durchschnittlicher Produktrückruf den Unternehmenserfolg beeinträchtigt und den Unternehmenswert verringert (z. B. Ameer & Othman, 2023; Chen et al., 2009; Hsu & Lawrence, 2016; Jarrell & Peltzman, 1985). Eine detaillierte Analyse, die in Abb. 3.2 dargestellt ist, untersucht fast 500 Fälle von Produktrückrufen von Konsumgütern (z. B. Bekleidung, Haushaltsgeräte, Elektronik, Werkzeuge, Spielzeug) in den USA und zeigt, dass börsennotierte Unternehmen im Durchschnitt etwa 1 % ihrer Marktkapitalisierung verlieren. Im Jahr 2023 lag die durchschnittliche Marktkapitalisierung eines S&P 500-Unternehmens bei rund 30 Mrd. US-Dollar. Investorinnen gehen daher davon aus, dass ein Produktrückruf einem S&P 500-Unternehmen durchschnittlich einen finanziellen Schaden von etwa 300 Mio. US-Dollar zufügt.

Forschungsstudien betonen jedoch auch, dass die finanziellen Schäden, die Unternehmen durch einen Produktrückruf erleiden, stark variieren können und ein negativer Effekt nicht zwangsläufig eintreten muss

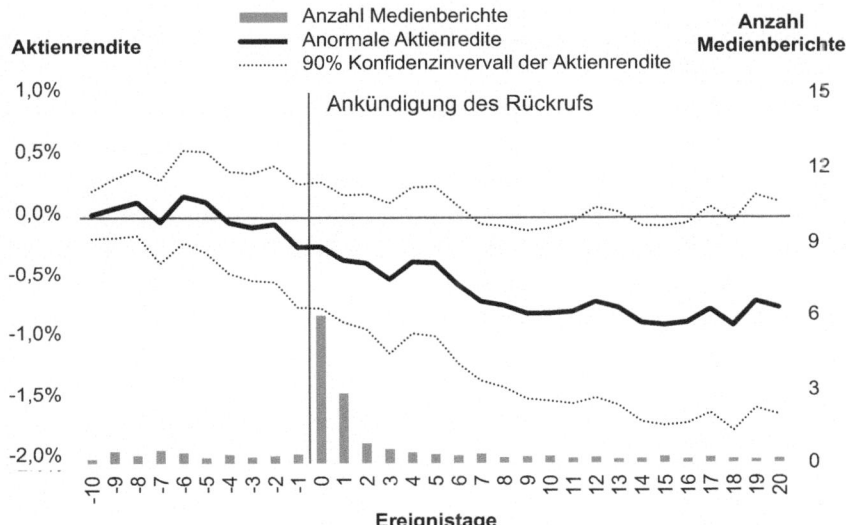

Abb. 3.2 Aktienkursverluste von Unternehmen, die von einem Produktrückruf betroffen sind. (Quelle: Eigene Darstellung, basierend auf Daten von Raithel & Hock (2021), die N = 480 Rückrufaktionen von Verbraucherprodukten in den USA zwischen 1996 und 2014 zeigt. Die durchgezogene schwarze Linie stellt die durchschnittliche Aktienrendite (verbunden mit der linken y-Achse) börsennotierter Unternehmen rund um das Datum der Ankündigung des Rückrufs dar, wobei die Aktienrenditen um die Marktrendite bereinigt wurden. Die gepunktete schwarze Linie stellt das 90-%-Konfidenzintervall dar, das 90 % der beobachteten Ereignisse umfasst. Die grauen Balken (verbunden mit der rechten y-Achse) zeigen die durchschnittliche Anzahl von Nachrichtenartikeln der Associated Press, die sich mit Produktrückrufen des betreffenden Unternehmens befassen. Die x-Achse zeigt die Ereignistage, die von 10 Tagen vor bis 20 Tagen nach der Ankündigung des Produktrückrufs reichen)

(z. B. Liu et al., 2017; Raithel & Hock, 2021; Thirumalai & Sinha, 2011). Die finanziellen Belastungen hängen von verschiedenen Faktoren ab, wie der Schwere des Fehlers, der Anzahl der zurückgerufenen Produkte und dem Grad der medialen Aufmerksamkeit. Unternehmen können jedoch die Auswirkungen eines Produktrückrufs auf ihren Erfolg steuern (Smith et al., 1996). Eine entscheidende Kennzahl in diesem Zusammenhang ist die Rückrufeffektivität (von Schlieben-Troschke & Raithel, 2024; Raithel et al., 2023), die die Fähigkeit des Unternehmens widerspiegelt, Fehler schnell zu erkennen, Schadensfälle zu vermeiden, eine hohe Kundenbeteiligung am Rückruf zu erreichen und den Rückruf zügig abzuschließen.

Die nachfolgenden Abschnitte erläutern, wie die Art des Produktfehlers (Art der Gefährdung und Rückrufvolumen) und das Management von Produktrückrufen sowie die Effektivität des Rückrufs (Vermeidung von Schadensfällen, Geschwindigkeit der Fehlererkennung, Rate der Kundenbeteiligung und Geschwindigkeit des Abschlusses der Produktrückrufe) die zukünftige Geschäftsentwicklung beeinflussen (siehe Abb. 3.3). Diese Auswirkungen auf die Geschäftsentwicklung werden analysiert hinsichtlich

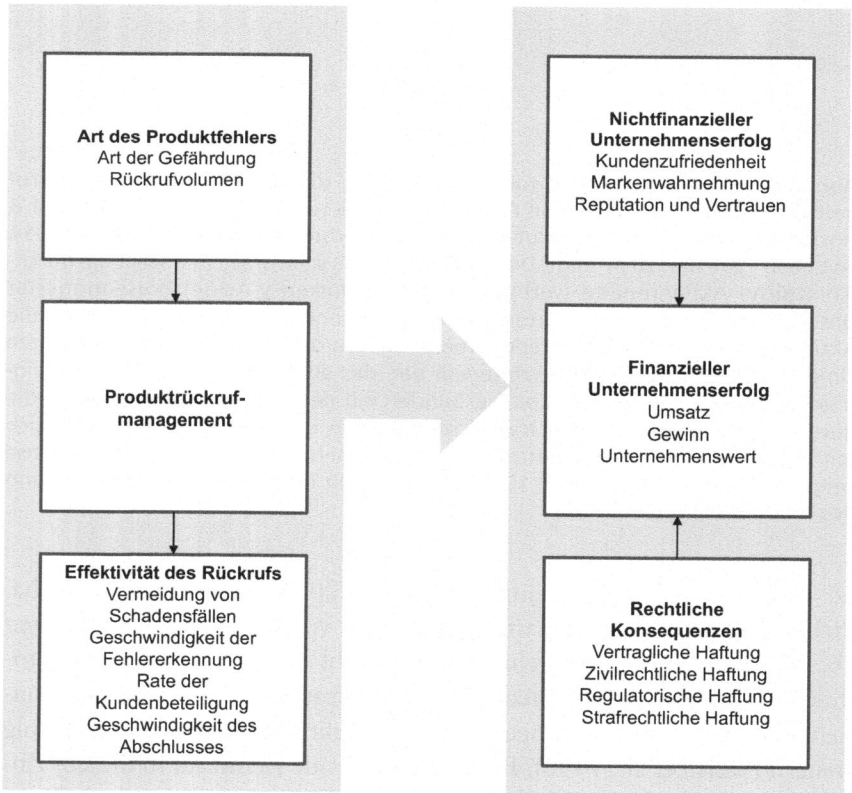

Abb. 3.3 Produktrückrufe und Unternehmenserfolg. (Quelle: Eigene Darstellung)

rechtlicher Konsequenzen aus vertraglicher, zivilrechtlicher, regulatorischer und strafrechtlicher Haftung (Abschn. 3.1), nichtfinanzieller Auswirkungen auf Kundenzufriedenheit, Markenwahrnehmung, Reputation und Vertrauen (Abschn. 3.2) und schließlich finanzieller Auswirkungen auf Umsatz, Gewinn und Unternehmenswert (Abschn. 3.3).

3.1 Haftungsrechtliche Auswirkungen

Ein Produktrückruf kann für das betroffene Unternehmen erhebliche haftungsrechtliche Konsequenzen haben. Die konkreten Folgen eines Produktrückrufs sind abhängig von verschiedenen Faktoren wie der Art des Produkts, dem Grund für den Rückruf, den Managemententscheidungen des Unternehmens und der Gesetzeslage in den jeweiligen Märkten. Mögliche haftungsrechtliche Konsequenzen sind:

- *Vertraglich:* Verträge mit Lieferantinnen, Groß- oder Einzelhändlerinnen können vertragliche Verpflichtungen auslösen, einschließlich Freistellungsklauseln.
- *Zivil:* Im zivilrechtlichen Bereich können Unternehmen für Verletzungen, Krankheiten oder Sachschäden haftbar gemacht werden, die durch das fehlerhafte Produkt verursacht wurden. Kundinnen, die aufgrund eines fehlerhaften Produkts Schaden erlitten haben, können gegen das Unternehmen Produkthaftungs- und Schadensersatzklagen einreichen.
- *Regulatorisch:* Regulierungsbehörden führen Untersuchungen durch, um die Ursache des Problems zu ermitteln und festzustellen, ob das Unternehmen die regulatorischen Vorgaben befolgt hat. Die Nichteinhaltung geltender Vorschriften und Standards kann zu Geldbußen und Strafen führen.
- *Strafrechtlich:* Bei schwerwiegenden Fällen von vorsätzlichem Fehlverhalten oder Fahrlässigkeit können einzelne Personen im Unternehmen sogar strafrechtlich verfolgt werden.

Die nachfolgenden drei Beispiele veranschaulichen unterschiedliche Aspekte in Bezug auf Haftungsrisiken und rechtliche Konsequenzen:

> **Boeings anhaltende Qualitätsprobleme**
>
> Branchen wie die Luftfahrt unterliegen strengen Vorschriften. Trotzdem ist auch diese Branche gegen schwerwiegende Produktfehler nicht immun. Ein nicht lange zurückliegendes Beispiel ist der Flugunfall im Januar 2024, als sich während eines Fluges eine Seitenverkleidung von einer Boeing 737 Max 9 der Alaska Airlines löste und ein Loch im Flugzeugrumpf zurücklies. Glücklicherweise kam es nur zu einigen leichten Verletzungen (Slider et al., 2024; siehe Abb. 3.4).
>
> Die für die Untersuchung solcher Unfälle zuständige US-Luftfahrtbehörde FAA entschied umgehend, den meisten Flugzeugen des Typs Boeing 737 Max 9 bei allen von ihr regulierten Fluggesellschaften den Betrieb bis zum Abschluss der Untersuchungen zu untersagen (Thorbecke, 2024). Diese sofortige und drastische Reaktion der Behörden ist kaum überraschend, da Boeing bereits in der Vergangenheit mit Sicherheitsproblemen

Abb. 3.4 Ein Teil des Rumpfs einer Boeing 737 Max 9 von Alaska Airlines geht verloren. (Quelle: Screenshot aus einem YouTube-Video (youtube.com/watch?v=u PzNKmbDAIg))

konfrontiert war, darunter zwei tödliche Abstürze im Jahr 2021 (Isidore, 2021). In der Folge sah sich Boeing mit erheblichen finanziellen Konsequenzen konfrontiert. Die Belastung belief sich auf 21 Mrd. US-Dollar und umfasste Entschädigungen für betroffene Fluggesellschaften, Kosten für die verzögerte Produktion und Lagerung stillgelegter Jets, Ausgaben für die Beilegung von Strafanzeigen sowie die Einrichtung von zwei Entschädigungsfonds für Opfer. Dieser Vorfall verdeutlicht die weitreichenden rechtlichen und finanziellen Auswirkungen, die ein Produktfehler und ein daraus resultierender Produktrückruf für ein Unternehmen haben können.

IKEAs Kipp-Problem

Auch in mutmaßlich weniger regulierten Branchen wie der Konsumgüterindustrie können die Haftungsrisiken für Unternehmen, die von Produktausfällen und Rückrufaktionen betroffen sind, erheblich sein. Ein bekannter Fall betrifft IKEA. Das Unternehmen musste die Eltern eines zweijährigen Kindes entschädigen, da das Kind auf tragische Weise durch eine bereits zurückgerufene Kommode ums Leben kam. Das Problem mit IKEA-Kommoden betrifft Sicherheitsbedenken im Zusammenhang mit Kippunfällen. IKEA-Kommoden, insbesondere aus bestimmten Produktlinien wie der MALM-Serie, erwiesen sich als instabil und kippten leicht um, wenn sie nicht sicher an der Wand verankert waren. Diese Instabilität stellte insbesondere in Haushalten mit kleinen Kindern ein erhebliches Risiko dar, da die Kinder an den Kommoden hochkletterten, was in vielen Fällen zu schweren Verletzungen oder sogar Todesfällen führte (siehe Abb. 3.5).

Der wirtschaftliche Schaden für IKEA belief sich in diesem Fall auf knapp 46 Mio. Dollar. Während des Gerichtsverfahrens gaben die Eltern an, die von IKEA herausgegebene Rückrufbenachrichtigung nie erhalten zu haben (Vigdor, 2020). Das Versagen des Rückrufbenachrichtigungssystems von IKEA könnte die Entscheidung der Eltern, rechtliche Schritte einzuleiten, maßgeblich beeinflusst haben. Dieser tragische Vorfall verdeutlicht die entscheidende Bedeutung effektiver Kommunikations- und Benachrichtigungsprozesse bei Produktrückrufen.

Als Reaktion auf diesen Rückruf und die damit verbundenen rechtlichen Konsequenzen hat IKEA bedeutende Änderungen an seinen Informationsrichtlinien zu Sicherheitsfragen seiner Produkte vorgenommen. Seit 2021 verlangt das Unternehmen von seinen nordamerikanischen Kundinnen, ein Formular auszufüllen, das ausdrücklich auf die Bedeutung der Einhaltung von Montageanleitungen hinweist. Insbesondere wird betont, dass Möbel unbedingt an der Wand verankert werden müssen, um ein Umkippen zu verhindern (IKEA, 2024). Diese Verfahrensänderung spiegelt nicht nur IKEAs

Abb. 3.5 Darstellung des Kipp-Problems während einer CPSC-Pressekonferenz im Jahr 2016. (Quelle: Screenshot aus einem YouTube-Video (youtube.com/watch?v=xE-VybPp5VWo))

Wandel hin zu einer proaktiven Haltung in der Kundenaufklärung und Verbesserung der Sicherheitspraktiken wider, sondern dient auch als Schutzmaßnahme gegen mögliche zukünftige rechtliche Herausforderungen im Zusammenhang mit umkippenden Produkten, die nach dieser Änderung verkauft wurden.

Volkswagens Dieselskandal

Manche Produktrückrufe haben so weitreichende Folgen, dass sie erhebliche Veränderungen der rechtlichen Rahmenbedingungen ganzer Volkswirtschaften nach sich ziehen. Ein Paradebeispiel hierfür ist der 2015 aufgedeckte Diesel-Abgasskandal von Volkswagen, der weltweit zum Rückruf von mehr als einer Jahresproduktion des Konzerns führte - insgesamt 11 Mio. Fahrzeuge, davon 2,4 Mio. allein in Deutschland. Anders als in den USA oder Australien hatten deutsche Autobesitzerinnen jedoch zunächst keine Möglichkeit, kollektive Schadensersatzansprüche geltend zu machen.

> Unter dem Druck der empörten Öffentlichkeit verabschiedete der Deutsche Bundestag 2018 ein neues Gesetz, um die Lücke im Verbraucherschutz zu schließen. Mit der Einführung der Musterfeststellungsklage wurde ein neuer Rechtsrahmen geschaffen, der es deutschen Verbraucherinnen seitdem ermöglicht, gemeinsam Ansprüche gegen Unternehmen durchzusetzen, die in betrügerische Praktiken verwickelt sind. Der Diesel-Abgasskandal von Volkswagen war gleichzeitig der Präzedenzfall für das neue Rechtsmittel. Der Skandal hatte daher nicht nur erhebliche finanzielle Auswirkungen auf den Volkswagenkonzern, die sich auf satte 30 Mrd. € an Bußgeldern, Entschädigungen, Rückkäufen und Umrüstungen beliefen (Hessler, 2019), sondern hinterließ auch nachhaltige Auswirkungen auf die Rechtslandschaft in Deutschland und beeinflusste damit die gesamte Volkswirtschaft.
>
> Dieser Fall dient als warnendes Beispiel für Unternehmen, die betrügerische Praktiken anwenden, da sie weitreichende Auswirkungen auf mögliche rechtliche Konsequenzen künftiger Produktrückrufe im Zusammenhang mit betrügerischen oder illegalen Aktivitäten haben können. Der Fall Volkswagen zeigt eindrücklich den Zusammenhang zwischen Geldstrafen, Gesetzesänderungen und dem sich entwickelnden Rechtsrahmen, der sich aus einem Produktrückruf mit großer Öffentlichkeitswirkung ergeben kann.

Diese drei Fälle verdeutlichen die Wichtigkeit des Verhaltens von Unternehmen vor und während eines Produktrückrufs. Die Einleitung eines Rückrufs fehlerhafter Produkte entbindet die Herstellerin nicht automatisch von ihrer rechtlichen Verantwortung für die Distribution potenziell gefährlicher Produkte an Kundinnen (Crosley, 2020). Gerichte prüfen regelmäßig, ob nicht nur betrügerisches Verhalten zu einem Produktrückruf geführt hat, sondern auch, ob Unternehmen fahrlässig den Rückruf verzögert haben und das Produkt früher hätten zurückrufen können. Ebenso wird während des Rückrufs geprüft, ob Unternehmen umfassende Maßnahmen ergriffen haben, um die Verbraucherinnen über die zurückgerufenen Produkte zu informieren, und weiterhin die Verantwortung übernommen haben, Vorfälle durch fehlerhafte Produkte auch nach dem Rückruf zu verhindern. Um diesen Nachweis zu erbringen, ist es für Unternehmen von Vorteil, sich an den Richtlinien der Behörden zu orientieren, die Hinweise dazu geben, wie ein Produktrückruf effektiv gestaltet werden kann. In diesem Zusammenhang stellen Institutionen wie die Europäische Kommission Richtlinien bereit, die Unternehmen bei der Gestaltung wirksamer Rückrufverfahren unterstützen (Europäische Kommission, 2024). Vergleichbare Empfehlungen werden auch von anderen Behörden herausgegeben, wie etwa der US-amerikanischen Consumer Product Safety Commission (CPSC, 2024) oder der Australian Competition & Consumer Commission (ACCC, 2024). In verschiedenen Ländern überwachen unterschiedliche Behörden unterschiedliche Produktkategorien, sodass Unternehmen für jede Produktkategorie die jeweilige Regulierungsbehörde ermitteln müssen. Unternehmen sollten sich daher auch bei diesen Behörden über spezifische Vorschriften und Richtlinien zur Produktsicherheit und zu Produktrückrufen informieren. Die Umsetzung dieser Empfehlungen der Behörden schützt nicht nur Kundinnen vor den Folgen von Produktmängeln, sondern hilft Unternehmen auch dabei, den Rückruf erfolgreich zu managen und mögliche rechtliche Konsequenzen nach einem Produktrückruf abzumildern.

Die folgende Fallstudie, bereitgestellt von Gleiss Lutz – eine der führenden Wirtschaftskanzleien Deutschlands – untersucht ein bemerkenswertes Beispiel für Produktsicherheitsprobleme und deren potenzielle rechtliche Implikationen.

Fallstudie: Fehlerhafte Gasgrill-Sets und Herstellerhaftung

Prof. Dr. Eric Wagner, Anwalt, Partner, Gleiss Lutz[1] Dr. Marc Ruttloff, Anwalt, Partner, Gleiss Lutz[1]

Zusammenfassung

Im Bereich der Produkthaftung und Verbrauchersicherheit stellt der Fall eines fehlerhaften Gasgrills einer anonymen Herstellerin ein komplexes Fallbeispiel dar, das das fragile Gleichgewicht zwischen unternehmerischer Verantwortung, regulatorischer Compliance und potenziellen zivil- und strafrechtlichen Haftungsfragen verdeutlicht. Diese Fallstudie untersucht die rechtlichen Implikationen und den Ablauf der Ereignisse, die auf den Verkauf defekter Gasgrill-Sets durch eine etablierte Herstellerin folgten.

Hintergrund

Eine Reihe von Unfällen mit Gasgrills, die als Do-it-Yourself-Montagesets in Baumärkten verkauft wurden, hat erhebliche Sicherheitsbedenken an diesen Produkten aufgeworfen. Die Grills, für deren Montage ein spezielles

---

[1] Prof. Dr. Eric Wagner und Dr. Marc Ruttloff sind beide Rechtsanwälte und Partner bei Gleiss Lutz, einer der führenden Wirtschaftskanzleien Deutschlands. Sie leiten das Product Compliance Hub der Kanzlei und beraten seit fast 20 Jahren nationale und internationale Unternehmen in Fragen der Produktsicherheit und Haftung. Gemeinsam moderieren sie auch Deutschlands führenden Podcast zum Thema Produkt-Compliance („product.compliance.bites"), bei dem monatlich neue Episoden veröffentlicht werden.

Werkzeug zur Herstellung einer gasdichten Verbindung zwischen dem Gasschlauch und der Brennkammer erforderlich war, wurden *ohne* dieses wesentliche Werkzeug ausgeliefert. Folglich versuchten viele Verbraucherinnen, die das richtige Werkzeug nicht besaßen, den Gasschlauch manuell mit der Brennkammer zu verbinden, was zu nicht abgedichteten Verbindungen führte.

Vorfälle und Schäden

Die unsachgemäße Montage führte zu Gaslecks entlang der Seiten der Brennkammer, was in über 20 gemeldeten Fällen zu seitlicher Flammenbildung führte. Diese Vorfälle verursachten Sachschäden, darunter angesengte Fenster und Hauswände. Obwohl keine Personenschäden gemeldet wurden, war das Potenzial, abhängig von der Nähe der Nutzerin des Grills bei der Zündung, auch für Personenschäden offensichtlich.

Reaktion des Unternehmens

Nach Eingang der Beschwerden und Schadensberichte ging die Qualitätsmanagementabteilung der Herstellerin in Zusammenarbeit mit der Versicherung auf die Ansprüche ein. Als Korrekturmaßnahme überarbeitete das Unternehmen die Montageanleitung und fügte einen Sicherheitshinweis hinzu, der auf die Notwendigkeit des Spezialwerkzeugs für die sichere Montage hinwies. Diese aktualisierte Anleitung wurde jedoch nur online auf der Website der Herstellerin bereitgestellt, ohne besonders hervorgehoben zu werden. Überarbeitete Anleitungen wurden weder den bereits auf Lager befindlichen noch den noch auszuliefernden Grills beigelegt.

Fehlende Sofortmaßnahmen

Trotz der Schwere des Problems unternahm die Herstellerin keine weiteren unmittelbaren Präventivmaßnahmen. So wurde beispielsweise keine Risikobewertung durchgeführt, und es gab keine Ad-hoc-Maßnahmen wie einen Verkaufsstopp oder Rückrufhinweise für bereits im Umlauf befindliche Produkte.

Eskalation der Situation

Die Situation eskalierte, als bei einer Gartenparty, die von einem Vorstandsmitglied der Herstellerin veranstaltet wurde, ein Gasgrill desselben Modells verwendet wurde. Die Nichtverwendung des Spezialwerkzeugs führte auch dort zu einem Flammenausbruch und zu Sachschäden. Dieses Ereignis veranlasste das Vorstandsmitglied, die Rechtsabteilung zu informieren, die dann umgehend externe Expertinnen hinzuzog. Das Unternehmen ergriff schließlich alle notwendigen Maßnahmen, wie etwa die Durchführung einer Risikobewertung, einen sofortigen Verkaufsstopp und die Beilage des Spezialwerkzeugs sowie einer überarbeiteten Anleitung für alle nicht ausgelieferten Produkte. Außerdem wurden eine Warnung über den Produktfehler veröffentlicht und die zuständigen Behörden informiert.

Rechtliche Implikationen

Das anfängliche Vorgehen der Herstellerin war riskant. Durch das Eingeständnis des Problems und das Ergreifen einiger Maßnahmen zeigte das Unternehmen, dass es sich des Problems bewusst war und präventive Maß-

> nahmen hätte ergreifen müssen. Die zunächst ergriffenen Maßnahmen reichten jedoch nicht aus, um ihrer Verantwortung gerecht zu werden. Dieses Versäumnis setzte das Unternehmen erheblichen Haftungsrisiken und die beteiligten Personen möglichen strafrechtlichen Konsequenzen aus.
> *Fazit*
> Der Fall der fehlerhaften Gasgrills dient als warnendes Beispiel für Herstellerinnen und zeigt, wie wichtig ein proaktives Risikomanagement ist und welche potenziellen Folgen unzureichende Reaktionen auf Produktsicherheitsprobleme haben können. Er unterstreicht die Notwendigkeit umfassender Strategien, um die Verbrauchersicherheit zu gewährleisten und die gesetzlichen Verpflichtungen einzuhalten, wodurch Haftungsrisiken minimiert und die unternehmerische Integrität gewahrt werden können.
> *Reflexion zur unternehmerischen Verantwortung*
> Dieser Fall zeigt, dass selbst professionell geführte Unternehmen solche Situationen unterschätzen können. Die erste Reaktion der Herstellerin auf den Vorfall war hoch riskant, da sie ein Bewusstsein für das Problem und eine wahrgenommene Verpflichtung zur Ergreifung präventiver Maßnahmen offenlegte, jedoch nicht ausreichend handelte, um der Produktverantwortung gerecht zu werden. Solche Fälle setzen Unternehmen einem hohen Haftungsrisiko aus und gefährden die Beteiligten strafrechtlich. Es ist entscheidend, dass Unternehmen nicht nur potenzielle Gefahren erkennen, sondern auch entschlossen und verantwortungsbewusst handeln, um Risiken zu minimieren und Verbraucherinnen zu schützen.

Neben der Einhaltung gesetzlicher Anforderungen und der Minimierung von Haftungsrisiken sollte auch die Pflege der Beziehungen zu betroffenen Kundinnen ein zentrales Anliegen für Managerinnen sein. Im nächsten Abschnitt wird daher untersucht, wie sich Produktrückrufe und entsprechende Korrekturmaßnahmen auf die Kundenzufriedenheit und die Markenreputation auswirken.

3.2 Auswirkungen auf den nicht-finanziellen Unternehmenserfolg

Die Auswirkungen von Produktfehlern und Rückrufaktionen auf den Gesamterfolg eines Unternehmens wurden bereits umfassend untersucht (Cleeren et al., 2013; Dawar & Pillutla, 2000). Besonders interessant ist die Frage, wie sich Produktschadenskrisen im Vergleich zu anderen

Unternehmenskrisen auswirken (Hansen et al., 2018). Überraschenderweise schädigen ausschließlich Produktfehler – und nicht anderes Fehlverhalten, wie beispielsweise Kommunikationskrisen – das Markenimage eines Unternehmens sowohl kurzfristig als auch langfristig erheblich. Dieser Effekt kann so weitreichend sein, dass manche Produktschadenskrisen sogar die Kundenzufriedenheit einer *gesamten* Branche negativ beeinflussen (Vaid & Donthu, 2023).

Die Erklärung für diesen Befund liegt in der zentralen Funktion eines Unternehmens: dem Angebot sicherer Produkte. Kundinnen erwarten Zuverlässigkeit und Qualität. Werden diese Erwartungen enttäuscht, entsteht nicht nur Unzufriedenheit, sondern in manchen Fällen auch ein Gefühl des Betrugs. Die einst loyale Markenbindung kann dadurch nicht nur geschwächt, sondern langfristig in einen regelrechten „Hass" auf die Marke umschlagen (Grégoire et al., 2009).

Studien zeigen zudem, dass die negativen Auswirkungen von Produktfehlern besonders groß sind, wenn diese die versprochene Produktleistung erheblich beeinträchtigen, eine akute Gesundheitsgefährdung darstellen oder unmittelbare Risiken für die Verbraucherinnen mit sich bringen (Yang et al., 2022). Die Wahrnehmung eines Produktrückrufs durch Kundinnen hängt jedoch stark davon ab, wie das Unternehmen mit der Situation umgeht. Nicht nur der Rückruf selbst, sondern auch die Reaktionsmaßnahmen des Unternehmens – wie etwa Korrekturmaßnahmen zur Behebung des Fehlers – beeinflussen die Kundenzufriedenheit maßgeblich (Mafael et al., 2022; Raithel et al., 2021).

Wissenschaftlerinnen unterscheiden häufig zwischen teilweisen und vollständigen Korrekturmaßnahmen bei Produktfehlern. Teillösungen umfassen beispielsweise Preisnachlässe oder Do-it-Yourself-Reparatursets, während vollständige Korrekturmaßnahmen den Ersatz des Produkts, die vollständige Rückerstattung des Kaufpreises oder eine professionell durchgeführte Reparatur beinhalten. Welcher Ansatz die Kundenzufriedenheit am besten bewahrt, hängt überraschenderweise stark von der Markenwahrnehmung vor dem Rückruf sowie der Schwere des Produktfehlers ab (siehe Abb. 3.6).

Unternehmen mit einem bereits vor dem Rückruf angeschlagenen Ruf ziehen bei kleineren Produktmängeln oft den Schluss, dass eine teilweise Korrekturmaßnahme ausreicht, da die Kundenerwartungen an Qualität

	Stärke des Markenwerts vor dem Rückruf		
	Niedrig	**Mittel**	**Hoch**
Schwere des Produktfehlers – Niedrig	***Chanceneffekt realisieren*** Teilweise Korrekturmaßnahme wird von Kundinnen akzeptiert, vollständige Korrekturmaßnahme kann jedoch Kundenzufriedenheit steigern	***Auf Ambivalenzeffekt verlassen*** Teilweise Korrekturmaßnahme wird akzeptiert, da Kundinnen ambivalente Erwartungen haben	***Puffereffekt nutzen*** Teilweise Korrekturmaßnahme wird von Kundinnen akzeptiert
Schwere des Produktfehlers – Hoch	***Auslöschungseffekt vermeiden*** Vollständige Korrekturmaßnahme kann notwendig sein, um das Überleben des Unternehmens nicht zu gefährden		***Bumerangeffekt abwehren*** Teilweise Korrekturmaßnahme nicht ausreichend, um die starke Verletzung der hohen Kundenerwartungen zu beheben

Abb. 3.6 Maßnahmen zur Sicherstellung der Kundenzufriedenheit nach einem Produktrückruf. (Quelle: Eigene Darstellung basierend auf Mafael et al., 2022)

und Zuverlässigkeit ohnehin gering sind. Für solche Unternehmen bietet sich jedoch die Möglichkeit, einen echten „Turnaround" zu erzielen, indem sie ein starkes Engagement für die nachhaltige Verbesserung der Produktqualität zeigen. Selbst bei kleineren Problemen kann das Angebot einer vollständigen Korrekturmaßnahme helfen, dieses Engagement wirkungsvoll zu signalisieren (*Chanceneffekt*, siehe Abb. 3.6).

Bei gravierenden Produktmängeln, die beispielsweise ein erhebliches Gesundheitsrisiko für die Verbraucherinnen darstellen, ist eine umfassende Korrekturmaßnahme jedoch unabdingbar. Andernfalls droht ein dauerhafter Vertrauensverlust bei den Kundinnen (*Auslöschungseffekt*, siehe Abb. 3.6).

In Unternehmen mit mäßiger Markenreputation vor einer Rückrufaktion kann ein *Ambivalenzeffekt* auftreten. Die Verbraucherinnen haben möglicherweise keine starke Meinung zu den Produkten, sodass eine teilweise Korrekturmaßnahme zur Befriedigung ihrer Bedürfnisse ausreicht und mithin wirtschaftlich am sinnvollsten für das Unternehmen ist.

Für Unternehmen mit einer sehr guten Markenreputation vor dem Rückruf hängt die optimale Strategie jedoch von der Schwere des Produktfehlers ab. Kleinere Fehler können durch eine teilweise Korrekturmaßnahme unter Ausnutzung des *Puffereffekts* (siehe Abb. 3.6) behoben werden. Bei schwerwiegenden Fehlern hingegen kann das Vertrauen in den Puffereffekt zu einem *Bumerangeffekt* führen (siehe Abb. 3.6): Die hohen Erwartungen der Kundinnen an die außergewöhnliche Produktsicherheit und -qualität der Marke verstärken ihre Enttäuschung, was nachhaltige Schäden am Markenimage zur Folge haben kann. Um diesen Bumerangeffekt zu vermeiden, ist ein starkes Signal erforderlich, etwa in Form einer vollständigen Korrekturmaßnahme, um das Vertrauen der Kundinnen langfristig zu sichern. Die folgende Fallstudie zum Dieselskandal von Volkswagen (siehe auch Fallbeschreibung in Abschn. 3.1) illustriert dieses Phänomen eindrucksvoll.

Volkswagens Dieselgate (Reprise)

Der Volkswagen-Rückruf, der Millionen von Fahrzeugen aufgrund manipulierter Motorsteuerungssoftware betraf, ist ein eindrucksvolles Beispiel für den Bumerang-Effekt. Trotz der zuvor starken Markenwerte von Volkswagen bedeutete der Vorfall einen erheblichen Schlag für die Markenwahrnehmung. Vor dem Rückruf im Jahr 2015 hatte Volkswagen einen der höchsten Markenwerte in der deutschen Automobilindustrie. Der durch den Dieselgate-Skandal ausgelöste Rückruf führte jedoch zu einem bemerkenswert starken Rückgang der Markenwahrnehmung, insbesondere in Deutschland. Interessanterweise war der Markenwert von Volkswagen in den USA vor dem Rückruf vergleichsweise niedrig. Die Entwicklung des Markenwerts und der Kundenzufriedenheit nach dem Rückruf, wie in Abb. 3.7 dargestellt, erzählt eine eindrucksvolle Geschichte.

In beiden Ländern ist ein Rückgang der Kundenzufriedenheit erkennbar, wobei der Rückgang in Deutschland deutlicher ausfällt. Dies liegt jedoch an den zuvor deutlich höheren Zufriedenheitswerten (nicht in der Abbildung dargestellt). Besonders bemerkenswert ist die anschließende Erholung der Zufriedenheitswerte. Während die Kundenzufriedenheit in den USA Ende 2016 ihren Tiefpunkt erreichte und sich danach erholte, setzte sich der Rückgang in Deutschland bis Ende 2018 fort. Was erklärt diesen Unterschied?

Ein entscheidender Faktor liegt in den unterschiedlichen regulatorischen Rahmenbedingungen. In Reaktion auf die strengeren US-Vorschriften zeigte Volkswagen eine kooperative Haltung und führte umfassende Maßnahmen zur Problemlösung und Entschädigung der Kundinnen durch (Howard, 2018; Bryan, 2016). In Europa hingegen verfolgte Volkswagen eine kostengünstigere, jedoch weniger effektive Strategie, indem es eine defensive Haltung einnahm und die Kundinnen aufforderte, individuelle Entschädigungen durch

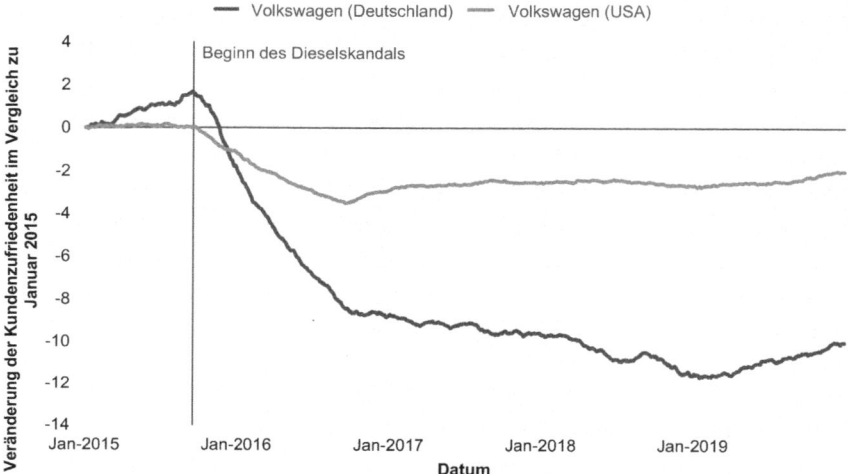

Abb. 3.7 Kundenzufriedenheit von Volkswagen in Deutschland und den USA zwischen 2015 und 2019. (Quelle: Eigene Darstellung basierend auf Daten von YouGov BrandIndex)

langwierige und teure Gerichtsverfahren einzufordern, anstatt diese proaktiv anzubieten. Ein Wendepunkt kam im November 2018, als der Deutsche Bundestag entscheidende Maßnahmen zum Verbraucherschutz einleitete. Mit der Einführung der „Musterfeststellungsklage", die der amerikanischen Sammelklage ähnelt, wurde ein rechtlicher Rahmen geschaffen, der zu einer Verbesserung der Zufriedenheitswerte in Deutschland führte.

Diese Unterschiede verdeutlichen, wie nationale rechtliche Rahmenbedingungen und die entsprechenden Managemententscheidungen unterschiedliche Auswirkungen auf die Markenwahrnehmung haben können. Es ist plausibel, dass Volkswagen die Wiederherstellung der Kundenzufriedenheit in Deutschland beschleunigt hätte, wenn das Unternehmen die in den USA angewandte Strategie übernommen hätte – auch wenn dies damals nicht durch deutsches oder europäisches Recht vorgeschrieben war. Aktuelle Studien zu Produktrückrufen unterstützen diese Annahme. Sie zeigen, dass ein effektives Rückrufmanagement die Kundenzufriedenheit bewahrt (von Schlieben-Troschke & Raithel, 2024) und damit positive finanzielle Ergebnisse für Unternehmen erzielen kann, wie in Abschn. 3.3 erläutert wird.

3 Auswirkungen von Produktrückrufen auf den ...

Es ist entscheidend zu verstehen, dass ein effektives Rückrufmanagement, das darauf abzielt, die Kundenzufriedenheit zu wahren und den Ruf des Unternehmens zu schützen, nicht zwangsläufig immer die Wahl teurer und aufwendiger Lösungen erfordert. Überraschenderweise deuten Untersuchungen darauf hin, dass ein übermäßig vorsichtiger und kostspieliger Umgang mit Kundinnen im Rahmen des Rückrufmanagements kontraproduktiv sein kann (Raithel & Hock, 2021). Wenn ein Unternehmen die Erwartungen der Kundinnen nicht erfüllt – ein Verhalten, das als *unterkonformes* Verhalten bezeichnet wird – führt dies zu einem schwerwiegenderen Reputationsschaden, als wenn diese Erwartungen durch ein *konformes* Verhalten erfüllt werden (Abb. 3.8). Eine typische (oder erwartete) Reaktion wäre eine Entschuldigung für den Produktfehler und die Bereitstellung einer unkomplizierten Lösung zur Behebung des Problems.

Interessanterweise zeigt die Studie jedoch auch, dass das Übertreffen der Kundenerwartungen, bekannt als *überkonformes* Verhalten, ebenfalls zu einem erheblichen Reputationsverlust führen kann. Dieses scheinbar paradoxe Phänomen entsteht, weil Kundinnen ein solch unerwartet

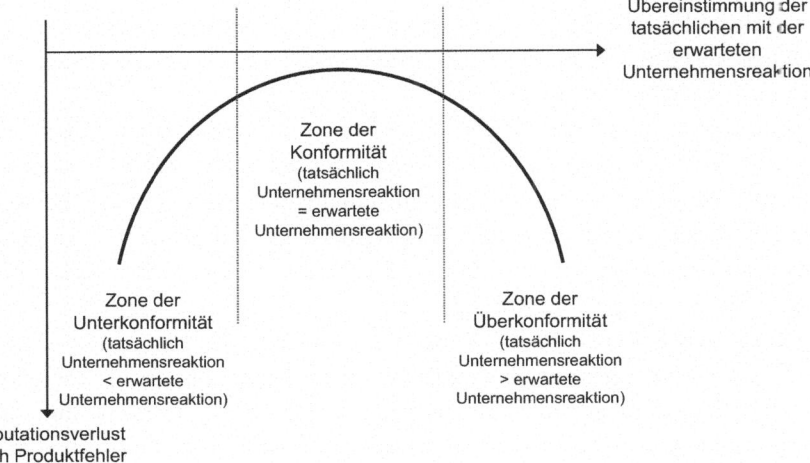

Abb. 3.8 Auswirkungen der Konformität der Unternehmensreaktion auf den Reputationsverlust. (Quelle: Eigene Darstellung basierend auf Raithel & Hock, 2021)

großzügiges Verhalten als Hinweis darauf werten könnten, dass das Unternehmen entweder etwas verheimlicht oder dass das Problem gravierender ist, als es zunächst den Anschein hatte. Kundinnen stellen sich die Frage: Warum sollte das Unternehmen deutlich mehr tun, als meine Erwartungen zu erfüllen?

Das folgende Gedankenexperiment soll dieses Phänomen verdeutlichen: Stellen Sie sich vor, Sie warten auf einem Bahnsteig, als plötzlich jemand vorbeieilt und Sie anrempelt. Natürlich sind Sie erschrocken und vielleicht auch ein wenig verärgert. Normalerweise würde man erwarten, dass sich die Person entschuldigt und den Unfall erklärt („Ich war in Eile und wollte Sie nicht absichtlich rempeln"). Danach haben Sie sich vermutlich schnell beruhigt und würden den Vorfall ohne viel Wirbel hinter sich lassen.

Was wäre, wenn Ihnen diese Person statt einer Entschuldigung 100 € für die Unannehmlichkeiten anbieten würde? Auf den ersten Blick denken Sie vielleicht, dass dies Ihr Glückstag ist. Bei näherer Betrachtung würden jedoch schnell Zweifel aufkommen. Sie könnten die Motive der Person in Frage stellen und sich fragen, ob der Unfall absichtlich herbeigeführt wurde. Ähnlich verhält es sich, wenn Unternehmen bei einem Produktfehler „zu viel" unternehmen, um das Problem zu beheben. Ein solches Verhalten kann bei Kundinnen nicht nur Verwunderung, sondern auch Zweifel hervorrufen.

Die eigene Rückrufmaßnahmen zwischen zu wenig, genau richtig und zu viel zu kalibrieren ist jedoch sehr schwierig. Die Schwierigkeit bei einem erfolgreichen Produktrückrufmanagement, das sowohl die Kundenzufriedenheit als auch den Ruf schützt, liegt darin, die ergriffenen Maßnahmen sorgfältig an den i. d. R. nicht vollständig bekannten Kundenerwartungen auszurichten.

Interessanterweise zeigen Raithel & Hock (2021) in dieser Studie auch, dass Investorinnen diese Effekte antizipieren und ähnlich wie Verbraucherinnen reagieren. Im folgenden Abschnitt werden die Auswirkungen von Produktrückrufen und Rückrufmanagement auf den finanziellen Unternehmenserfolg wie die Entwicklung des Aktienpreises nach einem Rückruf genauer betrachtet.

3.3 Auswirkungen auf den finanziellen Unternehmenserfolg

Wie in Abb. 3.2 (am Anfang von Kap. 3) gezeigt, können Produktrückrufe den Unternehmenswert erheblich beeinträchtigen. Diese Darstellung erfasst jedoch nicht vollständig das Ausmaß der potenziellen Schäden oder die Strategien, die Unternehmen anwenden können, um die negativen finanziellen Auswirkungen zu mildern. Im schlimmsten Fall können Rückrufe katastrophale Folgen haben und zur Insolvenz führen, wie die Beispiele des Airbag-Herstellers Takata, des Fleischverpackungsunternehmens Westland/Hallmark und des Säuglingsnahrungsherstellers Sanlu verdeutlichen (Wishnick, 2008; Canavan, 2013; Soble, 2017; siehe auch Kap. 1).

Selbst wenn eine Insolvenz abgewendet wird, können die finanziellen Folgen tiefgreifend und langfristig sein. Ein prominentes Beispiel ist der niederländische Medizingerätehersteller Philips, der 2021 5,5 Mio. Beatmungsgeräte zurückrufen musste. Dieser Rückruf hatte drastische Auswirkungen: Die Marktkapitalisierung des Unternehmens sank um 70 %, der CEO wurde entlassen, und fast 13 % der Belegschaft verloren ihren Arbeitsplatz, nachdem Philips im Jahr 2022 einen Nettoverlust von 1,3 Mrd. € meldete (Sterling & Meijer, 2022; Meijer, 2023).

Die enormen finanziellen Verluste im Zusammenhang mit Produktrückrufen gehen weit über die direkten Kosten und die erwarteten Rechtskosten hinaus. Untersuchungen zeigen, dass Investorinnen den Schaden für ein Unternehmen häufig als größer einschätzen als die unmittelbaren Rückrufkosten (Jarrell & Peltzman, 1985). Diese Wahrnehmung ist auf die negativen Auswirkungen auf den Ruf des Unternehmens und das Vertrauen der Kundinnen zurückzuführen. Reputationsschäden können langfristig wirken und den zukünftigen Markterfolg erheblich gefährden (siehe die Fallstudie zum Dieselgate von Volkswagen und Abb. 3.7 in Abschn. 3.2). Das Ausmaß der Reputationsschäden und der finanziellen Konsequenzen variiert jedoch und hängt von einer Vielzahl von Faktoren ab. Zahlreiche Studien haben untersucht, wie Rückrufmanagement und Variablen wie Rückrufvolumen, Schwere der Mängel, mediale Berichterstattung oder die Wettbewerbsintensität innerhalb der Branche den finanziellen Erfolg von

Unternehmen beeinflussen (z. B. Borah & Tellis, 2016; Ferrer & Perrone, 2023; Hsu & Lawrence, 2016; Liu et al., 2017; Raithel & Hock, 2021).

Auch das Branchenumfeld spielt eine wichtige Rolle. Untersuchungen zeigen, dass in sogenannten „Rückrufclustern", in denen mehrere Unternehmen fehlerhafte Produktteile vom selben Lieferanten erhalten, Herdeneffekte auftreten. Unternehmen, die frühzeitig zurückrufen, müssen im Allgemeinen mit stärkeren Reaktionen am Aktienmarkt rechnen als Unternehmen, die später handeln. Die „Strafe" der Investorinnen kann für Unternehmen, die innerhalb eines Rückrufclusters frühzeitig zurückrufen, um etwa 67 % höher ausfallen als für Unternehmen, die später reagieren (Mukherjee et al., 2022). Ebenso erleiden Unternehmen in Branchen mit häufigen Rückrufen im Allgemeinen geringere Schäden durch Rückrufe als Unternehmen in weniger rückrufintensiven Sektoren (Javadinia et al., 2023).

Investorinnen neigen dazu, die negativen Auswirkungen eines Produktrückrufs anfangs zu *über*schätzen, da sie tendenziell risikoscheu sind. Um dieser potenziellen negativen Überreaktion entgegenzuwirken, ist es ratsam, dass Unternehmen den Investorinnen proaktiv zusätzliche Informationen über den Rückruf bereitstellen. Es wird auch empfohlen, dass Unternehmen während und nach einem Rückruf vorsichtig mit ihren Werbebudgets umgehen. Studien deuten darauf hin, dass Werbung während eines Rückrufs oder, wenn dieser noch frisch im Gedächtnis der Kundinnen ist, eher vermieden werden sollte. Obwohl es verlockend sein mag, während der Krise Werbeaktionen (z. B. Rabattaktionen) zur Absatzsteigerung einzusetzen, zeigen Untersuchungen, dass solche Werbeaktionen im Allgemeinen kontraproduktiv sind (Liu et al., 2017). Unternehmen sollten Werbeaktionen erst dann wieder einführen, wenn die Krise tatsächlich überwunden ist. Erst *nachdem* die Krise überwunden ist, ist es von entscheidender Bedeutung, das Vertrauen in die Marke durch eine deutliche Erhöhung der Werbeausgaben wiederherzustellen. Dies ist besonders wichtig in wettbewerbsintensiven Branchen, in denen den Kundinnen viele Produktalternativen zur Verfügung stehen.

Wie in Abschn. 3.2 oben erläutert, ist es essenziell, die Erwartungen der Stakeholder an das Rückrufmanagement zu kennen. Ein proaktives Rückrufmanagement, das die rechtzeitige Einleitung eines Produktrückrufs beinhaltet, kann sogar zunächst eine kurzfristige negative Überreaktion der Investorinnen auslösen (Chen et al., 2009), zahlt sich aber langfristig aus (Liu et al., 2017). Es ist jedoch auch entscheidend, bei den Korrekturmaßnahmen nicht zu weit über die Erwartungen hinauszuschießen. Investorinnen (wie auch Kundinnen; siehe Abschn. 3.2) könnten skeptisch werden und sich sorgen, dass die Krise schwerwiegender ist als zunächst angenommen (Raithel & Hock, 2021).

Ein weiterer wichtiger Aspekt des Rückrufmanagements ist die Optimierung der Effektivität des Rückrufs. Das bedeutet Informationen darüber zu sammeln, wie viele Produkte repariert, ersetzt oder entsorgt wurden. Die Sicherstellung der Effektivität eines Rückrufs wirkt sich direkt auf die Kundenzufriedenheit als auch auf den finanziellen Erfolg des Unternehmens aus, insbesondere bei großen Rückrufen und bei Rückrufen die sog. Marktführer einleiten (Liu et al., 2017; von Schlieben-Troschke & Raithel, 2024).

Bei der Analyse der Auswirkungen von Produktrückrufen auf den Unternehmenswert und die Reaktion der Investorinnen ist es entscheidend, auch die Folgen für das Kundenverhalten – etwa in Bezug auf Umsatz und Marktanteile – zu berücksichtigen. Ein effektives Management dieser Marktwirkungen ist von großer Bedeutung, da Unternehmen finanzielle Ressourcen benötigen, um die unmittelbaren Kosten von Rückrufaktionen und Rechtsstreitigkeiten während einer Produktschadenskrise abzufedern. Es ist bekannt, dass Produktrückrufe zunächst negative Auswirkungen auf den Umsatz haben können – ein Effekt, der sich über einen langen Zeitraum oder sogar unbegrenzt fortsetzen kann (z. B. Pennings et al., 2002; Rubel et al., 2011; van Heerde et al., 2007). Die Forschung zeigt jedoch erhebliche Schwankungen in der Größe und Dauer dieser Umsatzeinbußen. Diese Variabilität wird durch verschiedene Faktoren beeinflusst, darunter die Schwere der Krise, die mediale Berichterstattung, die wahrgenommene Unternehmensverantwortung, Werbestrategien und Produktpreise (Borah & Tellis, 2016; Cleeren et al., 2013; Liu & Shankar, 2015).

> **Krafts Erdnussbutter-Rückruf in Australien**
>
> Am 20. Juni 1996 erhielt der Geschäftsführer von Kraft Australia einen beunruhigenden Anruf von der örtlichen Gesundheitsbehörde: In Erdnussbutter von Kraft waren Hinweise auf Salmonellen gefunden worden. Was folgte, wurde zur schwersten Krise in der 70-jährigen Geschichte von Kraft Australia und verursachte Kosten in Höhe von rund 15 Mio. australischen Dollar (Shoe-

bridge, 1996; van Heerde et al., 2007). Nachfolgende Untersuchungen ergaben, dass noch andere Kraft-Produkte betroffen waren, was zu einer Ausweitung des Rückrufes führte. Bis zum 30. Juni 1996 musste Kraft landesweit alle Erdnussbutterbestände aus den Filialen entfernen, was 70 % des gesamten Erdnussbuttermarktes in Australien umfasste. Innerhalb von nur fünf Tagen erhielt das Unternehmen rund 100.000 Anfragen von besorgten Kundinnen und meldete rund 100 Fälle von Salmonelleninfektionen.

Kraft sah sich nicht nur mit den unmittelbaren Herausforderungen eines groß angelegten Rückrufs konfrontiert, sondern wurde auch für seine anfänglich zögerliche Reaktion in den Medien kritisiert. Hinzu kam eine Sammelklage, bei der eine Anwaltskanzlei 540 Kundinnen vertrat. Der Vertrieb aller Erdnussbuttermarken von Kraft wurde für fast vier Monate eingestellt. Während dieser Zeit profitierten die Wettbewerberinnen: Sanitarium, eine der größten Konkurrentinnen, konnte ihren Umsatz um 275 % steigern. Trotz dieser Verluste gelang es Kraft jedoch, sich nach der Krise überraschend schnell zu erholen. Wie hat das Unternehmen dies geschafft?

Zunächst blieb das Unternehmen während der gesamten Krise mit seinen Kundinnen in Verbindung. Erstens wurde eine Hotline für direktes Feedback eingerichtet, was dem Unternehmen half, seine Rückruf- und Erholungsstrategie zu optimieren. Zweitens hat sich das Unternehmen dafür entschieden, seiner Hauptmarke Kraft den Vorrang vor der ebenfalls geschädigten Submarke Eta zu geben (van Heerde et al., 2007). Das bedeutete, dass sich die Werbemaßnahmen nach dem Verkaufsstopp auf die Förderung der Marke Kraft konzentrierten. Nach der Lösung der Probleme in der Fabrik in Melbourne investierte Kraft 3 Mio. australische Dollar in nationale Werbung, um den Relaunch der Marke Kraft zu unterstützen. Drittens profitierte Kraft aber auch von Fehlern seiner Wettbewerber, wie der Entscheidung von Sanitarium, während der Krise von Kraft die Preise zu erhöhen. Spätere Untersuchungen deuten darauf hin, dass Preissenkungen strategisch vorteilhafter gewesen wären, um Vertrauen der Kundinnen und langfristige Marktanteile gegenüber den Kraft-Marken zu gewinnen (van Heerde et al., 2007).

Krafts Erdnussbutter-Rückruf verdeutlicht eindrucksvoll die weitreichenden Auswirkungen, die Managemententscheidungen auf den Markterfolg während und nach einem Produktrückruf haben können. Doch lässt sich dieser Einzelfall auch auf andere Branchen und Märkte übertragen? Untersuchungen zeigen, dass erhöhte Werbeausgaben tatsächlich dazu beitragen können, Kundinnen dazu zu bewegen, der Marke treu zu bleiben (Cleeren et al., 2013). Allerdings erfordert das Erzielen desselben Verkaufseffekts nach einem Rückruf oft unverhältnismäßig hohe Werbeinvestitionen (van Heerde et al., 2007; Liu & Shankar, 2015). Die optimale Werbe- und Preisstrategie hängt dabei entscheidend davon ab, wie stark der Rückruf medial negativ dargestellt wird und in welchem Ausmaß das Unternehmen für den Produktausfall verantwortlich gemacht wird (Cleeren et al., 2013). Bei besonders intensiver negativer Berichterstattung kann eine deutliche Erhöhung der Werbeausgaben sinnvoll sein.

Das Timing dieser Maßnahmen ist jedoch entscheidend. Wie zuvor erwähnt, ist eine Erhöhung der Werbeausgaben zu Beginn oder auf dem Höhepunkt der Krise nicht ratsam. Erst nach Überwindung der Krise sollten diese Investitionen erfolgen (Liu et al., 2017). Wenn Verbraucherinnen dem Unternehmen eine besondere Schuld am Rückruf zuschreiben, kann eine Senkung der Produktpreise eine effektive Maßnahme sein, um den Kaufanreiz zu steigern (Cleeren et al., 2013). Gleichzeitig sollten Unternehmen auf strategische Angriffe der Wettbewerberinnen vorbereitet sein, die versuchen könnten, von der Krise zu profitieren (van Heerde et al., 2007).

Dieses Kapitel zeigt, dass ein erfolgreiches Produktrückrufmanagement eine sorgfältige Abwägung zahlreicher Faktoren und ein tiefes Verständnis der Auswirkungen auf verschiedene Interessengruppen erfordert, darunter Kundinnen, Investorinnen und politische Entscheidungsträgerinnen. Um dieses Verständnis weiter zu vertiefen, untersucht das nächste Kapitel die Rolle der verschiedenen Stakeholder im Detail. Mit diesem Wissen können wir im nächsten Schritt den Produktrückrufmanagementzyklus in den Mittelpunkt zu rücken.

Literatur

Australian Competition & Consumer Commission. (2024). *Product safety responsibilities.* https://www.accc.gov.au/business/selling-products-and-services/product-safety-responsibilities. Zugegriffen am 15.04.2024.

Ameer, R., & Othman, R. (2023). Stock market reactions to US consumer product safety commission enforcement actions. *Accounting & Finance, 63*, 3709–3735. https://doi.org/10.1111/acfi.13063

Borah, A., & Tellis, G. J. (2016). Halo (spillover) effects in social media: Do product recalls of one brand hurt or help rival brands? *Journal of Marketing Research, 53*(2), 143–160.

Bryan, V. (2016, Juli 3). VW says U.S. 'Dieselgate' settlement not to be replicated in Europe. *Reuters.* https://www.reuters.com/article/us-volkswagen-emissions-ceo-idUSKCN0ZJ051/. Zugegriffen am 15.04.2024.

Canavan, N. (2013, März 28). The Business of Recalls: From Booming to Bankrupt. *Food Quality and Safety.* https://www.foodqualityandsafety.com/article/the-business-of-recalls-from-booming-to-bankrupt/). Zugegriffen am 15.04.2024.

Chen, Y., Ganesan, S., & Liu, Y. (2009). Does a firm's product-recall strategy affect its financial value?. An examination of strategic alternatives during product-harm crises. *Journal of Marketing, 73*(6), 214–226.

Cleeren, K., van Heerde, H. J., & Dekimpe, M. G. (2013). Rising from the ashes: How brands and categories can overcome product-harm crises. *Journal of Marketing, 77*(2), 58–77.

Consumer Product Safety Commission. (2024). *How to conduct a recall.* https://www.cpsc.gov/Business%2D%2DManufacturing/Recall-Guidance/How-to-Conduct-a-Recall. Zugegriffen am 15.04.2024.

Crosley, T. (2020, März 19). Who's liable when a recalled product causes an injury? *Crosley Law.* https://crosleylaw.com/blog/dangerous-defects-whos-liable-when-a-recalled-product-causes-an-injury/. Zugegriffen am 15.04.2024.

Dawar, N., & Pillutla, M. M. (2000). Impact of product-harm crises on brand equity: The moderating role of consumer expectations. *Journal of Marketing Research, 37*(2), 215–226. https://doi.org/10.1509/jmkr.37.2.215.18729

Europäische Kommission. (2024). *Effective recalls.* https://ec.europa.eu/safety-gate/#/screen/pages/effectiveRecalls. Zugegriffen am 15.04.2024.

Ferrer, R., & Perrone, H. (2023). Consumers' costly responses to product-harm crises. *Management Science, 69*(5), 2639–2671.

Grégoire, Y., Tripp, T. M., & Legoux, R. (2009). When customer love turns into lasting hate: The effects of relationship strength and time on customer revenge and avoidance. *Journal of Marketing, 73*(6), 18–32.

Hansen, N., Kupfer, A. K., & Hennig-Thurau, T. (2018). Brand crises in the digital age: The short-and long-term effects of social media firestorms on consumers and brands. *International Journal of Research in Marketing, 35*(4), 557–574.

Hessler, U. (2019, September 30). Class action lawsuit against VW in Germany. *DW.* https://www.dw.com/en/german-class-action-lawsuit-over-vw-emissions-begins/a-50596406. Zugegriffen am 15.04.2024.

Howard, E. (2018, März 29). VW's dieselgate fix for US cars is 'far more effective' than its European one. *Unearthed.* https://unearthed.greenpeace.org/2018/03/29/volkswagen-fix-us-europe-effective-dieselgate/. Zugegriffen am 15.04.2024.

Hsu, L., & Lawrence, B. (2016). The role of social media and brand equity during a product recall crisis: A shareholder value perspective. *International Journal of Research in Marketing, 33*(1), 59–77.

IKEA. (2024). *Safer homes acknowledgement*. https://www.ikea.com/us/en/customer-service/product-support/recalls/safer-homes-acknowledgement-pub59cfcaf0. Zugegriffen am 15.04.2024.

Isidore, C. (2021, März 10). The 737 Max crisis costs continues to climb two years after the second fatal crash. *CNN*. https://edition.cnn.com/2021/03/10/investing/boeing-costs-737-max-crisis/index.html. Zugegriffen am 15.04.2024

Jarrell, G., & Peltzman, S. (1985). The impact of product recalls on the wealth of sellers. *Journal of Political Economy, 93*(3), 512–536.

Javadinia, A., Gill, M., & Jayachandran, S. (2023). Recall environment and post-recall stock market response. *Journal of the Academy of Marketing Science*, 1–24.

Liu, Y., & Shankar, V. (2015). The dynamic impact of product-harm crises on brand preference and advertising effectiveness: An empirical analysis of the automobile industry. *Management Science, 61*(10), 2514–2535.

Liu, Y., Shankar, V., & Yun, W. (2017). Crisis management strategies and the long-term effects of product recalls on firm value. *Journal of Marketing, 81*(5), 30–48.

Mafael, A., Raithel, S., & Hock, S. J. (2022). Managing customer satisfaction after a product recall: the joint role of remedy, brand equity, and severity. *Journal of the Academy of Marketing Science, 50*(1), 174–194.

Meijer, B. H. (2023, Januar 30). Philips to cut 13% of jobs in safety and profitability drive. *Reuters*. https://www.reuters.com/markets/europe/philips-scraps-6000-jobs-drive-improve-profitability-2023-01-30/. Zugegriffen am 21.04.2024.

Mukherjee, U. K., Ball, G. P., Wowak, K. D., Natarajan, K. V., & Miller, J. W. (2022). Hiding in the herd: The product recall clustering phenomenon. *Manufacturing & Service Operations Management, 24*(1), 392–410.

Pennings, J. M., Wansink, B., & Meulenberg, M. T. (2002). A note on modeling consumer reactions to a crisis: The case of the mad cow disease. *International Journal of Research in Marketing, 19*(1), 91–100.

Raithel, S., & Hock, S. J. (2021). The crisis-response match: An empirical investigation. *Strategic Management Journal, 42*(1), 170–184.

Raithel, S., Hock, S. J., & Mafael, A. (2023). Product recall effectiveness and consumers' participation in corrective actions. *Journal of Academy of Marketing Science*, 1–20.

Raithel, S., Mafael, A., & Hock, S. J. (2021). The effects of brand equity and failure severity on remedy choice after a product recall. *Journal of Product & Brand Management, 30*(8), 1247–1261.

Rubel, O., Naik, P. A., & Srinivasan, S. (2011). Optimal advertising when envisioning a product-harm crisis. *Marketing Science, 30*(6), 1048–1065.

Shoebridge, N. (1996, September 2). Peanut butter king loses a kingdom. *Australian Financial Review*. https://www.afr.com/companies/peanut-butter-king-loses-a-kingdom-19960902-kaymq. Zugegriffen am 15.04.2024.

Smith, N. C., Thomas, R. J., & Quelch, J. (1996). A strategic approach to managing product recalls. *Harvard Business Review*. https://hbr.org/1996/09/a-strategic-approach-to-managing-product-recalls. Zugegriffen am 08.02.2024.

Soble, J. (2017, Juni 25). Takata, Unable to Overcome Airbag Crisis, Files for Bankruptcy Protection. *The New York Times*. https://www.nytimes.com/2017/06/25/business/takata-japan-restructuring.html. Zugegriffen am 19.04.2024.

Sterling, T. & Meijer, B. H. (2022, Oktober 24). Philips to cut 5% of workforce as new CEO acts to counter falling sales. *Reuters*. https://www.reuters.com/business/philips-cut-4000-jobs-after-medical-equipment-recall-2022-10-24/. Zugegriffen am 21.04.2024.

Strobel, L. P. (1980). *Reckless homicide?: Ford's Pinto trial*. And Books.

Thorbecke, C. (2024, Januar 10). Boeing CEO acknowledges 'mistake' related to terrifying Alaska Airlines flight. *CNN*. https://edition.cnn.com/2024/01/09/business/boeing-safety-meeting-737-max-factory/index.html. Zugegriffen am 15.04.2024.

Thirumalai, S., & Sinha, K. K. (2011). Product recalls in the medical device industry: An empirical exploration of the sources and financial consequences. *Management Science, 57*(2), 376–392.

Vaid, S., & Donthu, N. (2023). When injured product users may also stay satisfied: A macro-level analysis. *Journal of Business Research, 162*, 113887.

Van Heerde, H., Helsen, K., & Dekimpe, M. G. (2007). The impact of a product-harm crisis on marketing effectiveness. *Marketing Science, 26*(2), 230–245.

Vigdor, N. (2020, Juni 1). Ikea will pay $46 million to parents of toddler crushed to death by a dresser. *The New York Times*. https://www.nytimes.com/2020/01/06/us/ikea-dresser-lawsuit-settlement.html. Zugegriffen am 15.04.2024.

von Schlieben-Troschke, J., & Raithel, S. (2024), The financial performance impact of product recall compliance. *Proceedings of the European Marketing Academy, 53rd*.

Slider, A., Maidenberg, M. & Tangel, A. (2024, Januar 9). Alaska airlines boeing probe: What we know. *The Wall Street Journal*. https://www.wsj.com/business/airlines/alaska-airlines-boeing-737-max-9-probe-d1af9026. Zugegriffen am 15.04.2024.

Wishnick, E. (2008). Of milk and spacemen: The paradox of Chinese power in an era of risk. *The Brown Journal of World Affairs, 15*, 209.

Yang, Z., Freling, T., Sun, S., & Richardson-Greenfield, P. (2022). When do product crises hurt business? A meta-analytic investigation of negative publicity on consumer responses. *Journal of Business Research, 150*, 102–120.

4

Die Rollen der verschiedenen Stakeholdergruppen

Was Sie in diesem Kapitel erwartet
- In diesem Kapitel werden die Rollen verschiedener Interessengruppen untersucht, darunter Kundinnen, Groß- und Einzelhändlerinnen, politische Entscheidungsträgerinnen und Regulierungsbehörden, Lieferantinnen, Medien sowie Investorinnen und Finanzanalystinnen.
- Es wird hervorgehoben, wie wichtig es ist, die Bedürfnisse jeder Stakeholder-Gruppe zu berücksichtigen und Transparenz im Rückrufmanagement zu gewährleisten, um das Vertrauen der Stakeholder und die Marktstellung zu sichern.
- Es wird erläutert, wie jede Stakeholder-Gruppe zum Erfolg des Rückrufprozesses beitragen kann.
- Es werden potenzielle Herausforderungen beim Management von Produktrückrufen skizziert, wie beispielsweise ein geringes Verbraucherbewusstsein, gestörte Kommunikation mit Einzelhändlerinnen oder Widerstände gegen die Zusammenarbeit mit den Medien.
- Es werden kollaborative Lösungen diskutiert, die alle Stakeholdergruppen einbeziehen, um diese Herausforderungen effektiv zu bewältigen.

Beim Management von Produktrückrufen ist es essenziell, eine kundenorientierte Perspektive einzunehmen, um während des gesamten Prozesses positive Beziehungen aufrechtzuerhalten. Dabei geht es nicht nur darum, auf die Anliegen der Endverbraucherinnen einzugehen, sondern auch um eine enge Zusammenarbeit mit Vertriebspartnerinnen, wie Groß- und Einzelhändlerinnen. Ebenso ist es von zentraler Bedeutung, die Rollen und Bedürfnisse weiterer Interessengruppen – darunter politische Entscheidungsträgerinnen, Regulierungsbehörden, Lieferantinnen, Medien, Investorinnen und Finanzanalystinnen – im Rückrufmanagement zu berücksichtigen (Li et al., 2022).

Diese Stakeholdergruppen spielen eine zentrale Rolle im Rückrufprozess, wobei jede Gruppe spezifische Informationsbedürfnisse hat. Die aktive Einbindung jeder Gruppe kann entscheidend dazu beitragen, den Rückruf erfolgreich zu managen und die Reaktionsfähigkeit des Unternehmens zu verbessern. Zudem beeinflussen diese Stakeholdergruppen maßgeblich die Kundenwahrnehmung während und nach dem Rückruf, was sich sowohl kurz- als auch langfristig auf den Erfolg des Unternehmens auswirkt.

Durch die Priorisierung einer kundenzentrierten Strategie und die Berücksichtigung der Perspektiven aller beteiligten Stakeholder kann das Produktrückrufmanagement Herausforderungen effektiv bewältigen und gleichzeitig das Vertrauen wahren sowie Störungen der Beziehungen zu Kundinnen und anderen wichtigen Parteien minimieren. In den folgenden Abschnitten beleuchten wir daher jede Stakeholder-Gruppe im Detail und untersuchen ihre individuellen Bedürfnisse und die sich dadurch ergebenden Herausforderungen, die proaktiv angegangen werden müssen.

4.1 Kundinnen

Während eines Produktrückrufs spielen Kundinnen eine entscheidende Rolle. Für das Unternehmen steht dabei im Mittelpunkt, sowohl die Sicherheit der Kundinnen als auch die Effektivität des Rückrufverfahrens sicherzustellen.

Zunächst müssen Kundinnen über Rückrufwarnungen informiert werden, die von Herstellerinnen, Einzelhändlerinnen oder Aufsichtsbehörden

4 Die Rollen der verschiedenen Stakeholdergruppen

herausgegeben werden. Nach Erhalt dieser Benachrichtigungen sollten sie prüfen, ob sie das betroffene Produkt besitzen. Stellt sich heraus, dass dies der Fall ist, ist es in der Regel unerlässlich, die Verwendung des Produkts sofort einzustellen, um potenzielle Schäden zu vermeiden. Anschließend sollten die Kundinnen das Produkt gemäß den Anweisungen in der Rückrufmitteilung zur Entsorgung, Reparatur oder zum Austausch zurückgeben – entweder an die Herstellerin, eine Händlerin oder eine andere spezifizierte Stelle. Die Einhaltung dieser Anweisungen ist entscheidend für einen reibungslosen und effektiven Rückrufprozess.

Darüber hinaus wird den Kundinnen empfohlen, Feedback zum Produkt und zum Rückrufprozess an die Herstellerin oder die Aufsichtsbehörden zu geben. Dieses Feedback ist wertvoll, um zukünftige Produktsicherheitsmaßnahmen zu verbessern und Rückrufprotokolle zu optimieren, was letztlich den Verbraucherschutz bei künftigen Vorfällen stärkt. Zusätzlich können Kundinnen durch die Verbreitung von Informationen in ihrem sozialen Umfeld dazu beitragen, das Bewusstsein für den Rückruf zu erhöhen und so mehr betroffene Personen dazu bewegen, die notwendigen Maßnahmen zu ergreifen.

Während eines Produktrückrufs können verschiedene Herausforderungen auftreten, die sich sowohl auf die Effektivität des Rückrufprozesses als auch auf die Kundensicherheit auswirken. Zu diesen Herausforderungen gehört ein allgemein geringes Kundenbewusstsein über Produktfehler. Eine umfassende und transparente Information der Kundinnen ist daher notwendig, um eine weitere Verwendung des zurückgerufenen Produkts zu verhindern. Eine der größten Herausforderungen besteht darin, die betroffenen Kundinnen zu erreichen und für den Rückruf zu sensibilisieren. Eine *Rückrufwarnung*, bei der ein Unternehmen mindestens 95 % der betroffenen Kundinnen durch direkte Kommunikation erreichen kann, steigert die durchschnittliche Beteiligung an Rückrufaktionen von Konsumgütern erheblich – von etwa 6 % auf 50 % im Vergleich zu allgemeinen *Pressemitteilungen* (Cave, 2017; siehe auch Abb. 4.1).

Darüber hinaus können Schwierigkeiten bei der Identifizierung betroffener Artikel und begrenzte Möglichkeiten für deren Rückgabe oder Ersatz die Fähigkeit der Kundinnen beeinträchtigen, das Problem effektiv anzugehen. Eine unzureichende Umsetzung des Rückrufprozesses durch

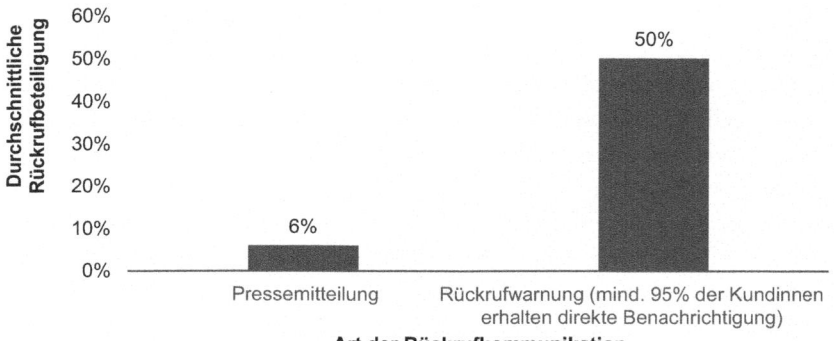

Abb. 4.1 Durchschnittliche Rückrufbeteiligung abhängig vom Kommunikationskanal. (Quelle: Darstellung rekonstruiert nach Daten von Cave, 2017)

Einzelhändlerinnen kann Verwirrung bei den Kundinnen stiften, während Unterbrechungen in der Lieferkette zu Verzögerungen bei der Rücknahme und dem Ersatz der zurückgerufenen Produkte führen können. Zudem können wahrgenommenes Missmanagement oder ein Mangel an Verantwortlichkeit seitens der Herstellerinnen oder Aufsichtsbehörden das Vertrauen der Kundinnen weiter untergraben und ihren Unmut verstärken. Die Bewältigung dieser Herausforderungen erfordert eine koordinierte Anstrengung aller Beteiligten, um klare Kommunikation, schnelles Handeln und den Schutz des Kundenwohls während des gesamten Rückrufprozesses sicherzustellen. Das folgende Beispiel veranschaulicht einige dieser Herausforderungen.

> **Der Rückruf von General Motors aufgrund defekter Zündschalter**
> Im Jahr 2014 sah sich General Motors (GM) mit einem umfangreichen Produktrückruf aufgrund eines defekten Zündschalters bei 2,6 Mio. Fahrzeugen konfrontiert. Der Defekt konnte dazu führen, dass sich der Motor während der Fahrt unerwartet abschaltete und wichtige Sicherheitsfunktionen wie Airbags deaktiviert wurden. Bis 2015 wurden bereits 97 Todesfälle auf diese Fehlfunktion zurückgeführt (Plumer 2015). Das Vertrauen der Kundinnen in GM war schwer erschüttert, da das Unternehmen erst nach Jahren des Wissens über das Problem Maßnahmen ergriff. Dieser wahrgenommene Mangel an Transparenz und die Verzögerung schürten den Verdacht, dass Kostensenkungen Vorrang vor der Sicherheit hatten, was zu Verwirrung und Skepsis führte.

4 Die Rollen der verschiedenen Stakeholdergruppen 49

> Auch die Kommunikation von GM über den Rückruf wurde stark kritisiert. Rückrufbenachrichtigungen waren oft unklar formuliert, was das Misstrauen der Kundinnen weiter verstärkte. Einige Kundinnen zögerten, auf die Benachrichtigungen zu reagieren, oder ignorierten sie gänzlich, da sie den Ernst der Warnungen nicht erkannten (CBS, 2014). Dies beeinträchtigte die Effektivität des Rückrufprozesses und verlängerte die mit dem fehlerhaften Zündschalter verbundenen Sicherheitsrisiken. Abb. 4.2 zeigt ein Beispiel eines kritisierten Benachrichtigungsschreibens an die Fahrzeughalterinnen.
>
> Zudem reagierten viele Kundinnen frustriert, weil sie wochen- oder monatelang auf Reparaturen bei den Händlerinnen warten mussten (Krisher, 2014). Darüber hinaus empfanden einige die von GM angebotenen Entschädigungen für Unfälle oder Verletzungen, die durch den Defekt verursacht wurden, als unzureichend. Der GM-Zündschalter-Rückruf verdeutlicht, wie entscheidend transparente und klare Kommunikation, schnelles Handeln und eine faire Behandlung der Kundinnen sind, um Vertrauen bei Produktrückrufen zu gewinnen und zu erhalten.

Somit lässt sich festhalten, dass die Zusammenarbeit mit den Kundinnen für die erfolgreiche Durchführung eines Produktrückrufs unerlässlich ist. Durch die unverzügliche Reaktion auf Rückrufbenachrichtigungen, das Einstellen der weiteren Nutzung zurückgerufener Produkte, die Einhaltung von Rückgabe- oder Entsorgungsanweisungen, die Bereitstellung von Feedback sowie die Verbreitung des Bewusstseins für Produktsicherheit und Rückrufe leisten die Kundinnen einen wesentlichen Beitrag zur Verbrauchersicherheit und zur Integrität des Rückrufprozesses. Es liegt in der Verantwortung des Unternehmens, die Voraussetzungen dafür zu schaffen, dass Kundinnen diese Rolle effektiv erfüllen können. In Kap. 5 (Produktrückrufmanagement-Zyklus) wird detailliert erläutert, wie der Rückrufprozess gestaltet und gesteuert werden kann, um dieses Ziel zu erreichen.

4.2 Groß- und Einzelhändlerinnen

Groß- und Einzelhändlerinnen spielen bei einem Produktrückruf eine wichtige Rolle und fungieren als Hauptansprechpartnerinnen für Kundinnen, die auf Probleme mit einem Produkt stoßen. Für Herstellerinnen ist es entscheidend, von diesen Händlerinnen rechtzeitig über potenzielle Probleme informiert zu werden, um Produktprobleme frühzeitig zu erkennen.

Representative Letter – Customer letters are brand, model and model year specific; listing the 17-digit VIN and are personalized.

IMPORTANT SAFETY RECALL

April 2014

Dear GM Customer:

This notice is sent to you in accordance with the National Traffic and Motor Vehicle Safety Act.

General Motors has decided that one or more defects as described below which relate to motor vehicle safety may exist in all 2008-2010 model year (MY) Chevrolet Cobalt, 2008-2011 MY Chevrolet HHR, 2008-2010 MY Pontiac Solstice, 2008-2010 MY Pontiac G5, and 2008-2010 MY Saturn Sky vehicles. As a result, GM is conducting a recall. We apologize for this inconvenience. However, we are concerned about your safety and continued satisfaction with our products.

IMPORTANT

- This notice applies to your 2008-2010 MY Chevrolet Cobalt, 2008-2011 MY Chevrolet HHR, 2008-2010 MY Pontiac Solstice, 2008-2010 MY Pontiac G5, and 2008-2010 MY Saturn Sky, VIN _____.

  Until the recall repairs have been performed, it is very important that you remove all items from your key ring, leaving only the vehicle key. The key fob (if applicable), should also be removed from your key ring. Also, when exiting your vehicle, always make sure your vehicle is in "Park", or in the case of a manual transmission, put the transmission into reverse gear and set the parking brake.

- Parts are not presently available to remedy your vehicle. When parts become available, GM will send you another letter to notify you to schedule an appointment with your GM dealer.

- The recall will be performed for you at **no charge**.

Why is your vehicle being recalled?	GM records indicate a defective Ignition & Start Switch or a kit containing a defective Ignition & Start Switch may have been installed in some 2008-2010 MY Chevrolet Cobalt, 2008-2011 MY Chevrolet HHR, 2008-2010 MY Pontiac Solstice, 2008-2010 MY Pontiac G5, and 2008-2010 MY Saturn Sky vehicles.
	If your vehicle has the defective Ignition & Start Switch, there is a risk, under certain conditions, that your ignition switch may move out of the "run" position, resulting in a partial loss of electrical power and turning

Abb. 4.2 GMs Rückruf eines defekten Zündschalters: Benachrichtigungsschreiben an die Fahrzeughalterinnen. (Quelle: NHTSA, 2014)

4 Die Rollen der verschiedenen Stakeholdergruppen 51

off the engine. This risk increases if your key ring is carrying added weight (such as more keys or the key fob) or your vehicle experiences rough road conditions or other jarring or impact related events. If the ignition switch is not in the run position, the air bags may not deploy if the vehicle is involved in a crash, increasing the risk of injury or fatality.

Some of these vehicles may also have a condition in which the ignition key may be removed when the ignition is not in the "Off" position. If the ignition key is removed when the ignition is not in the "Off" position, unintended vehicle motion may occur: (a) for an automatic transmission, if the transmission is not in "Park"; or (b) for a manual transmission, if the parking brake is not engaged and the transmission is not in reverse gear. This could result in a vehicle crash and occupant or pedestrian injuries.

Until the recall repairs have been performed, it is <u>very</u> important that you remove all items from your key ring, leaving only the vehicle key. The key fob (if applicable), should also be removed from your key ring. Also, when exiting your vehicle, always make sure your vehicle is in "Park", or in the case of a manual transmission, put the transmission into reverse gear and set the parking brake.

What will we do?

Whether or not your ignition switch has been previously serviced, GM will replace the ignition switch on your vehicle. This measure is being taken in an abundance of caution, to make sure all defective ignition switches have been removed from all vehicles.

PARTS ARE NOT CURRENTLY AVAILABLE, but when parts are available, your GM dealer will replace the ignition switch on your vehicle whether it is the original switch or a replacement, and for vehicles that have not previously had an ignition cylinder replacement under warranty, dealers will replace the ignition cylinder. Dealers will also cut and if necessary re-learn two ignition keys for each vehicle. This service will be performed for you at **no charge**. Because of scheduling requirements, it is likely that your dealer will need your vehicle longer than the actual service correction time of approximately 90 minutes.

We are working as quickly as possible to obtain parts. We will notify you with at least a second letter as soon as parts are available so that you can schedule an appointment with your dealer to have your vehicle repaired.

If required, your GM dealer will provide you with some form of courtesy transportation at no charge while your vehicle is at the dealership for this repair.

What should you do?

When GM notifies you that parts are available, you should contact your GM dealer to arrange a service appointment. **Until the recall repairs have been performed, it is <u>very</u> important that you**

Abb. 4.2 (Fortsetzung)

	remove all items from your key ring, leaving only the vehicle key. The key fob (if applicable), should also be removed from your key ring. Also, when exiting your vehicle, always make sure your vehicle is in "Park", or in the case of a manual transmission, put the transmission into reverse gear and set the parking brake.
Did you already pay for this repair?	When GM notifies you that parts are available, GM will also provide instructions for you to request reimbursement if you paid for repairs for the recall condition previously.
Do you have questions?	If you have questions or concerns that your dealer is unable to resolve, please contact the appropriate Customer Assistance Center at the number listed below.

Division	Number	Text Telephones (TTY)
Chevrolet	1-800-222-1020	1-800-833-2438
Pontiac	1-800-762-2737	1-800-833-7668
Saturn	1-800-553-6000	1-800-833-6000
Puerto Rico – English	1-800-496-9992	
Puerto Rico – Español	1-800-496-9993	
Virgin Islands	1-800-496-9994	

If after contacting your dealer and the Customer Assistance Center, you are still not satisfied we have done our best to remedy this condition without charge and within a reasonable time, you may wish to write the Administrator, National Highway Traffic Safety Administration, 1200 New Jersey Avenue, SE., Washington, DC 20590, or call the toll-free Vehicle Safety Hotline at 1.888.327.4236 (TTY 1.800.424.9153), or go to http://www.safercar.gov. The National Highway Traffic Safety Administration Campaign ID Numbers for these recalls are 14V047 and 14V171.

Federal regulation requires that any vehicle lessor receiving this recall notice must forward a copy of this notice to the lessee within ten days.

For additional information regarding this recall, please go to www.gmignitionupdate.com.

General Director,
Customer and Relationship Services

GM Recall Numbers: 14092 and 14113 or 14133

Abb. 4.2 (Fortsetzung)

Während eines Produktrückrufs ist es für Herstellerinnen unerlässlich, eng mit den Händlerinnen zusammenzuarbeiten, um betroffene Produkte in ihrem Bestand zu lokalisieren, zu isolieren und deren weiteren Vertrieb zu unterlassen. Die Herstellerinnen sollten auch den Distributorinnen dabei behilflich sein, betroffene Produkte von Endkundinnen oder Einzelhändlerinnen schnell zurückzuholen. Diese Zusammenarbeit ist von zentraler Bedeutung, zumal die Distributorinnen möglicherweise mit den Regulierungsbehörden zusammenarbeiten müssen, um diesen während des gesamten Rückrufprozesses die erforderlichen Informationen und Unterstützung bereitzustellen.

Zudem sind auch die Händlerinnen dafür verantwortlich, die Kundinnen über den Rückruf zu informieren und sie bei der Rückgabe oder Entsorgung betroffener Artikel zu unterstützen. Einzelhändlerinnen übernehmen in der Regel die Aufsicht über Rückgabe- und Erstattungsverfahren, um sicherzustellen, dass betroffene Kundinnen angemessen entschädigt werden. Das Führen detaillierter Aufzeichnungen über zurückgerufene Produkte – einschließlich Mengen, Daten und Bestimmungsorte – ist sowohl für Händlerinnen als auch für Herstellerinnen von zentraler Bedeutung, um den Verbleib der betroffenen Produkte zu verfolgen und die Einhaltung regulatorischer Anforderungen sicherzustellen.

Herstellerinnen sollten daher auf eine enge Kommunikation mit Groß- und Einzelhändlerinnen achten, um eine rechtzeitige Benachrichtigung und effektive Koordination während Rückrufaktionen zu gewährleisten. Die Bereitstellung umfassender Schulungs- und Unterstützungsmaterialien kann dazu beitragen, deren Rollen und Verantwortlichkeiten im Rückrufprozess klarzustellen und die Einhaltung der Rückrufprotokolle sicherzustellen. Zudem ermöglicht Transparenz in der gesamten Lieferkette die rasche Identifizierung betroffener Produkte und die Weitergabe von Rückrufinformationen an nachgelagerte Partnerunternehmen. Die Zuweisung von Ressourcen – sei es durch logistische Unterstützung oder finanzielle Mittel für Rückerstattungen – ist oft notwendig, um Groß- und Einzelhändlerinnen bei der Durchführung des Rückrufs zu unterstützen und den Prozess effektiv zu gestalten.

Der Rückruf des Samsung Galaxy Note 7

Der Massenrückruf des Samsung Galaxy Note 7 im Jahr 2016 markiert einen bedeutenden „Meilenstein" in der Geschichte der Konsumgüterindustrie. Auslöser waren Berichte über Geräte, die aufgrund defekter Batterien Feuer fingen oder explodierten. Als Reaktion darauf ergriff Samsung bis dahin beispiellose Maßnahmen: Das Unternehmen initiierte einen weltweiten Rückruf mit großem Aufwand und setzte den Verkauf des Smartphones vollständig aus.

Bemerkenswert an diesem Rückruf war die direkte Kontaktaufnahme von Samsung mit den Besitzerinnen des betroffenen Produkts. Dies erfolgte unter anderem durch Sicherheitsmeldungen, die direkt auf dem Gerätebildschirm angezeigt wurden (siehe Abb. 4.3). Darüber hinaus investierte Samsung erhebliche Ressourcen in den Rückgabeprozess und stellte detaillierte Rückgabeanweisungen zur Verfügung, um die Abwicklung für die Kundinnen so reibungslos wie möglich zu gestalten (siehe ebenfalls Abb. 4.3).

Der Rückrufprozess stieß jedoch auf erhebliche Hürden, insbesondere in Bezug auf die Einbeziehung der Einzelhändlerinnen und ihre Interaktion mit den Kundinnen (Selyukh, 2016). Viele Einzelhändlerinnen waren nicht darauf vorbereitet, den Rückruf zu bewältigen, da es an klaren Richtlinien oder Protokollen von Samsung mangelte. Infolgedessen verkauften einige die potenziell unsicheren Geräte auch *nach* der Ankündigung des Rückrufs weiter, was zu Verwirrung und Frustration bei den Verbraucherinnen führte.

Kundinnen stießen auf Schwierigkeiten, wenn sie versuchten, ihre Geräte bei Einzelhändlerinnen zurückzugeben oder umzutauschen, da sie mit unklaren Richtlinien und langwierigen Verzögerungen bei der Bearbeitung von Rückerstattungen konfrontiert waren. Eine besondere Herausforderung war das komplexe Verfahren für die Rückgabe eines Telefons an eine Händlerin und die nahtlose Übertragung von Daten und Einstellungen auf ein Ersatzgerät. Erschwerend kam hinzu, dass bestimmte Einzelhändlerinnen den Kundinnen untersagten, das Telefon im Geschäft einzuschalten, was die reibungslose Datenübertragung auf das neue Gerät behinderte (Anwyl, 2016).

Diese unzureichende Kommunikation und mangelnde Koordination zwischen Samsung und den Einzelhändlerinnen verschärften die Probleme und führten zu einer weit verbreiteten Unzufriedenheit sowie einem Vertrauensverlust in die Marke. Es ist anzunehmen, dass der Markenschaden weniger gravierend ausgefallen wäre, wenn Samsung diese Herausforderungen im Umgang mit den Einzelhändlerinnen effektiver gelöst hätte. Umgekehrt hätte eine geringere Investition in den Produktrückruf den Schaden für die Marke erheblich vergrößert.

Trotz Samsungs Bemühungen, Ersatzgeräte bereitzustellen und die Sicherheitsmaßnahmen zu verbessern, hatte der Rückruf langfristige Folgen. Es dauerte eine beträchtliche Zeit, bis sich die Marke von diesem Vorfall erholen konnte (siehe Abb. 4.4).

Der Rückruf des Galaxy Note 7 unterstreicht die entscheidende Bedeutung von Qualitätskontrolle und Produktsicherheit im Technologiesektor. Er zeigt die Notwendigkeit eines raschen und transparenten Handelns während eines Produktrückrufs sowie einer effektiven Zusammenarbeit zwischen Herstellerinnen und Einzelhändlerinnen, um den Erfolg des Rückrufprozesses zu gewährleisten.

4 Die Rollen der verschiedenen Stakeholdergruppen

Abb. 4.3 Direkte Benachrichtigung und Anweisungen zur Rückgabe für Besitzerinnen des Samsung Galaxy Note 7. (Quellen: Screenshot aus einem YouTube-Video (youtube.com/watch?v=U13sOLHG8Dg), Sicherheitsrückruf nach Samsung, 2016 zitiert)

Schließlich müssen Managerinnen auch einen weiteren oft vernachlässigten Aspekt bei Produktrückrufen berücksichtigen: *Wiederverkaufsplattformen* wie eBay, Etsy und Facebook. Unternehmen sollten solche Wiederverkaufsplattformen auch genau im Auge behalten, da viele Verbraucherinnen, die entweder nichts von den Produktrückrufen wissen oder die Sicherheitsbedenken ignorieren, zurückgerufene Artikel weiterver-

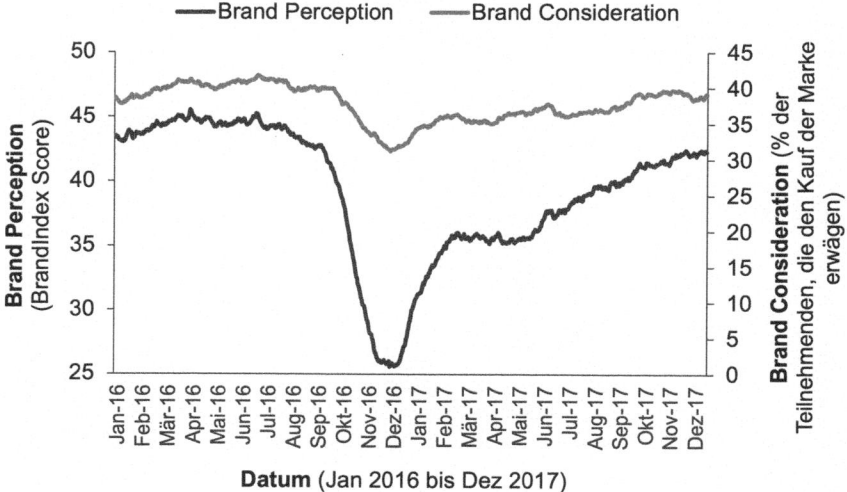

Abb. 4.4 Brand Perception (Die Wahrnehmung einer Marke durch Konsumentinnen und andere Interessengruppen. Sie umfasst Meinungen, Emotionen und Assoziationen, die eine Marke in den Köpfen der Konsumentinnen hervorruft.) und Brand Consideration (Die Bereitschaft von Konsumentinnen, eine Marke in den Entscheidungsprozess für einen möglichen Kauf einzubeziehen. Sie zeigt an, ob eine Marke als relevante Option wahrgenommen wird.) für die Marke Samsung in den USA 2016–2017. (Quelle: Eigene Darstellung auf Basis von Daten des YouGov BrandIndex)

kaufen. Dies stellt ein ernsthaftes Risiko dar, da ahnungslose Käuferinnen fälschlicherweise glauben könnten, dass diese Produkte sicher sind.

Zum Beispiel wurden Fisher Price Rock 'n Play Babywippen mit dem tragischen Tod von etwa 100 Säuglingen in Verbindung gebracht, wobei sich etwa 70 dieser Vorfälle ereigneten, *nachdem* das Produkt 2019 erstmals zurückgerufen wurde. Ein weiterer Faktor ist, dass das Produkt trotz des Rückrufes online verfügbar blieb, was die Unzulänglichkeit der Überwachungsverfahren auf Wiederverkaufsplattformen unterstreicht (abc7, 2023).

Auch wenn die Herstellerinnen nicht direkt für Wiederverkaufsplattformen verantwortlich sind, können Vorfälle, bei denen zurückgerufene Produkte gebraucht verkauft werden, den Ruf der Marke erheblich schädigen. Daher ist es für Herstellerinnen von entscheidender Bedeutung, sich bei der Überwachung von Wiederverkaufsplattformen nicht ausschließlich auf chronisch unterfinanzierte und unterbesetzte Regulierungsbehörden zu verlassen. Stattdessen sollten sie proaktive Schritte unternehmen, um mit diesen Plattformen in Kontakt zu treten, Rückrufe zu kommunizieren und bei Überwachungsbemühungen zusammenzuarbeiten. Dieser proaktive Ansatz ist für den Schutz der Verbraucherinnen und der Bewahrung der Markenreputation unerlässlich.

4.3 Politische Entscheidungsträgerinnen und Regulierungsbehörden

Politische Entscheidungsträgerinnen und Regulierungsbehörden spielen eine entscheidende Rolle bei Produktrückrufen, indem sie sicherstellen, dass die Unternehmen die Sicherheitsstandards und -vorschriften einhalten und gleichzeitig das Wohlergehen der Kundinnen gewährleisten. Zu ihren Verpflichtungen gehören die Überwachung des Rückrufprozesses, die Durchsetzung der Einhaltung gesetzlicher Vorschriften und die Förderung der Kommunikation zwischen allen Stakeholdern.

Für Unternehmen bringt die Interaktion mit politischen Entscheidungsträgerinnen und Regulierungsbehörden während eines Produktrückrufs verschiedene kritische Aspekte mit sich. Das folgende Beispiel verdeutlicht die potenziellen Konsequenzen, die Unternehmen zu tragen haben, wenn sie Vorschriften missachten.

> **Der Sicherheitsmangel der Peloton Tread+ Laufbänder**
>
> Im Jahr 2023 enthüllte die US-amerikanische Consumer Product Safety Commission (CPSC) einen viel beachteten Fall, der Peloton Interactive Inc. betraf (CPSC, 2023). Das Unternehmen stimmte einer Zivilstrafe in Höhe von 19 Mio. US-Dollar zu, nachdem die CPSC Anschuldigungen erhoben hatte, dass Peloton es versäumt habe, Mängel an seinem Laufband Tread+ unverzüglich und wie gesetzlich vorgeschrieben zu melden. Diese Mängel stellten ein erhebliches Risiko schwerer Verletzungen für Verbraucherinnen dar, insbesondere für Kinder (siehe Abb. 4.5).
>
> Ausgelöst wurde alles durch Unfälle, die Peloton ab Dezember 2018 bis 2019 gemeldet wurden. Es stellte sich heraus, dass Personen (insbesondere Kinder) und Haustiere unter das Laufband gezogen und eingeklemmt werden konnten, was potenziell tödliche Verletzungen zur Folge hatte. Obwohl Peloton von diesen Vorfällen wusste, meldete das Unternehmen die Probleme nicht umgehend an die CPSC. Insgesamt wurden 150 Fälle dokumentiert, bei

Abb. 4.5 Peloton Tread+ Laufband Sicherheitsvorfall. (Quelle: Screenshot aus einem YouTube-Video (youtube.com/watch?v=onXNnlCYJ4Y&rco=1))

denen Personen, Haustiere oder Gegenstände unter das Tread+-Laufband gezogen wurden. Neben 13 Verletzungen, darunter Knochenbrüche und Schnittwunden, wurde auch der tragische Tod eines Kindes verzeichnet. Darüber hinaus sah sich Peloton mit Vorwürfen konfrontiert, noch *nach* der öffentlichen Ankündigung des Rückrufs wissentlich 38 zurückgerufene Tread+-Laufbänder verkauft zu haben.

Möglicherweise ausgelöst durch die sehr defensive Reaktion von Peloton auf die schwerwiegenden Unfälle verschärften die Regulierungsbehörden (CPSC) ihre Maßnahmen und griffen sogar auf die Veröffentlichung von Videos auf Internetplattformen wie Facebook und YouTube zurück, um die Verbraucherinnen zu warnen (siehe Abb. 4.5 oben). Allein das YouTube-Video wurde fast 1,5 Mio. Mal aufgerufen. Dieses Fallbeispiel illustriert eindrücklich, welche einflussreiche Rolle Behörden spielen können, wenn es darum geht, Druck auf Unternehmen auszuüben, die sich der Zusammenarbeit und Einhaltung von Vorschriften widersetzen.

Im Rahmen des Vergleichs erklärte sich Peloton bereit, ein erweitertes Compliance-Programm und interne Kontrollen einzuführen, um die zukünftige Einhaltung des US-amerikanischen Consumer Product Safety Act (CPSA) sicherzustellen. Darüber hinaus wurde das Unternehmen verpflichtet, für einen Zeitraum von fünf Jahren jährliche Berichte über sein Compliance-Programm und seine internen Kontrollen bei der CPSC einzureichen.

Die Einhaltung der einschlägigen Gesetze und Vorschriften ist von größter Bedeutung. In den meisten Ländern können Unternehmen keinen Produktrückruf einleiten, ohne zuvor die Behörden zu informieren und deren Zustimmung einzuholen. Dies beinhaltet die Einhaltung der Meldepflichten, die Befolgung von Meldeverfahren und die Umsetzung von Korrekturmaßnahmen, die von den Aufsichtsbehörden festgelegt wurden. Die Aufrechterhaltung einer transparenten Kommunikation mit den Aufsichtsbehörden ist während eines Rückrufs ebenso wichtig. Unternehmen sollten Offenheit und Ehrlichkeit gegenüber der Art des Mangels, dem Umfang des Rückrufs und den zur Behebung des Problems ergriffenen Maßnahmen wahren. Eine klare und präzise Kommunikation fördert das Vertrauen bei den Regulierungsbehörden.

Grundsätzlich ist die Zusammenarbeit mit politischen Entscheidungsträgerinnen und Regulierungsbehörden von entscheidender Bedeutung. Unternehmen sollten eng mit diesen Akteurinnen kooperieren und ihnen Zugang zu relevanten Informationen und Ressourcen bieten, um die Aufsicht sowie die Durchsetzung von Gesetzen und Vorschriften zu unterstützen. Eine solche Zusammenarbeit gewährleistet eine koordinierte und effiziente Rückrufaktion und trägt dazu bei, Bedenken der Regulierungsbehörden auszuräumen. Die proaktive Zusammenarbeit mit politischen Entscheidungsträgerinnen und Aufsichtsbehörden signalisiert das Engagement des Unternehmens, eine schnelle Lösung des Problems und den Schutz der Kundinnen sicherzustellen. Darüber hinaus zeigt die Suche nach Anleitung und Unterstützung durch diese Interessengruppen Respekt für deren Fachwissen und ermöglicht eine Optimierung der Rückrufstrategien und -maßnahmen. Im Gegensatz zu Unternehmen verfügen diese Behörden über umfassende und regelmäßige Erfahrung mit Rückrufen, was sie zu wertvollen Partnerinnen macht. Letztendlich priorisieren Regulierungsbehörden die Sicherheit der Kundinnen. Eine enge Zusammenarbeit mit diesen Institutionen kann nicht nur den Rückrufprozess verbessern, sondern auch das Vertrauen der Öffentlichkeit in das Unternehmen stärken.

Trotz der Notwendigkeit der Zusammenarbeit können Unternehmen bei der Kooperation mit politischen Entscheidungsträgerinnen und Regulierungsbehörden auf erhebliche Herausforderungen stoßen. Klare Vorgaben zu erkennen, gestaltet sich oft schwierig, da Regulierungsbehörden nicht nur zwischen Ländern, sondern auch innerhalb eines Landes erstaunlich uneinheitlich agieren (Ball et al., 2022). Das Navigieren in der komplexen

Gesetzeslandschaft rund um Produktrückrufe kann entmutigend sein, insbesondere für Unternehmen, die in mehreren Märkten tätig sind und somit unterschiedlichen Rechtsordnungen mit variierenden Anforderungen unterliegen. Die Nichteinhaltung dieser Vorschriften birgt erhebliche rechtliche Risiken, einschließlich möglicher Rechtsstreitigkeiten und behördlicher Sanktionen (siehe Abschn. 3.1). Ein Beispiel dafür ist der oben erwähnte Fall Peloton. Daher ist es essenziell, bereits im Vorfeld eines möglichen Rückrufs die geltenden Gesetze umfassend zu verstehen und während des Rückrufs konsequent einzuhalten, um rechtliche Konsequenzen zu vermeiden.

Ressourcenbeschränkungen, wie z. B. begrenztes Personal oder Fachwissen, können die Fähigkeit der Unternehmen beeinträchtigen, während eines Rückrufs effektiv mit politischen Entscheidungsträgerinnen und Aufsichtsbehörden zusammenzuarbeiten. Des Weiteren kann die Nichteinhaltung der Zusammenarbeit mit den Aufsichtsbehörden oder der Nichteinhaltung von Vorschriften den Ruf eines Unternehmens schädigen, was sich langfristig auf das Vertrauen der Kundinnen und die Markenreputation auswirkt.

Trotz dieser Herausforderungen ist eine effektive Zusammenarbeit mit politischen Entscheidungsträgerinnen und Aufsichtsbehörden entscheidend für ein erfolgreiches Management von Produktrückrufen. Indem Unternehmen Kundensicherheit, Compliance, Transparenz, Zusammenarbeit und proaktives Engagement priorisieren, können sie die Komplexität des Rückrufprozesses und der geltenden Vorschriften erfolgreich bewältigen.

4.4 Zulieferinnen

Im Produktrückrufmanagement spielen Lieferantinnen verschiedene Rollen, die Herstellerinnen klar verstehen müssen, um einen nahtlosen und effizienten Rückrufprozess zu gewährleisten. Die Pflichten von Lieferantinnen können je nach Vertragsbedingungen, Branchennormen und rechtlichen Vorgaben variieren. In einigen Fällen können Lieferantinnen vertraglich dazu verpflichtet sein, sich an den Rückrufkosten zu beteiligen, insbesondere wenn fehlerhafte Komponenten oder Materialien, die sie geliefert haben, für das Problem verantwortlich sind. Darüber hinaus gehört die Einhaltung relevanter gesetzlicher Bestimmungen und Rückrufvorschriften zu ihren Aufgaben, was auch eine direkte Kommunikation mit Behörden oder eine enge Zusammenarbeit mit den Herstellerinnen umfassen kann.

Lieferantinnen tragen zudem die Verantwortung, die Herstellerinnen frühzeitig über mögliche Mängel oder Sicherheitsbedenken in den von ihnen gelieferten Bauteilen oder Materialien zu informieren. Allerdings hängt es maßgeblich von der Haltung der Herstellerin ab, ob Lieferantinnen solche Probleme tatsächlich melden. Es ist entscheidend, Ängste der Lieferantinnen zu zerstreuen, dass das Offenlegen von Problemen die geschäftlichen Beziehungen gefährden könnte. Dieses Phänomen, bekannt als MUM-Effekt (Minimizing-Unpleasant-Message-Effekt; Coombs, 2022), führt häufig dazu, dass Lieferantinnen aus Angst vor negativen Konsequenzen schweigen, Probleme vertuschen oder herunterspielen. Ebenso kontraproduktiv ist es, wenn Herstellerinnen Lieferantinnen durch übermäßigen Druck dazu bringen, Probleme zu verschweigen.

Ein weiterer kritischer Aspekt bezieht sich auf die Art und Weise, wie Herstellerinnen Informationen erhalten und damit umgehen. Das folgende Beispiel unterstreicht die potenziell katastrophalen Folgen des MUM-Effekts. In diesem Szenario liegt die Schuld jedoch weniger bei der Lieferantin als vielmehr bei der Herstellerin des Endprodukts – hier einer Weltraumrakete. Die Herstellerin spielte Probleme herunter, um eine Verzögerung des Raketenstarts zu vermeiden, und wälzte anschließend die Schuld auf die Lieferantin ab, weil diese das Problem nicht klar kommuniziert habe. Dies geschah trotz der Tatsache, dass die Lieferantin zuvor ein Warnsignal gegeben hatte, das jedoch nicht ausreichend beachtet wurde.

> **Das Space Shuttle Challenger-Unglück**
>
> Am 28. Januar 1986 ereilte das Space Shuttle Challenger der NASA ein tragisches Schicksal, als es während des Starts explodierte und alle sieben Besatzungsmitglieder ums Leben kamen. Als Hauptursache für diese Katastrophe wurde das Versagen der O-Ringe in den Feststoffraketenboostern identifiziert, die bei niedrigen Temperaturen ihre Funktion nicht zuverlässig erfüllten. Diese O-Ringe, entscheidend für die Abdichtung, sollten das Austreten von Brenngasen verhindern (Kim, 2020).
> Die Lieferantin dieser Dichtungsringe, Morton Thiokol, spielte eine zentrale Rolle in den Ereignissen, die zu diesem tragischen Unfall führten. In den Tagen vor dem Start äußerten Ingenieure von Morton Thiokol erhebliche Bedenken über die für den Starttag vorhergesagten niedrigen Temperaturen.

Sie warnten, dass die Elastizität der Dichtungen in der Kälte nachlassen könnte, was ein mögliches Versagen zur Folge hätte. Allan McDonald, Direktor des Space Shuttle Solid Rocket Motor Project bei Morton Thiokol, verweigerte eine Startempfehlung für die Challenger. Trotz dieser Warnungen und gegen den ausdrücklichen Rat der Ingenieure entschied sich die NASA, den Start aufgrund von Zeitdruck und äußeren Zwängen dennoch durchzuführen. Die kühlen Temperaturen am Morgen des Starts führten schließlich zum Versagen der O-Ringe, was die Explosion des Shuttles auslöste (siehe Abb. 4.6).

Nach der Challenger-Katastrophe sah sich die NASA einer intensiven Prüfung und starken Kritik an ihren Entscheidungsprozessen und Sicherheitsmaßnahmen ausgesetzt. Dieses tragische Ereignis führte zu einer gründlichen Untersuchung unter der Leitung der Rogers-Kommission, die systematische Mängel in der Organisationskultur und den Kommunikationskanälen der NASA aufdeckte. Infolgedessen führte die NASA bedeutende Reformen durch, die darauf abzielten, die Sicherheitsprotokolle zu verbessern, einschließlich der Einrichtung eines speziellen Sicherheitsaufsichtsbüros und einer Neubewertung der Risikobewertungsverfahren.

Dieser tragische Unglücksfall unterstreicht die große Bedeutung einer offenen Kommunikation zwischen Zulieferinnen und Herstellerinnen sowie die Notwendigkeit, Sicherheitsbedenken umgehend anzusprechen. Dieses Fallbeispiel zeigt eindringlich, wie wichtig Transparenz und Verantwortlichkeit in der Lieferkette sind, insbesondere beim Umgang mit sicherheitskritischen Komponenten.

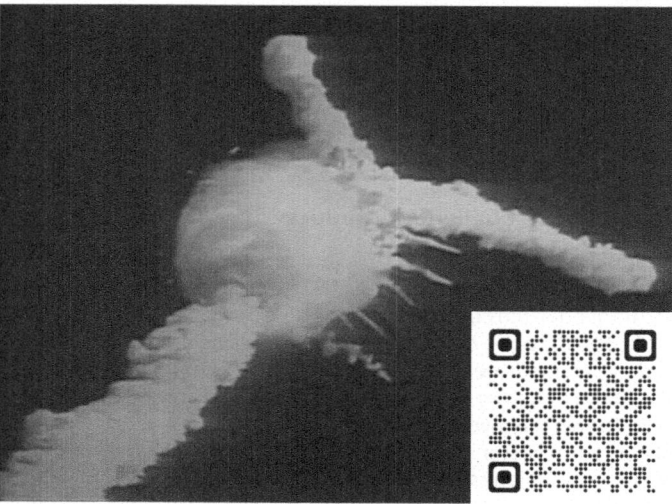

Abb. 4.6 Space Shuttle Challenger-Unglück. (Quelle: Screenshot aus einem YouTube-Video (youtube.com/watch?v=yibNEcn-4yQ))

4 Die Rollen der verschiedenen Stakeholdergruppen

Die rechtzeitige Meldung von Produktproblemen durch die Lieferantinnen legt den Grundstein für eine schnelle Reaktion der Herstellerin. Lieferantinnen sollten sowohl bei der Planung als auch bei der Durchführung von Rückrufmaßnahmen aktiv eingebunden werden, um eine effiziente Bewältigung der Situation zu gewährleisten. Darüber hinaus spielen Lieferantinnen eine zentrale Rolle bei der Bereitstellung umfassender Informationen über betroffene Produkte, einschließlich Chargen- und Ursachenanalysen.

Während des gesamten Rückrufprozesses können Lieferantinnen wertvolle Hilfe leisten, indem sie betroffene Chargen identifizieren, fehlerhafte Komponenten verfolgen oder logistische Unterstützung bei Rücksendungen anbieten. Allerdings kann nicht selbstverständlich davon ausgegangen werden, dass der Informationsfluss entlang der Lieferkette, eine effektive Überwachung und Qualitätskontrolle sowie promptes Handeln bei Problemen reibungslos funktionieren – denn jedes noch so kleine Detail kann erhebliche Konsequenzen haben. Selbst ein kleiner Etikettierungsfehler kann zu tragischen Unglücken führen, wie das folgende Beispiel zeigt.

> **Falsch etikettierte Vanille-Florentiner Kekse**
>
> Im Januar 2024 verlor eine junge Tänzerin auf tragische Weise ihr Leben, nachdem sie trotz einer schweren Erdnussallergie einen Keks mit Erdnüssen gegessen hatte (Kim, 2024). Die Frau erlitt einen anaphylaktischen Schock infolge einer schweren allergischen Reaktion (Deliso, 2024). Die fehlende Allergenkennzeichnung auf der Zutatenliste der Verpackung wurde als Ursache dieser Tragödie identifiziert. Das betroffene Produkt, Vanilla Florentine Cookies, war von Anfang November bis Ende Dezember 2023 in der Stew Leonard's-Filialen in den USA verkauft worden. Die spezifische Charge wurde in Zusammenarbeit mit der US-amerikanischen Food and Drug Administration (FDA) umgehend zurückgerufen (Sleter, 2024).
>
> Die Verantwortlichkeit für diesen schrecklichen Vorfall wurde schnell zwischen der Lieferantin und der Herstellerin hin und her geschoben. Stew Leonard Jr., CEO der Herstellerin, erklärte in einer Videobotschaft kurz nach dem Vorfall, dass die Lieferantin Sojanüsse durch Erdnüsse ersetzt habe, ohne Stew Leonard's darüber zu informieren. Im Gegensatz gab Cookies United, die Lieferantin, an, dass Stew Leonard's eine veraltete und falsche Zutatenliste verwendet habe, nachdem die Kekse in deren Einrichtungen unter dem Markennamen Stew Leonard's neu verpackt worden waren. Cookies United behauptete, sie hätten Stew Leonard's bereits im Juli 2023 darüber informiert, dass das Produkt Erdnüsse enthalte und alle Verpackungen

> korrekt gekennzeichnet seien. Letztlich wird ein Gericht entscheiden, welche Partei für diesen Fehler verantwortlich ist. Der Vorfall und seine Konsequenzen werden jedoch voraussichtlich zu erheblichen Reputationsschäden für beide Unternehmen führen.
> Dieser tragische Fall verdeutlicht eindrücklich, wie wichtig es ist, die Lieferkette effektiv zu überwachen und einen kontinuierlichen, bidirektionalen Informationsaustausch sicherzustellen, um Probleme frühzeitig zu erkennen oder zu verhindern.

Zusammenfassend lässt sich festhalten, dass ein reibungsloser Informationsfluss, kontinuierliche Überwachung und strenge Qualitätskontrollen, kombiniert mit einer vertrauensvollen Zusammenarbeit zwischen Lieferantin und Herstellerin, unerlässlich sind, um Produktfehler frühzeitig zu erkennen und die Effektivität des Rückrufprozesses sicherzustellen. Klare Vereinbarungen und Protokolle zwischen allen Beteiligten sollten bereits im Vorfeld festgelegt werden, um Probleme während eines Produktrückrufs schnell und strukturiert zu bewältigen. Ein solcher proaktiver Ansatz hilft, potenzielle Risiken zu minimieren und die Integrität sowohl der Lieferkette als auch des Rückrufprozesses zu gewährleisten.

4.5 Medien

Die Medien, einschließlich sozialer Medien und Meinungsbildnerinnen/Influencerinnen, spielen auf mehreren Ebenen eine zentrale Rolle beim Management von Produktrückrufen. Sie fungieren als Vermittlerinnen, die einen Großteil des Informationsflusses zu verschiedenen Stakeholdern kontrollieren (Vogler et al., 2016). Ein Produktversagen wird schnell zu einer Angelegenheit von öffentlichem Interesse, da es potenzielle Auswirkungen auf die Gesundheit der Kundinnen hat und die Erwartungen an Herstellerinnen und Einzelhändlerinnen hinsichtlich der Bereitstellung sicherer und zuverlässiger Produkte enttäuscht. In manchen Fällen werden Unternehmen sogar erst durch die Medien auf einen Produktfehler aufmerksam gemacht. Dieses öffentliche Interesse führt – gemäß der Agenda-Setting-Theorie (McCombs & Shaw, 1972) – zu einer verstärkten Berichterstattung in den (sozialen) Medien, wodurch das Bewusstsein für die Produktschadenskrise geschärft wird.

Diese mediale Aufmerksamkeit hat zweischneidige Auswirkungen auf das Unternehmen.. Einerseits trägt die Berichterstattung dazu bei, Kundinnen, Einzelhändlerinnen und Großhändlerinnen über den Produktfehler zu informieren und kann ein effektiveres Rückrufmanagement unterstützen – vorausgesetzt, das Unternehmen reagiert schnell und leitet den Rückruf umgehend ein (Heidari & Raithel, 2024). Andererseits macht die Berichterstattung auch Stakeholder, die nicht direkt vom Rückruf betroffen sind, auf den Produktmangel aufmerksam. Dieses erhöhte Bewusstsein kann bei anderen Kundinnen, potenziellen Käuferinnen oder Akteurinnen auf den Finanzmärkten Zweifel und Skepsis hinsichtlich der Qualität und Zuverlässigkeit anderer Produkte des Unternehmens schüren.

Die potenziellen negativen Auswirkungen auf diese Stakeholder materialisieren sich, wenn in der Medienberichterstattung Aspekte hervorgehoben werden, die diese Unsicherheit und Skepsis schüren. Um dies zu vermeiden, sollte das Unternehmen proaktiv mit den Medien in Kontakt treten, anstatt auf defensive Strategien wie Verharmlosung des Problems zurückzugreifen. Die Situation „in Echtzeit" aktiv zu managen, ist entscheidend, um die Herausforderungen zu bewältigen, die die Medienberichterstattung während eines Produktrückrufs mit sich bringt. Ein klassisches Beispiel für diese Empfehlung ist möglicherweise eine der ersten Empörungswellen in der Geschichte der sozialen Medien.

Wie ein Kugelschreiber Kryptonite fast ausradiert

Im Jahr 2004 sah sich Kryptonite, eine angesehene Herstellerin von Fahrradschlössern, mit einem erheblichen Produktfehler konfrontiert, als ein YouTube-Video zeigte, wie einfach seine beliebten Rohrzylinderschlösser mit einem einfachen BIC-Stift entriegelt werden konnten (BikeBiz, 2005). Das Video ging schnell viral, erregte große Aufmerksamkeit und weckte ernsthafte Bedenken hinsichtlich der Sicherheit von Kryptonite-Schlössern. Abb. 4.7 enthält sowohl den Link als auch den QR-Code, der zum Originalvideo führt. Dieser „Trick" wurde von zahlreichen anderen Userinnen repliziert, die ihre erfolgreichen Versuche ebenfalls im Internet teilten.

Die Medien spielten eine entscheidende Rolle bei der Verstärkung der Auswirkungen dieses Produktfehlers, da die YouTube-Plattform die schnelle Verbreitung der Schwachstelle an ein breites Publikum erleichterte. Diese Empörungswelle in den sozialen Medien erregte rasch die Aufmerksamkeit

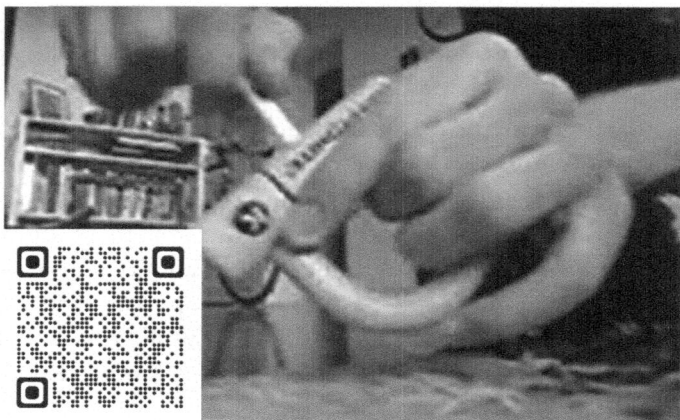

Abb. 4.7 Öffnen eines Kryptonite New York Disc Lock mit einem BIC-Kugelschreiber. (Quelle: Screenshot aus einem YouTube-Video (youtube.com/watch?v=HAiu3pMI7D0))

großer Nachrichtenagenturen, wodurch die Reichweite des Videos weiter gesteigert wurde.

Die Reaktion von Kryptonite auf die Krise war bemerkenswert langsam und unzureichend. Das Unternehmen war zunächst nicht über das Video informiert und benötigte fünf Werktage, um eine offizielle Stellungnahme abzugeben – eine Verzögerung, die den empfohlenen Reaktionszeiten in Krisensituationen deutlich widerspricht. Untersuchungen legen nahe, dass Unternehmen im Umgang mit negativen Nachrichten idealerweise innerhalb von 24 Stunden – gemäß der „goldenen 24-Stunden-Regel" – reagieren sollten, spätestens jedoch innerhalb von 48 Stunden (Hock & Raithel, 2020).

Diese schleppende Reaktion hatte gravierende Folgen. Die breite mediale Aufmerksamkeit für die Schwachstelle der Schlösser beschädigte den Ruf von Kryptonite erheblich, einem Unternehmen, das bis dahin für die Herstellung sicherer und zuverlässiger Fahrradschlösser bekannt war. Tagelang herrschte bei den Kundinnen Unsicherheit darüber, ob ihre Produkte betroffen waren und welche Schritte sie unternehmen sollten, was das Vertrauen in die Marke weiter untergrub. Die massive Welle negativer Publizität und die Reaktionen der Konsumentinnen, die in der Folge vermehrt Konkurrenzprodukte kauften, verursachten Kryptonite erhebliche finanzielle Verluste. Diese überstiegen die Kosten für den Rückruf und den Austausch von mehr als 400.000 Schlössern in 21 Ländern bei Weitem.

Dieser Vorfall verdeutlicht die einflussreiche Rolle der sozialen Medien bei der Gestaltung der öffentlichen Wahrnehmung und unterstreicht, wie wichtig es für Unternehmen ist, schnell und transparent auf Produktmängel

4 Die Rollen der verschiedenen Stakeholdergruppen

> zu reagieren. In der heutigen Ära der sofortigen und globalen Informationsverbreitung sind proaktive Maßnahmen in Echtzeit unerlässlich, um potenzielle Schäden für den Ruf und den finanziellen Erfolg zu minimieren.
>
> Bemerkenswert ist, dass die Empörungswelle für Kryptonite keineswegs unerwartet kam. Bereits 12 Jahre zuvor, im Jahr 1992, hatte das New Cyclist Magazin zusammen mit einer BBC-Konsumentensendung die strukturelle Schwäche des röhrenförmigen Zylindersystems aufgezeigt (Cheney, 2004). Kryptonite hatte damals mutmaßlich nicht reagiert, da keine größere Empörungswelle ausgelöst wurde. Letztlich jedoch entwickelte sich der über eine Dekade bekannte Produktfehler zu einem Desaster für das Unternehmen.

Ein Fehler, den Unternehmen zu oft machen, besteht darin, eine Blockadehaltung einzunehmen und sich zu weigern, mit Journalistinnen in Kontakt zu treten, die Produktfehler und Produktrückrufe untersuchen. Die Forschung zeigt jedoch, dass solches Abwehrverhalten und Mauern in der Regel kontraproduktiv sind:

Ein Journalist, der ein gravierendes Fehlverhalten eines Unternehmens aufdeckte, schilderte (zitiert nach Köhler & Raithel, 2018, S. 522): „Wenn eine Organisation absichtlich gegen Vorschriften oder ethische Grundsätze verstößt, dann interessiert mich ein solcher Fall besonders. Darüber hinaus hatte ich das Gefühl, dass dies nur die Spitze des Eisbergs sein könnte. Das Ausmaß des Problems schien wirklich enorm zu sein." Diese Überzeugung wurde durch die mangelnde Transparenz und die Weigerung des Unternehmens, offen mit den Medien zu kooperieren, weiter verstärkt. Stattdessen versuchte das Unternehmen, die Berichterstattung zu kontrollieren – ein Verhalten, das den Eindruck erweckte, etwas verbergen zu wollen.

Ein anderer Journalist, der ebenfalls an dieser Enthüllung beteiligt war, erklärte, dass, wenn eine Organisation, wie in diesem Fall, ein makelloses Image hat, die Krise besonders berichtenswert wird und die Journalisten motiviert, tiefer zu graben (zitiert nach Koehler & Raithel, 2018, S. 522): „Es macht einfach mehr Spaß, an unbefleckten Bildern und moralischen Kreuzrittern zu kratzen." Der Journalist betonte aber auch, dass die vorherige Beziehung zu einem Unternehmen eine bedeutende Rolle spielt (zitiert nach Koehler & Raithel, 2018, S. 522): „Wenn das Unternehmen vor dem Auftreten der Krise eine vertrauensvolle Beziehung aufgebaut hat – etwa durch proaktiven

Kontakt – dann wird diese günstige Beziehung Auswirkungen auf meine zukünftigen Medienberichte haben." So wird unmissverständlich deutlich, dass ein proaktiver und kollaborativer Austausch mit den Medien unabdingbar ist.

4.6 Investorinnen und Finanzanalystinnen

Im Rahmen eines Produktrückrufs bewerten Investorinnen und Finanzanalystinnen die finanziellen Auswirkungen auf das Unternehmen (Raithel & Hock, 2021; Li et al., 2024). Sie bewerten, wie sich der Rückruf auf Umsatz, Rentabilität und Shareholder Value auswirkt, unter Berücksichtigung verschiedener Faktoren wie Rückrufkosten, potenzieller Prozesskosten und der Auswirkungen auf zukünftige Verkäufe und Marktanteile.

Darüber hinaus überwachen Investorinnen und Finanzanalystinnen das Reputationsmanagement des Unternehmens während des gesamten Rückrufprozesses genau. Sie untersuchen, wie sich das Rückrufmanagement des Unternehmens auf den Ruf der Marke und das Vertrauen der Verbraucherinnen auswirkt, und bewerten die Wahrnehmung der Öffentlichkeit in Bezug auf Transparenz und Kommunikation mit den Stakeholdern.

Auch die operative Leistung erregt bei einem Rückruf große Aufmerksamkeit von Investorinnen und Finanzanalystinnen. Sie analysieren die Fähigkeit des Unternehmens seine Logistikkette zu steuern, Kundenanfragen zu bedienen und für eine rasche Reparatur bzw. Austausch der Produkte sowie ggfs. Rückerstattung der Kaufpreise zu sorgen. Dazu gehören die Bewertung von Reaktionszeiten, Prozesseffizienz und Kundenzufriedenheit.

Darüber hinaus ist die Einhaltung gesetzlicher Vorschriften ein entscheidendes Anliegen für Anlegerinnen und Finanzanalystinnen. Sie bewerten, ob das Unternehmen den Meldepflichten nachkommt, mit den Aufsichtsbehörden zusammenarbeitet und Korrekturmaßnahmen umsetzt, um ähnliche Vorfälle in Zukunft zu verhindern. Die Einhaltung von Vorschriften ist von entscheidender Bedeutung, um rechtliche Risiken zu mindern und das Vertrauen der risikoscheuen Anlegerinnen zu wahren.

Schließlich bewerten Investorinnen und Finanzanalystinnen die Nachhaltigkeit des Rückrufmanagements eines Unternehmens eingehend. Sie berücksichtigen dessen Resilienz, Anpassungsfähigkeit und Strategien zur Wiederherstellung nach einer Krise sowie die Maßnahmen, die ergriffen werden, um ähnliche Vorfälle in Zukunft zu verhindern. Diese umfassende Analyse hat einen erheblichen Einfluss auf die Entscheidungen der Anlegerinnen, die Entwicklung der Aktienkurse und damit auf die finanzielle Stabilität und die Marktposition des Unternehmens.

Der Johnson & Johnson Phantomrückruf

Im Jahr 2010 geriet der Gesundheitskonzern Johnson & Johnson wegen seines Umgangs mit einem Rückruf mehrerer beliebter rezeptfreier Medikamente, insbesondere eines „Phantom-Rückrufs" von Motrin, in die Kritik (Perrone, 2010). Bei diesem unkonventionellen Ansatz beauftragte das Unternehmen einen Subunternehmer, Motrin heimlich aus Apotheken zurückzukaufen, anstatt sofort einen offiziellen Rückruf einzuleiten und die Verbraucherinnen über mögliche Produktprobleme zu informieren. So entstand der Begriff „Phantom-Rückruf". Trotz der Kontroverse zeigten sich die Investorinnen kaum besorgt – die Aktien von Johnson & Johnson notierten lediglich 6 % unter ihrem 52-Wochen-Hoch. Der Rückruf führte zu einer Untersuchung durch den US-amerikanischen Kongress, bei der CEO Bill Weldon über die Unternehmensmaßnahmen aussagte und einräumte, dass das Unternehmen „die Öffentlichkeit enttäuscht" habe.

Im Gegensatz zu anderen Unternehmen, die von ähnlichen Skandalen betroffen waren – wie Toyota im Jahr 2010, als defekte Gaspedale einen umfangreichen Produktrückruf notwendig machten – konnte Johnson & Johnson übermäßig negative Reaktionen am Aktienmarkt vermeiden. Diese Widerstandsfähigkeit könnte darauf zurückzuführen sein, dass keine Krankheiten im Zusammenhang mit den zurückgerufenen Produkten gemeldet wurden. Trotz investigativer Berichterstattung, die fragwürdige Muster im Handeln des Unternehmens aufdeckte, blieben die Anlegerinnen weitgehend unbeeindruckt. Sie konzentrierten sich auf das vielfältige Produktportfolio, die starken Geschäftsbereiche und die stabile Dividendenrendite von 3,5 % – Faktoren, die ihr Vertrauen in die Fähigkeit von Johnson & Johnson stärkten, den Rückruf und die öffentliche Kritik zu bewältigen. Solange Gesamtumsatz und Gewinn stabil blieben, galt die Aktie von Johnson & Johnson weiterhin als Favorit an der Wall Street.

Darüber hinaus erinnerten sich die Anlegerinnen an die bewährte Kompetenz von Johnson & Johnson im Umgang mit Krisen, insbesondere an die Tylenol-Cyanid-Affäre im Jahr 1982. Während dieser Krise reagierte das Unternehmen schnell und entschlossen, indem es Millionen von Flaschen Tylenol zurückrief, nachdem mutmaßlich einige Produkte durch Kriminelle mit tödlichen Dosen Cyanid vergiftet worden waren. Eine bedeutende Konsequenz dieses Vorfalls war die branchenweite Einführung manipulations-

> sicherer Blister-Verpackungen für Medikamente, wie sie heute Standard sind. Zudem setzte diese Krise einen Präzedenzfall für erfolgreiches Krisenmanagement in der Unternehmenswelt. Johnson & Johnson wurde für seine transparente Kommunikation, sein schnelles Handeln und sein konsequentes Engagement für die Sicherheit der Verbraucherinnen gelobt und setzte damit einen neuen Maßstab für effektive Krisenreaktionen.

Für Unternehmen bedeutet die Einbindung von Investorinnen und Finanzanalystinnen während eines Rückrufs, den Fokus auf ein proaktives und transparentes Rückrufmanagement zu legen. Eine effektive Kommunikation mit Finanzmarktakteurinnen sollte oberste Priorität haben. Dazu gehört, regelmäßig über den Status des Rückrufs zu informieren und das Engagement des Unternehmens für die Lösung des Problems deutlich zu machen. Gleichzeitig müssen Unternehmen sicherstellen, dass die sonstigen operativen Funktionen während des Rückrufs reibungslos weiterlaufen, um Betriebsunterbrechungen zu minimieren und die Kundenzufriedenheit aufrechtzuerhalten. Dies umfasst optimierte Prozesse für die Logistik, die Bearbeitung von Kundenanfragen sowie das Management von Produktumtausch oder Rückerstattungen.

Die Einhaltung gesetzlicher Vorschriften ist von zentraler Bedeutung, um rechtliche Risiken zu reduzieren und das Vertrauen der Anlegerinnen zu stärken. Unternehmen sollten Meldepflichten gewissenhaft erfüllen, eng mit den Aufsichtsbehörden zusammenarbeiten und empfohlene Korrekturmaßnahmen umsetzen, um zukünftige Unfälle zu verhindern. Darüber hinaus ist es essenziell, die Nachhaltigkeit der getroffenen Maßnahmen zu gewährleisten, indem strategische Initiativen zur Vermeidung ähnlicher Produktfehler ergriffen werden. Dazu zählen Investitionen in Produktsicherheitsmaßnahmen, die Verbesserung von Qualitätskontrollprozessen und die Stärkung von Risikomanagementprotokollen.

Insgesamt sollten Unternehmen die Bedeutung von Investorinnen und Finanzanalystinnen bei der Bewertung der Auswirkungen eines Rückrufs stets im Blick behalten und proaktive Schritte unternehmen, um deren Bedenken auszuräumen. Durch die Priorisierung von Transparenz, betrieblicher Effizienz, gesetzlicher Compliance und nachhaltigen Maßnahmen können sie die finanziellen und reputationsbezogenen Risiken von Produktrückrufen erfolgreich bewältigen.

Literatur

abc7. (2023, August 30). *Congressman calls on online platforms to remove recalled products linked to infant death.* https://abc7ny.com/infant-recall-product-facebook/13715664/. Zugegriffen am 15.04.2024.

Anwyl, J. (2016, September 29). The Samsung galaxy note 7 Recall: T-mobile has not thought through their process. *Forbes.* https://www.forbes.com/sites/jeremyanwyl/2016/09/29/the-samsung-galaxy-note-7-recall-t-mobile-has-not-thought-through-their-process/. Zugegriffen am 15.04.2024.

Ball, G. P., Wowak, K. D., & Mukherjee, U. K. (2022). Product recall research: dimensions, methods, and regulator implications. In *Tutorials in operations research: Emerging and impactful topics in operations* (S. 116–132). INFORMS.

BikeBiz. (2005, Januar 27). *Kryptonite awarded with "Dumbest Moment of 2004" by US mag.* https://bikebiz.com/kryptonite-awarded-with-dumbest-moment-of-2004-by-us-mag/. Zugegriffen am 15.04.2024.

Cave, C. (2017, August 10). CPSC defect recall data. *Slideshare.* https://www.slideshare.net/slideshow/cpsc-recall-effectiveness-workshop-recall-data/78744492. Zugegriffen am 21.04.2024.

CBS. (2014). *GM uses facebook, phone calls to get recalled cars fixed.* www.cbsnews.com/newyork/news/gm-uses-facebook-phone-calls-to-get-recalled-cars-fixed/. Zugegriffen am 15.04.2024.

Cheney, P. (2004, September 24). Class-action lawsuit hinges on bike locks. *The Globe and Mail.* https://www.theglobeandmail.com/news/national/class-action-lawsuit-hinges-on-bike-locks/article18273601/. Zugegriffen am 15.04.2024.

Coombs, W. T. (2022). *Ongoing crisis communication: Planning, managing, and responding* (6. Aufl.).

Consumer Product Safety Commission. (2023). *Peloton agrees to pay $19 million civil penalty for failure to immediately report tread+ treadmill entrapment hazards and for distributing recalled treadmills.* https://www.cpsc.gov/Newsroom/News-Releases/2023/Peloton-Agrees-to-Pay-19-Million-Civil-Penalty-for-Failure-to-Immediately-Report-Tread-Treadmill-Entrapment-Hazards-and-for-Distributing-Recalled-Treadmills. Zugegriffen am 15.04.2024.

Deliso, M. (2024, Januar 26). Woman, 25, dies from allergic reaction after eating mislabeled cookies with peanuts from Stew Leonard's. *ABC News.* https://abcnews.go.com/US/stew-leonards-peanut-cookies-death/story?id=106679296. Zugegriffen am 16.03.2024.

Heidari & Raithel. (2024). The effects of media coverage during product harm crisis on product recall effectiveness. *Proceedings of the European Marketing Academy*, 53rd.

Hock, S. J., & Raithel, S. (2020). Managing negative celebrity endorser publicity: How announcements of firm (non) responses affect stock returns. *Management Science, 66*(3), 1473–1495.

Kim, A. (2020, Januar 28). 34 years ago today, the space shuttle Challenger broke apart and killed everyone on board. *CNN.* https://edition.cnn.com/2020/01/28/us/space-shuttle-challenger-34-years-scn-trnd/index.html#:~:text=The%20space%20shuttle%20Challenger%20appeared%20to%20have%20exploded%20after%20a%20fireball%20ignited.&text=The%20Challenger%20broke%20apart%2073,across%20the%20US%20that%20morning. Zugegriffen am 15.04.2024.

Kim, C. (2024, Januar 26). *Órla Baxendale: Dancer with allergy eats mislabelled Stew Leonard's cookie and dies. BBC.* https://www.bbc.com/news/world-us-canada-68102202. Zugegriffen am 15.04.2024.

Koehler, I., & Raithel, S. (2018). Internal, external, and media stakeholders' evaluations during transgressions. *Corporate Communications: An International Journal, 23*(4), 512–527.

Krisher, T. (2014, Mai 8). GM recall leaves customers frustrated and waiting. *Hendersonville Times-News.* https://eu.blueridgenow.com/story/news/2014/05/08/gm-recall-leaves-customers-frustrated-and-waiting/28317124007/. Zugegriffen am 15.04.2024.

Li, H., Bapuji, H., Talluri, S., & Singh, P. J. (2022). A cross-disciplinary review of product recall research: A stakeholder-stage framework. *Transportation Research Part E: Logistics and Transportation Review, 163*, 102732.

Li, Y., Lin, Y., Wang, X., & Yang, S. (2024). Wall street and product quality: The duality of analysts. *The Accounting Review,* 1–34. https://doi.org/10.2308/TAR-2022-0218

McCombs, M. E., & Shaw, D. L. (1972). The agenda-setting function of mass media. *The Public Opinion Quarterly, 36*(2), 176–187.

National Highway Traffic Safety Administration. (2014). *GM owner notification letter "Important safety recall".* https://static.nhtsa.gov/odi/rcl/2014/RCONL-14V047-3498.pdf. Zugegriffen am 22.04.2024.

Perrone, M. (2010, Juni 1). Drug maker investigated for 'phantom recall'. *NBC News.* https://www.nbcnews.com/health/health-news/drug-maker-investigated-phantom-recall-flna1c9447037. Zugegriffen am 15.04.2024.

Plumer, B. (2015, Mai 11). The GM recall scandal of 2014. *Vox.* https://www.vox.com/2014/10/3/18073458/gm-car-recall. Zugegriffen am 15.04.2024.

Raithel, S., & Hock, S. J. (2021). The crisis-response match: An empirical investigation. *Strategic Management Journal, 42*(1), 170–184.

Samsung. (2016, September 20). *Samsung Galaxy Note7 US voluntary recall update.* https://news.samsung.com/us/samsung-galaxy-note7-us-voluntary-recall-update-firmware-update-green-battery-icon/. Zugegriffen am 25.04.2024.

Selyukh, A. (2016, September 14). The troubled galaxy note 7 leaves some samsung customers frustrated. *NPR.* https://www.npr.org/sections/alltechconsidered/2016/09/14/493916062/the-troubled-galaxy-note-7-leaves-some-samsung-customers-frustrated. Zugegriffen am 15.04.2024.

Sleter, G. (2024, Januar 26). Stew Leonard's recalls cookies following dancer's death. *Store Brands.* https://storebrands.com/stew-leonards-recalls-cookies-following-dancers-death. Zugegriffen am 08.02.2024.

Vogler, D., Schranz, M., & Eisenegger, M. (2016). Stakeholder group influence on media reputation in crisis periods. *Corporate Communications: An International Journal, 21*(3), 322–332.

5

Der Produktrückrufmanagement-Zyklus

Was Sie in diesem Kapitel erwartet

- In diesem Kapitel wird der Produktmanagementzyklus ausführlich erläutert und seine Phasen beschrieben: die Vor-Rückruf-Phase, die Rückrufphase und die Nach-Rückruf-Phase.
- In der Vor-Rückruf-Phase liegt der Schwerpunkt auf der Planung und der Schaffung von Voraussetzungen für einen effektiven Produktrückruf. Dies umfasst die Einrichtung einer funktionsübergreifenden Task Force für Rückrufaktionen, die Formulierung allgemeiner Rückrufrichtlinien, die Durchführung von Trainings- und Schulungsprogrammen, die Organisation von Rückrufsimulationen sowie die Optimierung der Rückverfolgbarkeit der Produkte, der Produktsicherheit und der Qualitätskontrolle
- Die Rückrufphase gliedert sich in sieben wesentliche Teilprozesse: Problemidentifizierung, Risikobewertung, Entscheidung über den Rückruf, Erstellung eines Rückrufplans, Kommunikation mit relevanten Stakeholdern, Durchführung und Überwachung des Rückrufs sowie Dokumentation und Berichterstattung.
- In der Nach-Rückruf-Phase verschiebt sich der Fokus auf die Wiederherstellung des Unternehmenserfolgs und die Ableitung von Lehren aus der Krise, um künftige Herausforderungen besser zu bewältigen.

Die Vorbereitung auf einen Produktrückruf ähnelt der Entwicklung einer umgekehrten Marketingstrategie, da der Fokus auf die Rückholung von Produkten von Kundinnen und Händlerinnen gerichtet ist. Trotz der Dringlichkeit eines Rückrufs ist es für Unternehmen essenziell, das Rückrufmanagement mit übergeordneten Marketingzielen zu verbinden, wie der Aufrechterhaltung der Kundenzufriedenheit und der Pflege langfristiger Kundenbeziehungen. Das Fachwissen der Marketingabteilung spielt dabei eine Schlüsselrolle bei der erfolgreichen Durchführung von Rückrufaktionen. Daher ist die Zuweisung der Rückrufverantwortung an eine erfahrene Führungskraft aus dem Marketing – etwa an den/die Chief Marketing Officer oder den/die Vice President of Marketing – ein entscheidender Schritt. Dies gewährleistet, dass das Unternehmen Rückrufverfahren schnell und effektiv umsetzen kann und eine nachhaltige Kultur der Rückrufbereitschaft etabliert (Liu et al., 2023).

Ein effektives Produktrückrufmanagement umfasst drei kritische Phasen. Im Mittelpunkt steht die *Rückrufphase*. Diese umfasst die Bewältigung der Produktschadenskrise und den Rückrufprozess selbst (Abschn. 5.2). Diese Phase ist von Unsicherheit und Zeitdruck geprägt, was das Treffen und Umsetzen guter Entscheidungen erschwert (Wowak et al., 2022). Aus diesem Grund sind die strategische Planung und die Sicherstellung der Rückrufbereitschaft zentrale Elemente der *Vor-Rückruf-Phase* (Abschn. 5.1). Nach Abschluss des Rückrufs (*Post-Rückruf-Phase*) sollten die gewonnenen Erkenntnisse in eine optimierte Vorbereitung auf künftige Rückrufe einfließen, während das Unternehmen gleichzeitig bestrebt sein sollte, sein ursprüngliches Leistungsniveau schnell wiederherzustellen (Abschn. 5.3). Abb. 5.1 bietet eine übersichtliche Darstellung dieses Zyklus des Produktrückrufmanagements.

In allen Phasen hat die Priorisierung der Bedürfnisse und Rollen von Kundinnen und Vertriebsnetzen höchste Priorität, da der Erfolg eines Rückrufs weitgehend davon abhängt, wie diese die empfohlenen Maßnahmen wahrnehmen und umsetzen. Andere Stakeholder – darunter Regulierungsbehörden, politische Entscheidungsträgerinnen, Lieferanten, Medien und Akteure des Finanzmarkts – übernehmen *unterstützende* Rollen. Während sie den Rückrufprozess aufmerksam überwachen, drehen sich ihre Interessen in erster Linie um die Bemühungen des Unternehmens, die zurückgerufenen Produkte zurückzuholen und gute Be-

5 Der Produktrückrufmanagement-Zyklus

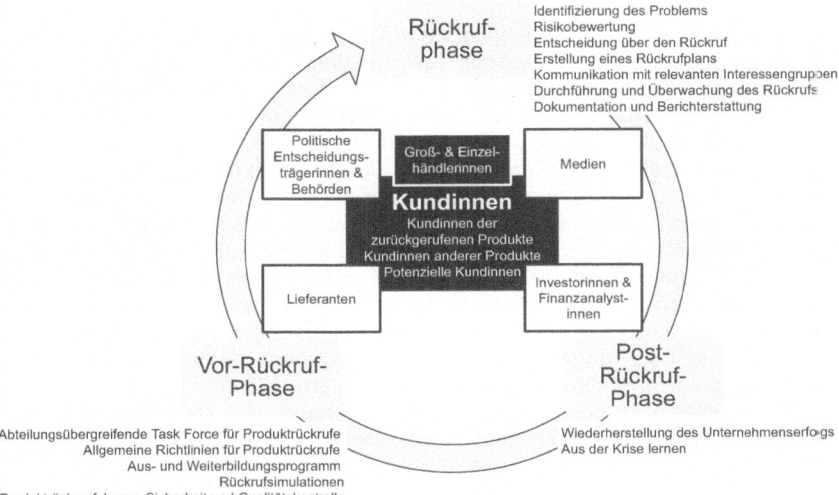

Abb. 5.1 Der Rückrufmanagement-Zyklus. (Quelle: Eigene Darstellung)

ziehungen zu Kundinnen und Händlern aufrecht zu erhalten. Eine effektive Kommunikation mit diesen Stakeholdern ist von entscheidender Bedeutung, zielt aber letztlich darauf ab, Kundinnen und Nutzerinnen an die Hand zu nehmen und die Fähigkeit des Unternehmens zur Bewältigung des dringenden Problems zu demonstrieren. Der folgende Fall von Intel verdeutlicht die Bedeutung eines *kundenorientierten* Ansatzes während einer Produktschadenskrise.

> **Kundenfokus als Schlüssel: Intels Lehren aus der Pentium-Krise**
>
> Die Bedeutung einer kundenorientierten Perspektive bei Produktrückrufen wird deutlich am Beispiel der Intel Corporation und ihres Umgangs mit Fehlern in den Pentium-Prozessoren im Jahr 1994. Nachdem Kundinnen erste Fehler bei komplexen Berechnungen meldeten, reagierte Intel zunächst mit Bagatellisierung. Der Kundensupport informierte betroffene Nutzerinnen, dass die Wahrscheinlichkeit eines Fehlers statistisch äußerst gering sei – im Durchschnitt trete ein Problem nur alle 27.000 Jahre auf. Ersatz wurde lediglich Kundinnen angeboten, die nachweisen konnten, dass ihre Arbeit „komplex genug" war, um von der Fehlfunktion betroffen zu sein (Lewis, 1994; Hearit, 1999).

> Die Situation eskalierte jedoch, als die Computerherstellerin IBM einige Wochen später einen Lieferstopp für ihre Computer mit Intels Pentium-Prozessoren ankündigte. IBM kritisierte, dass Intel die Wahrscheinlichkeit von Rechenfehlern aufgrund des Defekts deutlich unterschätzt habe. Diese Nachricht führte zu einem Absturz der Intel-Aktie und zu einem vorübergehenden Handelsstopp (Ramirez, 1994). Als Reaktion darauf änderte Intel seine Rückrufstrategie von der Bagatellisierung des Defekts hin zu einer öffentlichen Entschuldigung bei seinen Kundinnen. Das Unternehmen bot zudem kostenlosen Ersatz für alle defekten Prozessoren an (Corcoran, 1994).
>
> Im Nachhinein räumte der CEO von Intel gegenüber dem Wall Street Journal ein, dass sich das Unternehmen zu sehr auf eine faktenbasierte Analyse des Problems konzentrierte und den emotionalen Aspekt der Kundenanliegen vernachlässigte. Die Kundinnen fühlten sich ungehört, da Intel die Risiken herunterspielte und ihre Wahrnehmung ignorierte (Carlton & Yoder, 1994). Diese Fehleinschätzung erwies sich für Intel als kostspielig. Die Gesamtkosten des Rückrufs wurden seinerzeit auf 500 Mio. Dollar geschätzt (Smith et al., 1996).

Die folgende Fallstudie, bereitgestellt von Sedgwick – dem weltweit führenden Unternehmen für Dienstleistungen rund um das Management von Produktrückrufen – unterstreicht die Bedeutung, Kundinnen in den Mittelpunkt der Bemühungen im Rückrufmanagement zu stellen und ihre Bedürfnisse mit den regulatorischen Anforderungen in Einklang zu bringen.

Fallstudie: Wie ein maßgeschneiderter Ansatz für das globale Rückrufmanagement Erfolg bringt
Chris Harvey, Senior Vice President, Client Services – Sedgwick Brand Protection[1]
Einleitung
Marke und Reputation zählen zu den wertvollsten und zugleich verletzlichsten Vermögenswerten eines Unternehmens. Marken verkörpern alles,

---

[1] Seit drei Jahrzehnten vertrauen Unternehmen jeder Größe und aus verschiedenen Branchen auf die Expertise von Sedgwick Brand Protection bei der Vorbereitung und Lösung ihrer produktbezogenen Herausforderungen. Seit 1995 hat Sedgwick erfolgreich mehr als 7000 der sensibelsten und zeitkritischsten Produktrückrufe in 100 Ländern und 50 Sprachen gemanagt. Von Audits zur Rückrufbereitschaft und simulierten Rückrufen bis hin zu umfassenden „schlüsselfertigen" Rückhol- und Sanierungslösungen – einschließlich regulatorischer Beratung und Berichterstattung – besitzt Sedgwick Erfahrung und Ressourcen. Weitere Informationen finden Sie unter: www.sedgwick.com/brandprotection.

was ein Unternehmen tut, und stehen für das, was Kundinnen und Kunden von ihm erwarten. Kein anderes Merkmal verdeutlicht das Engagement eines Unternehmens für seine Kundschaft so stark wie das Bestreben, Versprechen in Bezug auf Sicherheit, Qualität und Service einzuhalten. Daher werden Unternehmen oft stärker dafür in Erinnerung behalten, wie sie mit einem Problem umgehen, als für das Problem selbst.

Früher waren Rückrufe lokal begrenzte Ereignisse, die auf einzelne Märkte beschränkt und von einer einzigen Regulierungsbehörde überwacht wurden. Doch mit der Globalisierung der Wirtschaft und der verstärkten Zusammenarbeit zwischen Regulierungsbehörden bei Produktsicherheitsfragen ist das Rückrufmanagement erheblich komplexer geworden. Diese Entwicklung hat sowohl die betrieblichen als auch die reputationsbezogenen Risiken für Unternehmen erhöht, die sich im vielschichtigen Labyrinth internationaler Vorschriften und Standards zurechtfinden müssen.

Stellen Sie sich den Rückruf eines beliebten elektronischen Geräts vor, das mit einer Lithium-Ionen-Batterie betrieben wird. Von einem bestimmten Modell wurden über zwei Millionen Einheiten in mehr als 80 Länder verkauft, an Verbraucherinnen, die 11 verschiedene Sprachen sprechen. Im Laufe des Produktlebenszyklus erhielt der in den USA ansässige Hersteller eine wachsende Anzahl von Berichten über leichte Verletzungen, die auf ein Batterieproblem zurückzuführen waren, das zur Überhitzung des Geräts führen konnte. Diese Vorfälle brachten das Unternehmen unter behördliche Aufsicht, zogen öffentliche Aufmerksamkeit auf sich und führten zu erheblichen Reputationsrisiken.

Definition der Herausforderungen

Aufgrund des weltweiten Vertriebs des Produkts waren zahlreiche Regulierungsbehörden involviert, die sicherstellen wollten, dass der Rückruf nicht nur den Vorschriften entsprach, sondern auch effektiv durchgeführt wurde. Jede Aufsichtsbehörde stellte dabei spezifische Anforderungen an das Rückrufmanagement und die Handhabung der betroffenen Produkte. Dies erforderte von dem Unternehmen besondere Kompetenzen, um betroffene Verbraucherinnen zu benachrichtigen, geeignete Korrekturmaßnahmen anzubieten und ihre Teilnahme am Rückruf zu gewährleisten.

Das Unternehmen war nicht darauf vorbereitet, die logistischen Anforderungen dieses komplexen Rückrufs vorschriftsmäßig zu bewältigen. Erschwerend kam hinzu, dass die Herstellerin stark auf Einzelhandelspartnerinnen angewiesen war, wodurch ein einheitlicher Ansatz für das Management der Rückholmaßnahmen nicht realisierbar war. Viele Einzelhändlerinnen waren nicht in der Lage, Retouren ordnungsgemäß abzuwickeln, und dem Unternehmen fehlte die notwendige Infrastruktur, um Produkte außerhalb der Vereinigten Staaten zu versenden.

Auch die Kommunikation mit den Verbraucherinnen und die Abwicklung der Retouren stellten erhebliche Herausforderungen dar. Während Verbraucherinnen in den kontinentalen Vereinigten Staaten das zurückgerufene Gerät entweder in einem Einzelhandelsgeschäft oder per Post mit einem passenden Versandkarton zurücksenden konnten, musste in den übrigen 80 Ländern eine alternative Lösung gefunden werden. Zudem fehlte den betroffenen Produkten ein sichtbares Erkennungsmerkmal, was es dem Hersteller erschwerte, den Umfang des Rückrufs präzise zu begrenzen und sicherzustellen, dass pro betroffener Einheit nur eine Rückerstattung oder Korrekturmaßnahme erfolgte. Dadurch stieg das Risiko unrechtmäßiger Ansprüche erheblich.

Lösungen finden

Der Hersteller wandte sich an Sedgwick. Durch diese Partnerschaft erhielt der Gerätehersteller Zugang zu einem umfassenden Portfolio an End-to-End-Rückruflösungen, langjähriger Erfahrung und Expertise bei der Bewältigung der regulatorischen Anforderungen für die Handhabung beschädigter, defekter oder zurückgerufener Lithiumbatterien. Von einer skalierbaren Website in 11 Sprachen über die Online-Produktregistrierung bis hin zu sicheren Finanztransaktionen war das Unternehmen in der Lage, die notwendigen Korrekturmaßnahmen zu ergreifen und gleichzeitig das Betrugsrisiko zu mindern.

In den Vereinigten Staaten konnten Verbraucherinnen ein passendes Rücksende-Set bestellen und ihr Gerät sicher zurücksenden. Das Rücksende-Set entsprach den Anforderungen des Verkehrsministeriums an Verpackung, Genehmigung und Etikettierung. Nach Erhalt wurden die Rücksendungen bearbeitet und validiert, woraufhin eine Rückerstattung ausgestellt wurde, die für den Kauf eines Ersatzgeräts verwendet werden konnten.

Außerhalb der USA war ein vergleichbares Rücksendeverfahren aufgrund regulatorischer Vorgaben für den Transport und die Entsorgung von Lithium-Ionen-Batterien nicht umsetzbar. Da das Gerät jedoch bei der ersten Verwendung eine Einrichtung durch die Besitzerin erforderte, konnten die zugehörigen Kontoinformationen genutzt werden, um Besitzerinnen zu identifizieren, Rückerstattungen einzuleiten und Betrugsversuche einzuschränken. Über die Rückruf-Website hatten Verbraucherinnen die Möglichkeit, betroffene Geräte mithilfe bestätigter Anmeldeinformationen zu validieren. Dieses Verfahren stellte sicher, dass jede registrierte Seriennummer nur einmal verwendet werden konnte. Nach der Validierung erhielten die Verbraucherinnen klare Anweisungen, wie sie das Gerät gemäß den örtlichen Vorschriften zurückgeben oder vernichten konnten. Die Rückerstattung des Kaufpreises erfolgte daraufhin zeitnah.

Ergebnisse liefern

Ein Rückruf dieser Größenordnung erfordert erhebliche Ressourcen, um die Interaktionen mit den Verbraucherinnen zu managen. Dazu gehörten über 260.000 Anrufe in 11 Sprachen, mehr als 1 Mio. Produktregistrierungen und mehrere Erstattungsarten in verschiedenen Währungen und Regionen.

Die gewählte Rückrufstrategie bot einen maßgeschneiderten Ansatz zur Stärkung der Kundenbindung in den verschiedenen Regionen. Sie umfasste nicht nur sprachspezifischen Support, sondern auch mehrere Möglichkeiten, Rückerstattungen zu erhalten und klare Anweisungen zur sicheren Produktentsorgung umzusetzen.

Die Produkthandhabung erhöhte die Komplexität und erforderte spezielles Fachwissen für die Handhabung der DDR-Lithiumbatterie-Transporte innerhalb der kontinentalen Vereinigten Staaten sowie Anleitungen für die adäquate Lagerung, das Recycling und die Entsorgung von Produkten in 80 Ländern. Der Einsatz von Expertinnen mit globaler Erfahrung führte jedoch zum Erfolg.

Dieses Know-how ermöglichte es dem Unternehmen, die Rückrufbenachrichtigung, die Produkthandhabung, die Korrekturmaßnahmen und die Entsorgung effektiv und konform zu verwalten. Darüber hinaus ermöglichten die zusätzlichen Ressourcen dem Unternehmen, seine Aufmerksamkeit wieder auf das eigentliche Kerngeschäft zu richten, einschließlich der Vermarktung seiner anderen Produkte.

Die wichtigsten Erkenntnisse

Während die Herstellerin viele wertvolle Erfahrungen gewonnen hat, die ihr für zukünftige Produktrückrufe von Nutzen sein werden, bietet dieser Fall wichtige Erkenntnisse für Unternehmen, die ihre eigene Rückrufbereitschaft einschätzen wollen. Dies sind die wichtigsten Erkenntnisse:

- Das Verständnis der geltenden Vorschriften und Einschränkungen in jedem Markt, in dem ein Unternehmen tätig ist, ist entscheidend für eine schnelle Reaktion und ein effektives Rückrufmanagement.
- Die Einhaltung gesetzlicher Vorschriften und die Gestaltung eines positiven Kundenerlebnisses gehen Hand in Hand. Indem Unternehmen die Einhaltung von Vorschriften priorisieren und gleichzeitig die Bedürfnisse ihrer Kundinnen bei jeder Interaktion in den Mittelpunkt stellen, können sie Vertrauen und Loyalität bewahren.
- Unternehmen sollten nicht zögern, Unterstützung in Anspruch zu nehmen. Die Zusammenarbeit mit einer Partnerin, die über globale Kompetenzen in den Bereichen Callcenter, Logistik und Erstattungslösungen verfügt, stärkt die Fähigkeit, maßgeschneiderte Kommunikation und Lösungen in allen Ländern umzusetzen. Dieser Ansatz sichert positive Kundenerfahrungen – selbst unter schwierigen Umständen.
- Das Betrugsrisiko bei Rückrufaktionen lässt sich minimieren. Bei Produkten, die in zahlreichen Haushalten genutzt werden, muss die Bereitstellung von Korrekturmaßnahmen mit der Betrugsprävention ausbalanciert werden. Die Zusammenarbeit mit einer Partnerin, die versteht, wie beide Vorgaben gleichzeitig erreicht werden können, unterstützt Unternehmen dabei, finanzielle und reputationsbezogene Ziele gleichermaßen zu wahren.

In den folgenden Abschnitten betrachten wir die drei Phasen des Rückrufmanagement-Zyklus im Detail aus einer kundenorientierten Perspektive. Wir analysieren die spezifischen Herausforderungen jeder Phase und geben praktische Empfehlungen, um diese erfolgreich zu bewältigen. Durch eine gezielte Auseinandersetzung mit diesen Herausforderungen und eine lösungsorientierte Herangehensweise können Unternehmen ihre Fähigkeit verbessern, Produktrückrufe effektiv zu managen und gleichzeitig starke Kundenbeziehungen auch inmitten von Produktschadenskrisen zu erhalten.

5.1 Vor-Rückruf-Phase: Planung & Bereitschaft zum Rückruf

Produktrückrufe stellen Unternehmen vor erhebliche Herausforderungen, die komplexe logistische Anforderungen, rechtliche Fragestellungen und das Risiko von Reputationsschäden umfassen. Es ist daher entscheidend, dass Unternehmen effektive Rahmenbedingungen und Verfahren implementieren, bevor ein Rückruf erforderlich wird.

Die Luftfahrtindustrie, bekannt für ihre strengen Regulierungen und Aufsichtsbehörden, dient als Paradebeispiel für vorausschauendes Krisenmanagement auf globaler Ebene. Diese Branche stellt höchste Anforderungen an die Fähigkeit, mit Krisen und Katastrophen umzugehen. Worst-Case-Szenarien wie Flugzeugabstürze haben oft verheerende Konsequenzen. Im Folgenden beleuchten wir die Standardprotokolle und -strategien, die von den meisten Fluggesellschaften genutzt werden, um sich auf solche Katastrophen vorzubereiten.

> **Krisenvorsorge der Luftfahrtindustrie als bewährter Maßstab**
>
> Die meisten großen Fluggesellschaften haben ausgefeilte Pläne und Verfahren entwickelt, um Krisenereignisse, insbesondere Flugzeugabstürze, effektiv zu bewältigen. Diese Pläne und Verfahren bestehen aus drei Schlüsselelementen:
>
> 1. *Trainingsprogramme:*
>   Fluggesellschaften führen umfassende Schulungsprogramme für Flugbesatzungen, Bodenpersonal und Notfallteams durch, um sie auf verschiedene Notfallszenarien, einschließlich Abstürze, vorzubereiten. Diese Programme umfassen in der Regel die folgenden Bereiche:

- Notfallverfahren: Die Besatzungsmitglieder werden umfassend für Notfälle geschult, einschließlich Evakuierungen, Brandbekämpfung und Notfallkommunikationsprotokollen.
- Einweisung in das Flugzeug: Die Besatzungsmitglieder erhalten eine Schulung über die Gestaltung und die Funktionen verschiedener Flugzeugtypen, um eine effiziente Reaktion in Absturzsituationen zu ermöglichen.
- Erste Hilfe und medizinische Ausbildung: Die Besatzungsmitglieder sind in den grundlegenden Techniken der Ersten Hilfe und der medizinischen Versorgung geschult, um Passagieren und Besatzungsmitgliedern in Not helfen zu können.
- Krisenkommunikation: Das Training umfasst effektive Kommunikationstechniken, um eine klare und zeitnahe Kommunikation mit Passagieren, Behörden und anderen Beteiligten während eines Unfallszenarios zu gewährleisten.
- Psychologische Unterstützung: Besatzungsmitglieder erhalten eine Schulung zur psychologischen Unterstützung von Passagieren und Besatzungsmitgliedern nach einem Unfall.

2. *„How-To"-Handbücher:*
Fluggesellschaften entwickeln detaillierte Handbücher oder Leitlinien, die standardisierte Verfahren für die Reaktion auf Absturzszenarien zusammenfassen. Diese Handbücher, die oft als „Krisenreaktionshandbücher" oder „Handbücher für Notfallverfahren" bezeichnet werden, bieten eine Schritt-für-Schritt-Anleitung:

- Erste Reaktionsmaßnahmen: Verfahren, die Besatzungsmitglieder unmittelbar nach einem Absturz befolgen müssen, einschließlich der Sicherung des Flugzeugs, der Einleitung von Notfallevakuierungen und der Kontaktaufnahme mit dem Rettungsdienst.
- Kommunikationsprotokolle: Richtlinien für die Kommunikation mit Passagieren, Behörden, Medien und anderen Beteiligten während eines Unfallszenarios, einschließlich skriptgesteuerter Nachrichten und Kontaktinformationen.
- Evakuierungsverfahren: Anweisungen zur Koordinierung der Evakuierung von Passagieren, einschließlich der Priorisierung von Ausgängen, des Ausbringens von Evakuierungsrutschen und des Leitens von Passagieren zu Sammelpunkten.
- Medizinische Reaktion: Verfahren für die Bereitstellung von Erster Hilfe und medizinischer Hilfe für verletzte Passagiere und Besatzungsmitglieder, einschließlich des Zugangs zu medizinischer Versorgung und der Koordination mit dem Rettungsdienst.
- Unterstützung nach einem Unfall: Richtlinien für die Unterstützung von Passagieren, Besatzungsmitgliedern und ihren Familien nach einem Unfall, einschließlich des Zugangs zu Beratungsdiensten und Unterstützung bei der Reisevorbereitung

> 3. *Simulationsübungen*:
> Die Fluggesellschaften führen regelmäßig Übungen durch, um ihre Reaktionsverfahren und -protokolle in simulierten Absturzszenarien zu testen und zu validieren. Diese Übungen beinhalten:
>
> - Szenarioentwicklung: Entwerfen realistischer Absturzszenarien auf der Grundlage potenzieller Risiken und Gefahren, einschließlich Faktoren wie Wetterbedingungen, Flugzeugtyp und Standort.
> - Einbeziehung der Teilnehmerinnen: Einbeziehung von Flugbesatzungen, Bodenpersonal, Notfallteams und anderem relevanten Personal in die simulierten Übungen, um reale Reaktionsszenarien zu simulieren.
> - Durchführung und Evaluation: Durchführung der Simulationen nach vordefinierten Zielen und Kriterien, gefolgt von einer gründlichen Nachbesprechung und Bewertung der Leistung.
> - Kontinuierliche Verbesserung: Nutzung der Erkenntnisse aus simulierten Übungen, um verbesserungswürdige Bereiche bei Verfahren, Schulungsprogrammen und Geräten zu identifizieren und bei Bedarf Korrekturmaßnahmen zu ergreifen.
>
> Durch Investitionen in strenge Trainingsprogramme, die Entwicklung umfassender Handbücher und die Durchführung regelmäßiger Probeübungen stellen die Fluggesellschaften sicher, dass ihr Personal gut vorbereitet ist, um effektiv auf Absturzszenarien zu reagieren, Schäden zu minimieren und die Sicherheit für Passagiere und Besatzungsmitglieder zu maximieren.

Basierend auf etablierten Praktiken in der Luftfahrtindustrie und Erkenntnissen aus der Forschung zum Produktrückrufmanagement (z. B. Smith et al., 1996) haben wir einen umfassenden Leitfaden entwickelt, der aus fünf Komponenten besteht, die für das Erreichen der Rückrufbereitschaft unerlässlich sind (siehe Tab. 5.1 unten):

1. Bildung einer abteilungsübergreifenden Task Force für Produktrückrufe
2. Formulierung allgemeiner Leitlinien für Produktrückrufe
3. Aus- und Weiterbildungsprogramm für das Rückrufmanagement
4. Durchführung von Rückrufsimulationen
5. Erweiterung der Maßnahmen zur Produktrückverfolgung, Sicherheit und Qualitätssicherung

In den nachfolgenden Abschn. 5.1.1 bis 5.1.5 gehen wir auf jede dieser fünf Komponenten und die zugrunde liegenden Aktivitäten ein.

Tab. 5.1 Aktivitäten in der Vor-Rückruf-Phase, um die Rückrufbereitschaft zu erreichen. (Quelle: Eigene Darstellung)

Bereich der Vor-Rückruf-Phase	Aktivität
Abteilungsübergreifende Task Force für Produktrückrufe	- Ernennung von Vertreterinnen aus allen Abteilungen und der Geschäftsleitung - Zusammenarbeit mit externen Beraterinnen und spezialisierten Agenturen - Zuweisung der Führungsrolle an eine erfahrene Führungskraft mit Marketing-Expertise - Übertragung der Verantwortung für alle Aufgaben im Zusammenhang mit Produktrückrufen an diese Task Force
Allgemeine Richtlinien für Produktrückrufe	- Entwicklung standardisierter Verfahren und Szenarien - Dokumentation der Verfahren in einem „How to"-Handbuch
Aus- und Weiterbildungsprogramm	- Weiterbildung der Mitarbeiterinnen aller Abteilungen mit Fähigkeiten und Wissen über Produktsicherheit und der Durchführung von Rückrufverfahren
Rückrufsimulationen	- Testen und Validieren von Rückrufverfahren - Simulation realer Rückrufszenarien
Produktrückverfolgung, Sicherheit und Qualitätskontrolle	- Schaffung von Transparenz in der Lieferkette - Gewährleistung der Rückverfolgbarkeit von Produkten entlang der gesamten Lieferkette - Durchführung robuster Tests während der Produktentwicklung - Kontinuierliche Qualitätssicherung während der Produktion - Information über und Einhaltung der gesetzlichen Anforderungen an Produktsicherheit

5.1.1 Abteilungsübergreifende Task Force für Produktrückrufe

Ein zentraler Aspekt der Rückrufbereitschaft ist die Einrichtung einer speziellen Task Force, die sich aus Mitgliedern verschiedener Abteilungen zusammensetzt. Durch die Konsolidierung von Fachwissen und Zuweisung der Verantwortlichkeit an ein spezialisiertes Team können Unternehmen die Prozesse des Rückrufmanagements optimieren, die Reaktionszeiten verkürzen und potenzielle negative Auswirkungen auf Kundinnen und das Unternehmen abmildern.

Diese Task Force sollte sich aus Vertreterinnen aus Schlüsselbereichen wie Einkauf, Produktion, Qualitätssicherung, Forschung & Entwicklung, Recht, Marketing, Unternehmenskommunikation, Kundenservice, Vertrieb und der Geschäftsleitung zusammensetzen. Darüber hinaus ist es von Vorteil, Interessenvertreterinnen von spezialisierten Agenturen, Regulierungsbehörden, Verbraucherschutzorganisationen und dem Vertriebsnetz als Beraterinnen einzubeziehen. Die Nutzung von internem und externem Fachwissen gewährleistet die Entwicklung umfassender und effektiver Richtlinien für das Management von Rückrufen.

Die Zusammensetzung der Task Force geht über die Vertretung der Abteilungen hinaus und umfasst auch demografische Faktoren. Untersuchungen zeigen, dass weibliche Managerinnen anders an Produktrückrufe herangehen als ihre männlichen Kollegen (Wowak et al., 2021). Daher ist es wahrscheinlicher, dass eine diverse Task Force ausgewogene und effektive Entscheidungen trifft.

Die abteilungsübergreifende Arbeitsgruppe ist dabei verantwortlich für:

- Bewertung der Rückrufrisiken während des gesamten Produktlebenszyklus
- Entwicklung und Umsetzung von Rückrufplänen und -verfahren
- Koordinierung der Kommunikation mit Aufsichtsbehörden, Kundinnen und der Öffentlichkeit
- Verwaltung der Logistik im Zusammenhang mit der Rückholung, dem Austausch oder der Entsorgung von Produkten
- Durchführung von Analysen nach dem Rückruf und Umsetzung von Verbesserungsmaßnahmen

Die Zusammenarbeit mit Aufsichtsbehörden und/oder Beratungsunternehmen und Anwaltskanzleien, die auf die Einhaltung von Produktvorschriften und das Rückrufmanagement spezialisiert sind, ergänzt die Einrichtung der Rückruf-Taskforce. Diese Partnerschaft ist von entscheidender Bedeutung, da Produktrückrufe nicht regelmäßig vorkommen und die Unternehmen nicht über umfassende Erfahrungen im Rückrufmanagement verfügen. Expertinnen der Aufsichtsbehörden sowie spezialisierte Beratungen bieten wertvolles Fachwissen, vor allem in komplexen Rückrufszenarien, die mehrere Produkte, Länder und Gerichtsbarkeiten umfassen. Idealerweise sollte diese Partnerschaft vor dem Auftreten von Produktrückrufen geschlossen werden. Erstens erhöhen externe Beraterinnen die Rückrufbereitschaft und stellen sicher, dass das Unternehmen auf mögliche Probleme gut vorbereitet ist. Zweitens erleichtert die im Vorfeld aufgebaute Partnerschaft im Falle eines Rückrufs ein effektives Rückrufmanagement, da Beraterinnen bereits mit den Prozessen des Unternehmens vertraut sind. Dieser proaktive Ansatz kann dazu beitragen, Störungen zu minimieren und Risiken zu mindern.

Wie bereits betont, sollte eine erfahrene Marketingfachkraft oder Person mit Marketing-Erfahrung diese Arbeitsgruppe leiten oder zumindest eine zentrale Rolle bei der Aufrechterhaltung kundenorientierter Verfahren, Richtlinien und Protokolle spielen. Dadurch wird sichergestellt, dass die Kundensicherheit, die Kundenzufriedenheit und die gute Reputation der Marke bei der Reaktion des Unternehmens Vorrang vor rechtlichen und betrieblichen Belangen haben. Untersuchungen zeigen, dass Unternehmen, die einen kundenorientierten Managementansatz verfolgen, Produkte tendenziell früher zurückrufen, schädliche Vorfälle wirksamer eindämmen und langfristig finanzielle Vorteile erzielen (Liu et al., 2017; Hoffmann et al., 2024).

5.1.2 Allgemeine Leitlinien für Produktrückrufe

Um ein einheitliches und effektives Rückrufmanagement zu gewährleisten, sollten Unternehmen umfassende Rückrufrichtlinien entwickeln, in denen Verfahren, Zuständigkeiten und bewährte Praktiken festgelegt sind. Diese Richtlinien sollten folgende Elemente enthalten:

- Kriterien für die Auslösung eines Rückrufs, einschließlich der Identifizierung von Sicherheitsrisiken, Qualitätsmängeln oder der Nichteinhaltung von Vorschriften
- Schritte zur Bewertung des Ausmaßes und der Schwere des Rückrufs, einschließlich der Risikobewertung und -einstufung

- Protokolle für die Einbeziehung von Interessengruppen, einschließlich Kundinnen, Aufsichtsbehörden und der Medien
- Verfahren für die Rückholung, den Austausch oder die Entsorgung von Produkten, einschließlich Logistik, Korrekturmaßnahmen, Prozessüberwachung und Dokumentation
- Vorgaben für die Analyse nach dem Rückruf, einschließlich Ursachenforschung und Korrekturmaßnahmen

Die Arbeitsgruppe plädiert für die Schaffung standardisierter Verfahren, für alle potenziellen Krisen- und Rückrufszenarien, die sich auf Produktschäden beziehen. Diese Verfahren sollten in einem umfassenden und regelmäßig aktualisierten „How-To"-Handbuch zusammengefasst werden, damit sie leicht zugänglich sind. Durch die Einführung eines solchen Handbuchs können Organisationen ein effektives Management von Rückrufen in Übereinstimmung mit den gesetzlichen Vorschriften und den Erwartungen der Interessengruppen sicherstellen.

Unternehmen müssen keine Rückrufhandbücher von Grund auf neu entwickeln. Aufsichtsbehörden wie die CPSC in den USA veröffentlichen und aktualisieren regelmäßig Leitlinien, die Unternehmen bei der Erstellung ihrer eigenen Rückrufhandbücher helfen.[2] Darüber hinaus hat die Internationale Organisation für Normung (ISO) – ein unabhängiges Gremium, das freiwillige internationale Normen festlegt – die ISO-Norm 10377 formuliert, um praktische Hinweise zur Gewährleistung der Sicherheit von Verbraucherprodukten während der Herstellung zu geben.[3] Diese Norm ergänzt die ISO-Norm 10393, in der Verfahren, einschließlich eines Rückrufprogramms, für den Umgang mit unsicheren oder nicht vorschriftsgemäßen Konsumgütern beschrieben werden, sobald diese auf dem Markt sind.[4] Darüber hinaus stellt die ISO verschiedene branchen- und produktspezifische Richtlinien zur Verfügung, ebenso wie zahlreiche andere Agenturen und Institutionen, die auf verschiedene Sektoren spezialisiert sind. So bietet beispielsweise GMP+ – das die gesamte Futtermittelkette abdeckt –[5] Diese Ressourcen bieten

---

[2] URL: cpsc.gov/s3fs-public/CPSCRecallHandbookSeptember2021.pdf.
[3] URL: iso.org/obp/ui/#iso:std:iso:10377.
[4] URL: iso.org/obp/ui/#iso:std:iso:10393.
[5] URL: gmpplus.org/media/24opjnhi/s-9-9-executing-a-successful-recall.pdf.

detaillierte Einblicke in die Identifizierung und Strukturierung verschiedener Facetten von Produktsicherheitsproblemen und des Rückrufprozesses.

5.1.3 Aus- und Weiterbildungsprogramme

Ein Weiterbildungsprogramm für Rückrufmanagement fördert die Kompetenzen der Belegschaft. Es versetzt diese in der Lage, Rückrufvorfälle umgehend und effektiv zu bewältigen. Unternehmen sollten in Schulungs- und Ausbildungsinitiativen auch das Thema Rückrufe auf die Agenda setzen, um sicherzustellen, dass Mitarbeiterinnen aller Ebenen und Abteilungen über die erforderlichen Fähigkeiten und Kenntnisse verfügen, um im Falle eines Rückrufes richtig zu agieren. So ein Programm sollte Folgendes beinhalten:

- Identifizierung potenzieller Rückrufauslöser wie Sicherheitsrisiken, Qualitätsmängel und Verstöße gegen Vorschriften
- Protokolle für die Meldung potenzieller Produktprobleme an die zuständigen Behörden
- Rollen und Pflichten bei Rückrufvorfällen, einschließlich der aktiven Beteiligung an den Rückruf-Task-Force-Einsätzen
- Kommunikationsrichtlinien für interne und externe Stakeholder, einschließlich der Medien und Aufsichtsbehörden
- Optimale Praktiken für die Rückholung, den Austausch und die Entsorgung von Produkten, einschließlich einer umfassenden Dokumentation und Protokollierung der Aktivitäten

Verschiedene spezialisierte Agenturen bieten vor Ort und virtuell Workshops und Schulungen zum Thema Rückrufbereitschaft an. Solche Workshops sind regelmäßig auf bestimmte Branchen zugeschnitten. Die Aufsichtsbehörden stellen darüber hinaus verschiedene Schulungsressourcen und unterstützende Materialien wie Videos und Poster zur Verfügung, um das Bewusstsein für Produktsicherheitsfragen bei den Mitarbeiterinnen am Arbeitsplatz zu stärken (siehe Abb. 5.2). Durch die Bereitstellung von Ressourcen für kontinuierliche Schulungs-, Aufklärungs- und Sensibilisierungsinitiativen können sich Unternehmen besser

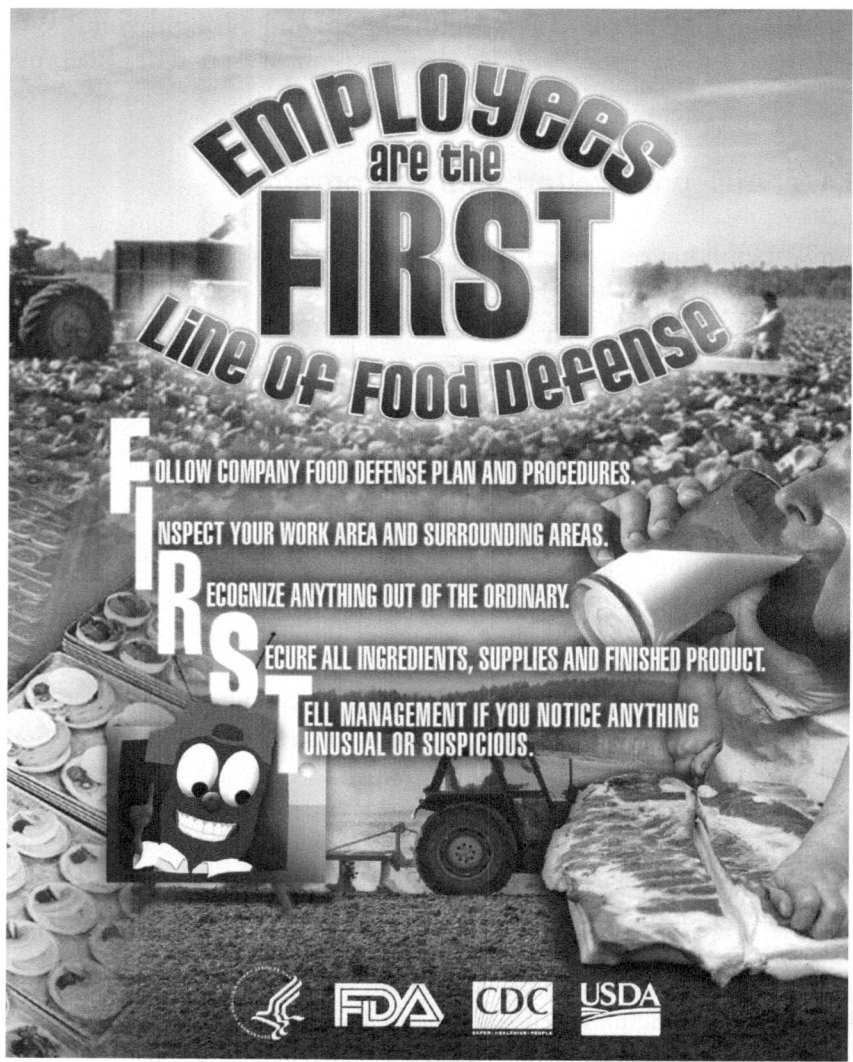

Abb. 5.2 FIRST-Poster für Mitarbeiterinnen, bereitgestellt von der US-amerikanischen Food & Drug Administration. (Quelle: FDA, 2024)

darauf vorbereiten, effektiv auf Rückrufaktionen zu reagieren, potenzielle Risiken zu minimieren und sowohl Kundinnen als auch die Reputation ihrer Marke zu schützen.

5.1.4 Rückrufsimulationen

Rückrufsimulationen sind ein wichtiges Instrument zur Validierung und Optimierung von Rückrufverfahren und -protokollen in einer kontrollierten Umgebung. Diese Übungen ahmen reale Rückrufszenarien nach und ermöglichen es den Unternehmen, die Wirksamkeit ihrer Rückrufpläne zu bewerten, etwaige Mängel festzustellen und die Verfahren bei Bedarf zu verbessern. Typische Elemente von Rückrufsimulationen sind:

- Entwicklung von Szenarien: Erarbeitung authentischer Rückrufszenarien, die die typischen Risiken und Gefahren im Zusammenhang mit den Produkten des Unternehmens widerspiegeln.
- Einbeziehung von Stakeholdergruppen: Einbindung von Schlüsselpersonen aus verschiedenen Abteilungen in die Übung, einschließlich der Mitglieder der Rückruf-Task Force, einschlägiger operativer Teams und des Top-Managements.
- Durchführung und Bewertung: Durchführung der Rückrufsimulation entsprechend den vordefinierten Zielen und Kriterien, gefolgt von einer umfassenden Nachbesprechung und Bewertung der Leistung.
- Kontinuierliche Verbesserung: Nutzung von Erkenntnissen aus Rückrufsimulationen, um Rückrufverfahren, Kommunikationsprotokolle und Schulungsinitiativen zu verfeinern und zu verbessern.

Die regelmäßige Durchführung von Rückrufübungen ermöglicht es Unternehmen, ihre Bereitschaft für Rückrufvorfälle zu stärken, potenzielle Schwachstellen zu erkennen und zu beheben und die Reaktionsfähigkeit insgesamt zu verbessern. Ein Beispiel ist der „One Step Back and One Step Forward"-Mechanismus, der für Lebensmittelunternehmen hilfreich ist, um problematische Lebensmittel zurückverfolgen zu können. Mit diesem Mechanismus testen Unternehmen wie Campbell's, ein amerikanisches Lebensmittelunternehmen, jährlich ihre Rückverfolgbarkeitssysteme (Cartwright & Healy, 2023).

> **Campbell's Rückverfolgbarkeitsprogramm**
> Campbell's führt jährliche Tests bei ihren Partnerinnen in der Lieferkette durch, um deren Rückverfolgbarkeitsprogramme zu bewerten und die wirksame Rückverfolgung von Materialien und Inhaltsstoffen durch die Partnerinnen sowohl vorwärts als auch rückwärts entlang der Lieferkette während simulierter Rückrufe sicherzustellen. Die Partnerinnen müssen ein Rückverfolgbarkeitssystem einrichten, das in der Lage ist, die für die Lebensmittelsicherheit und -qualität relevanten Informationen in ihrer gesamten Lieferkette zu überwachen. Dieses System ermöglicht die Rückverfolgung von Materialien und Dienstleistungen von den Lieferantinnen über die Herstellung bis hin zu Campbell's Fabriken zu jedem beliebigen Zeitpunkt (Campbell's, 2021).

Darüber hinaus erleichtert die Einführung von nachgelagerten Rückverfolgbarkeitssystemen die Rückverfolgung der Herkunft von Lebensmitteln, die Überwachung der Handhabung und Verarbeitung von Lebensmitteln und die Überwachung der Distribution der Produkte. Dies wiederum fördert die Transparenz und Verantwortlichkeit in der gesamten Lieferkette und stärkt letztlich das Vertrauen der Verbraucherinnen (Cartwright & Healy, 2023). Ein anderes Beispiel ist Tyson, ein bekanntes amerikanisches Lebensmittelunternehmen, bei dem derzeit etwa 81 % der Anlagen mit zertifizierten Systemen ausgestattet sind. Der Jahresbericht von Tyson unterstreicht seine kontinuierlichen Investitionen in die Ausweitung dieser Maßnahmen auf alle Einrichtungen und steht im Einklang mit seinem Engagement für die Stärkung des Verbrauchervertrauens, der Lebensmittelsicherheit und der sozialen Verantwortung des Unternehmens (Hall & Johnson-Hall, 2021).

5.1.5 Produktrückverfolgung, Sicherheit und Qualitätskontrolle

„Vorbeugen ist besser als Heilen." Dieser Spruch gilt auch bei Produktrückrufen. Unternehmen sollten robuste Maßnahmen zur Produktrückverfolgung, Sicherheit und Qualitätskontrolle einführen, um potenzielle Risiken möglichst frühzeitig zu erkennen und anzugehen, bevor es zu Rückrufaktionen kommen muss. Untersuchungen zeigen, dass Investitionen in die nachgelagerte Rückverfolgbarkeit nicht nur von sozialer Verantwortung zeugen, sondern auch mehrere finanzielle Vorteile mit sich bringen. Dazu gehören die Abschwächung der Auswirkungen unsicherer Produkte bei Rückrufaktionen, die Senkung der mit der Durchführung von Rückrufaktionen verbundenen Kosten, die Verbesserung der Wahrnehmung der sozialen Verantwortung von Unternehmen (Corporate Social Responsibility, CSR) für das zurückrufende Unternehmen, die Beschleunigung präziser und rechtzeitiger Rückrufaktionen und schließlich die Verringerung der Gesamtkosten und -risiken (Maloni & Brown, 2006; Mejia et al., 2010; León-Bravo et al., 2019).

Die wichtigsten Strategien umfassen:

- Transparenz der Lieferkette: Gewährleistung von Transparenz und Rückverfolgbarkeit in der gesamten Lieferkette, von den Rohstoffen bis zu den Fertigerzeugnissen und über das Vertriebsnetz bis hin zum Endkundinnen. Diese Transparenz hilft bei der Identifizierung potenzieller Kontaminations- oder Fehlerquellen und erleichtert die rasche Lokalisierung zurückgerufener Produkte im Falle eines Rückrufs.
- Protokolle zur Qualitätssicherung: Umsetzung strenger Qualitätskontrollmaßnahmen in jeder Phase des Produktentwicklungs- und Produktionsprozesses, einschließlich der Prüfung von Rohstoffen, Herstellungsverfahren und des Endprodukts.
- Einhaltung von Vorschriften: Behalten Sie die einschlägigen rechtlichen Anforderungen und Industriestandards im Auge und sorgen Sie für eine vollständige Einhaltung, um das Risiko von Rückrufaktionen aufgrund von Verstößen gegen die Vorschriften zu verringern.
- Kontinuierliche Verbesserung: Regelmäßige Bewertung und Verbesserung der Sicherheits- und Qualitätskontrollverfahren auf der Grundlage von Feedback, Datenanalysen und neuen Analysemethoden oder Technologien.

Während Branchen wie die Lebensmittel-, Pharma- und Luftfahrtindustrie aufgrund strenger gesetzlicher Vorschriften über ausgefeilte Maßnahmen zur Rückverfolgbarkeit, Produktsicherheit und Qualitätskontrolle verfügen, unterstreichen Fälle wie der der Boeing 737 Max die Anfälligkeit auch solcher Überwachungs- und Qualitätssicherungssystemen.

Das Beispiel der Sicherheitsmängel bei der Boeing 737 Max verdeutlicht Gefahren wie unzureichende Anreize für die Offenlegung, technische Komplexität, begrenzte Ressourcen der Behörden und politischen Einfluss, die die Überwachung und die Sicherheitsprotokolle kompromittieren können. Obwohl Boeing seit langem für Sicherheit und Innovation bekannt ist, hatte die Tatsache, dass Kostensenkungen Vorrang vor Qualitätsstandards hatten, während der Krise der 737 Max schwerwiegende Folgen (Isidore, 2024). Diese Krise wirkt sich auch auf die Fluggesellschaften aus, die zuvor treue Kundinnen von Boeing waren und von Passagierinnen, Mitarbeiterinnen und der Öffentlichkeit gleichermaßen kritisiert wurden (Hawkins, 2024).

Durch Maßnahmen zur Überwachung der Produktsicherheit und zur Qualitätskontrolle können Unternehmen Rückrufaktionen in ihrem Umfang minimieren, die Verbraucherinnen schützen und den Ruf und die Integrität ihrer Marke langfristig aufrechterhalten. Ein effektives Rückrufmanagement erfordert einen umfassenden und proaktiven Ansatz, der abteilungsübergreifende Arbeitsgruppen, die Entwicklung von Rückrufrichtlinien, die Umsetzung von Schulungsprogrammen, Rückrufübungen und die Verbesserung der Produktrückverfolgung sowie der Sicherheits- und Qualitätskontrollmaßnahmen umfasst. Durch Investitionen in proaktive Maßnahmen zur Verhinderung von Rückrufen und zur Risikominderung können Unternehmen das Vertrauen der Verbraucherinnen wahren und den Erfolg des Unternehmens sichern.

5.2 Rückruf-Phase: Prozess & Kommunikation

Im Falle eines Produktrückrufs sind eine sorgfältige Planung und eine rasche Reaktion unerlässlich. Der Rückrufprozess umfasst Aktivitäten, die darauf abzielen, die Ursache des Problems zu ermitteln, mit Zwischenhändlerinnen und Endverbraucherinnen in Kontakt zu treten und Maßnahmen zu ergreifen, um (weitere) Schäden durch die mangelhaften Produkte zu vermeiden. Tab. 5.2 gibt einen Überblick über den Rückrufprozess und beschreibt die Aktivitäten für jeden Prozessschritt. Die nachfolgenden Abschn. 5.2.1 bis 5.2.7 enthalten detaillierte Erläuterungen zu den einzelnen Schritten.

Tab. 5.2 Aktivitäten der Rückrufphase. (Quelle: Eigene Darstellung)

Bereich der Rückrufphase	Aktivitäten
Identifizierung des Problems	**Externe Quellen** - Testergebnisse von Dritten - Beta-Tests - Gamma-Tests - Überwachung sozialer Medien - Kundenservice-Hotline **Interne Quellen** - Alpha-Tests - Berichte zur Qualitätskontrolle - Delta-Tests - Interviews mit Mitarbeiterinnen
Risikobewertung	- Produktrisiko - Finanzrisiko - Haftungsrisiko
Entscheidung über den Rückruf	- Frühzeitige Rückrufe: u. U. kostspielig und ziehen ungerechtfertigte Anschuldigungen nach sich - Verzögerte Rückrufe: Gesundheitsrisiken und geschädigtes Markenimage
Erstellung eines Rückrufplans	- Verstehen der branchenspezifischen Standards - Realistische Ziele definieren - Korrekturmaßnahmen festlegen - Details der Ankündigung festlegen - Entscheidung über Kommunikationsstrategien - Plan mit Managementinformationssystemen integrieren
Kommunikation mit relevanten Interessengruppen	**Kundinnen** - Transparent sein - Bereitstellung von Leitlinien und deren Aktualisierung - Einrichtung einer Kundenservice-Hotline und eines E-Mail-Kontaktes - Entwicklung einer Strategie für soziale Medien - Werbekampagnen aktualisieren - Pressesprecherin bestimmen **Groß- und Einzelhändlerinnen** - Verteilung der Rückrufbenachrichtigungen **Politische Entscheidungsträgerinnen und Aufsichtsbehörden** - Information über das Problem - Regelmäßige Updates über den Fortschritt des Rückrufs **Investorinnen und Finanzanalystinnen** - Information über das Problem - Regelmäßige Updates über den Fortschritt des Rückrufs

(Fortsetzung)

Tab. 5.2 (Fortsetzung)

Bereich der Rückrufphase	Aktivitäten
Durchführung und Überwachung des Rückrufs	- Isolierung fehlerhafter Produkte - Überwachung der Rückrufeffektivität - Bereitstellung von Ersatzlieferungen oder Entschädigungen für Kundinnen und Händlerinnen
Dokumentation und Berichterstattung	- Produktdokumentation - Verbraucherbeschwerden - Informationen von Lieferantinnen - Prozess der Entscheidungsfindung - Korrekturmaßnahmen - Fortschritt des Rückrufs - Bericht über die Rückrufeffektivität - Entsorgung der zurückgerufenen Produkte

5.2.1 Problemidentifikation

Die Fähigkeit und Schnelligkeit eines Unternehmens, potenzielle Probleme mit Produkten zu erkennen und zu beheben, hat erheblichen Einfluss auf den Umfang und die Auswirkungen eines Rückrufs. Zwar ist jedes Rückrufszenario anders, aber in der Regel können Unternehmen Probleme durch eine Kombination aus externen und internen Informationsquellen rasch erkennen. Zu den externen Quellen gehören:

- Testergebnisse von Dritten wie Aufsichtsbehörden und Organisationen wie der Stiftung Warentest, einer bekannten europäischen Produktprüfungsorganisation mit Sitz in Deutschland
- Beta-Tests, bei denen Nutzerinnen das Produkt unter realen Bedingungen bewerten und direktes Feedback geben
- Gamma-Tests, also die Bewertung der Sicherheit eines Produkts durch andere externe Akteurinnen wie Händlerinnen, Fachjournalistinnen und anderen Interessengruppen
- Überwachung verschiedener Plattformen in den sozialen Medien und Auswertung von Beschwerdesystemen wie Kundenservice-Hotlines
- Berichte von Lieferantinnen

Nutzerfeedback zu Produkterfahrungen kann als entscheidender Frühindikator für potenzielle Produktprobleme dienen. Die effektive Überwachung nutzergenerierter Inhalte in Echtzeit, insbesondere in sozialen Medien, stellt jedoch eine Herausforderung dar. Es ist notwendig, aussagekräftige Signale vom Hintergrundrauschen zu unterscheiden, um entweder Über- oder Unterreaktionen zu vermeiden (Mukherjee & Sinha, 2018). Der Einsatz künstlicher Intelligenz wie fortschrittlicher Sprachverarbeitung und Vorhersagemodelle kann dabei helfen, diese Herausforderung zu bewältigen und eine adäquate Entscheidungsfindung zu gewährleisten.

Mehrere interne Quellen erweisen sich ebenfalls als nützlich, darunter routinemäßige Produktprüfverfahren wie die Qualitätskontrolle, Delta-Tests, und Alpha-Tests. Bei Delta-Tests werden in regelmäßigen Abständen stichprobenartig Produktproben zur Leistungsanalyse entnommen. In einigen Fällen können die Herstellerinnen umfassende Tests aller ihrer Produkte durchführen, die regelmäßig verwendet werden. So sind beispielsweise Fluggesellschaften gesetzlich verpflichtet, ihre Flugzeuge nach Erreichen einer bestimmten Laufleistung routinemäßig zu überprüfen. Alpha-Tests, eine Form von Akzeptanztests, zielen darauf ab, potenzielle Probleme und Fehler vor der endgültigen Freigabe des Produkts an die Endbenutzerinnen aufzudecken. An diesem Prozess sind interne Mitarbeiterinnen des Unternehmens beteiligt, die die Tests durchführen. Auch die Befragung von Mitarbeiterinnen, die mit der Produktion oder dem Vertrieb des Produkts befasst sind, kann wertvolle Erkenntnisse liefern (Allianz, 2017; Faster Capital, 2023; Smith et al., 1996).

Managerinnen müssen erkennen, dass Fehler in dieser Phase zu schwerwiegenden Konsequenzen führen können, selbst wenn das Produkt nicht fehlerhaft sein sollte. Der im folgenden skizzierte Audi-Rückruf dient als warnendes Beispiel.

Audis mangelhafte Ursachenanalyse

1986 wurde Audi vom Center for Auto Safety mit einer Untersuchung konfrontiert, nachdem zahlreiche Berichte über unbeabsichtigte Beschleunigungsvorfälle bei den Audi 5000-Modellen aufgetaucht waren. Trotz der Ungewissheit über die Ursache – ob es sich um eine technische Fehlfunktion oder einen Fahrfehler handelte – wartete Audi mit seiner Reaktion und verzögerte die Maßnahmen drei Monate lang, bevor es im Juli 1986 einen Rückruf ankündigte, der 132.000 Fahrzeuge betraf. Nach anfänglichen Überlegungen über mechanische Korrekturmaßnahmen entschied sich Audi schließlich für eine Schaltsperre, die die Fahrerin dazu zwingt, vor dem Schalten die Bremse zu betätigen.

> Während die Rückrufaktion geschätzte direkte Kosten in Höhe von 25 Mio. Dollar verursachte, waren die anderen Folgen weitaus gravierender. Negative Berichterstattung in den Medien, anhaltende Unfälle und eine anschließende Sammelklage fügten dem Ruf der Marke und den Verkaufszahlen schweren Schaden zu. Eine von Sullivan (1990) durchgeführte Studie ergab, dass der Wiederverkaufswert von Audi 5000-Modellen aufgrund des Rückrufs um zusätzliche 11,5 % fiel, wobei sich die negative Berichterstattung sogar auf den Wiederverkaufswert anderer Audi-Modelle auswirkte.
>
> Trotz späterer Untersuchungen, die das Beschleunigungsproblem in erster Linie auf Fahrfehler zurückführten, war der Schaden bereits angerichtet. Die Verkaufszahlen sanken von 74.000 Einheiten im Jahr 1985 auf knapp über 21.000 im Jahr 1989. Es war für das Unternehmen ein langer Weg, sein Image wieder aufzubauen und das Vertrauen der Verbraucherinnen zurückzugewinnen.

5.2.2 Risikobewertung

Dieser Prozessschritt beinhaltet eine umfassende Analyse der Produktrisiken, die sowohl die Prüfung der nicht-finanziellen als auch der finanziellen Folgen sowie die Bewertung der rechtlichen Haftung beinhaltet (siehe Kap. 3 oben für weitere Einzelheiten). Die Analyse von Produktrisiken umfasst die Berücksichtigung mehrerer Faktoren:

- Der Umfang der betroffenen Produkte
- Die Art der Gefahr und ihr Auftreten, wobei zwischen normalem Gebrauch der Produkte und potenziellem Missbrauch der Produkte unterschieden werden muss
- Fehlerquote, die die Wahrscheinlichkeit fehlerhafter Produkte repräsentiert (höhere Verkaufsmengen oder Fehlerquoten können die Risiken für die Unternehmen erhöhen)
- Ausfallrate, die den Anteil der fehlerhaften Produkte mit einer hohen Wahrscheinlichkeit für Schäden an Eigentum oder Gesundheit der Nutzerinnen wiedergibt
- Wahrscheinlichkeit einer Schädigung der Nutzerinnen, wobei auch die Schwere möglicher Verletzungen berücksichtigt wird (tödliche Verletzungen oder Verletzungen mit langfristigen Gesundheitsfolgen stellen ein größeres Risiko dar)

- Umfang der Marktabdeckung, z. B. internationaler, nationaler oder regionaler Vertrieb

Die finanziellen Auswirkungen umfassen die mit dem Rückruf verbundenen Kosten, die Umsatzeinbußen und die Schädigung des Rufs des Unternehmens. Außerdem müssen die Unternehmen das potenzielle Haftungsrisiko abschätzen. Während das Hinauszögern eines Rückrufs erst zu justiziablen Schädigungen von Nutzerinnen führen kann, wird durch die Einleitung des Rückrufs das Vorhandensein eines Problems anerkannt und möglicherweise erst dadurch eine Welle von Klagen ausgelöst (Jackson & Morgan, 1988). Durch eine gründliche Bewertung der Risikoauswirkungen können die Unternehmen ihre Ressourcen effektiv steuern.

5.2.3 Entscheidung zum Rückruf

Unternehmen müssen sich darüber im Klaren sein, wie wichtig eine rasche Entscheidung über einen Rückruf ist (Smith et al., 1996). In Fällen, in denen ein Rückruf für notwendig erachtet wird, muss das Unternehmen darauf vorbereitet sein, schnell, effektiv und effizient zu reagieren. Rasches Handeln trägt dazu bei, den Vorwurf zu entkräften, das Unternehmen habe es versäumt, die Schwere des Problems zu erkennen und Schäden bei den Nutzerinnen zu vermeiden (Jackson & Morgan, 1988).

Es gibt Fälle, in denen der potenzielle Schaden für die Kundinnen auf eine unbegründete Anschuldigung zurückzuführen ist. Doch selbst wenn die Kundinnen möglicherweise gar nicht gefährdet sind, könnte das Ignorieren solcher Anschuldigungen aufgrund des Medienrummels zu einer erheblichen Schädigung des Rufs führen. Ein anschauliches Beispiel ist der bizarre Fall von Pepsi-Cola, welches mit einer erfundenen Produktschadenskrise konfrontiert wurde.

> **Pepsi-Cola's effektiver Umgang mit einer erfundenen Produktschadenskrise**
>
> 1993 sah sich Pepsi-Cola mit einem möglichen Rückruf konfrontiert, nachdem Berichte über angeblich in seinen Cola-Getränkedosen entdeckte Spritzen aufgetaucht waren. Die Geschichte begann am Donnerstag, den

10. Juni, als ein älteres Ehepaar aus Tacoma eine Spritze in einer Dose Diet Pepsi fand. Sie setzten sich sofort mit ihrem Anwalt in Verbindung, der umgehend die Medien, die örtlichen Gesundheitsbehörden und die Polizei alarmierte.

Am nächsten Tag ereignete sich ein weiterer Vorfall, als eine Frau in Federal Way einen ähnlichen Fund meldete. Beide Vorfälle betrafen einen Abfüller im Bundesstaat Washington, woraufhin die US-amerikanische Lebensmittel- und Arzneimittelbehörde (FDA) die Verbraucherinnen im pazifischen Nordwesten aufforderte, ihre Limonade vor dem Verzehr in ein Glas zu schütten. Pepsi stellte den Medien umgehend Führungskräfte seines örtlichen Abfüllers, der Alpac Corporation, für Interviews zur Verfügung.

Trotz dieser Entwicklungen sah die FDA davon ab, einen Rückruf zu veranlassen, da es keine Verletzungen oder Hinweise auf schädliche Substanzen in den Spritzen gab. Obwohl Pepsi einen freiwilligen Rückruf in Erwägung zog, entschied man sich letztlich dagegen, da die FDA einen Rückruf aufgrund des fehlenden Gesundheitsrisikos für unnötig hielt.

Die Pepsi-Zentrale wurde jedoch landesweit von Medienanfragen überschwemmt. Als Reaktion darauf wurde rasch ein Krisenmanagementteam aus 12 Führungskräften des Unternehmens zusammengestellt. Umgehend nahm der CEO des Unternehmens aktiv Kontakt zu den TV-Redaktionen auf. Gleichzeitig wurden eine Videonachrichtenmitteilung des Unternehmens und eine Pressemitteilung mit Grafiken verteilt, um den Produktionsprozess zu erklären und die Unwahrscheinlichkeit der Einbringung von Fremdkörpern zu vermitteln. Abb. 5.3 enthält einen Link zu einem Video, das u. a. auch diesen Produktionsprozess zeigt.

Noch bevor der Präsident des Unternehmens in der Fernsehsendung Nightline des Senders ABC zu der Meinung Stellung nehmen konnte, dass die Medien in einen großen Schwindel verwickelt waren, gab die FDA eine erste Verhaftung wegen der Falschmeldung bekannt. Der Durchbruch kam, als Überwachungsaufnahmen aus einem Supermarkt in Aurora zeigten, wie eine Käuferin scheinbar eine Spritze in eine Dose Diät-Pepsi einführte. Pepsi erwarb umgehend eine Kopie des Videos und integrierte es in eine Videopressemitteilung, die landesweit an Fernsehsender verteilt wurde.

Die Werbeagentur von Pepsi entwarf eine Printanzeige. Die Schlagzeile verkündete frech: „Pepsi freut sich, bekannt zu geben.... nichts." Die Anzeige stellte klar: „Wie Amerika jetzt weiß, waren diese Geschichten über Diet-Pepsi ein Schwindel. Hunderte von Ermittlerinnen haben keine Beweise gefunden, die eine einzige Behauptung stützen." Die Anzeige schloss mit einem Dank an „die Millionen von Ihnen, die uns beigestanden haben". Sie erschien am darauffolgenden Montag in prominenten Zeitungen wie USA Today, der New York Times und etwa einem Dutzend anderer großer Zeitschriften und vermittelte die „Auflösung" der Krise (Holmes, 1993).

5 Der Produktrückrufmanagement-Zyklus

Abb. 5.3 Pepsi-Produktionsprozess. (Quelle: Screenshot aus einem YouTube-Video (youtube.com/watch?v=wi9xDEIHuWA))

Im Gegensatz dazu kann eine Verzögerung der Rückrufe sowohl für die Unternehmen als auch für die Kundinnen schwerwiegende Folgen haben, wie der Rückruf der Fisher-Price Babywiegen gezeigt hat.

Langsamer Rückruf von Fisher-Price Rock 'n Play Babywiegen

Die Rock 'n Play Babywiege von Fisher-Price, die für Kleinkinder bestimmt war, stellte aufgrund seiner 30-Grad-Neigung ein erhebliches Erstickungsrisiko dar. Diese Sicherheitsbedenken führten zu Rückrufen und behördlichen Eingriffen.

Im April 2019 rief Fisher-Price fast 4,7 Mio. Rock 'n Play Babywiegen zurück, nachdem Berichte über mehr als 30 Todesfälle bei Kleinkindern seit der Markteinführung im Jahr 2009 eingegangen waren. Trotz der alarmierenden Zahl der Vorfälle brauchte das Unternehmen ein ganzes Jahrzehnt, um den Rückruf einzuleiten. Der Rückruf betraf alle Modelle des Produkts, obwohl es für das „Schlafen rund um die Uhr" vermarktet wurde, was den Richtlinien der American Academy of Pediatrics für sicheren Schlaf widersprach.

Im Januar 2023 kündigte Fisher-Price den Rückruf erneut an, nachdem mindestens 70 weitere Todesfälle im Zusammenhang mit der Rock 'n Play Babywiege aufgetreten waren, darunter acht Todesfälle nach der ersten

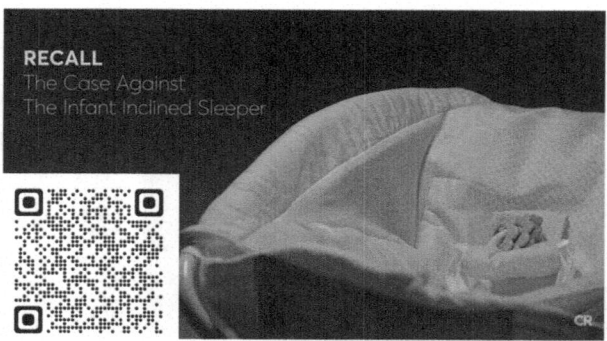

Abb. 5.4 Fisher-Price Rock 'n Play Rückrufdokumentation von Consumer Reports. (Quelle: Screenshot aus einem YouTube-Video (youtube.com/watch?v=NdDCbqZxJ3w))

> Rückrufankündigung. Kurz nach dem Rückruf von Fisher-Price rief ein anderes Unternehmen namens Kids II 694.000 Babywiegen zurück, die bei großen landesweiten Einzelhändlerinnen wie Walmart und Target verkauft wurden, nachdem mindestens fünf Todesfälle bei Säuglingen im Zusammenhang mit den Kids II-Babywiegen aufgetreten waren.
>
> Die erneute Ankündigung des Rückrufs vier Jahre später zeigt deutlich die Schwächen des ursprünglichen Rückrufs auf, der durch unzureichende Öffentlichkeitsarbeit des Unternehmens und fehlende Anreize zur Teilnahme gekennzeichnet war. Verbraucherinnen, die das Produkt kauften, konnten lediglich Gutscheine für Fisher-Price-Spielzeug erhalten, die nur einen Bruchteil des ursprünglichen Preises der Babywiege ausmachten. Dieses Vorgehen wurde kritisiert, weil dem Unternehmensgewinn Vorrang vor der Sicherheit der Kinder gegeben wurde (Keller & Borwick, 2023).
>
> Abb. 5.4 enthält einen Link zum Dokumentarfilm der Verbraucherorganisation Consumer Reports über diese Produktschadenskrise.

5.2.4 Erstellung eines Rückrufplans

Bei der Entwicklung eines Rückrufplans sollten Managerinnen mehrere wichtige Faktoren berücksichtigen, darunter Branchenvorschriften, Ziele, Korrekturmaßnahmen, Inhalte von Rückrufankündigungen, Kommunikationsstrategien und Verknüpfung des Rückrufes mit den Managementinformationssystemen. Das Verständnis dieser Elemente ist entscheidend für ein effektives Rückrufmanagement.

Erstens benötigen Managerinnen ein umfassendes Verständnis der Branchenvorschriften. Die Regulierungsbehörden definieren spezifische Anforderungen an Unternehmen, wie z. B. die Bereitstellung von Details zu fehlerhaften Produkten, die Identifizierung von Händlerinnen und betroffenen Kundinnen und die Entwicklung einer Strategie für die Entsorgung oder Reparatur des Produkts. Es ist wichtig, diese Anforderungen zu kennen, um einen effektiven Plan zu erstellen (Faster Capital, 2023).

Zweitens sollten Managerinnen klare und erreichbare Ziele definieren, unter Berücksichtigung von Faktoren wie der Art des Produkts, seinem Alter und den Risiken. Dazu gehört zum Beispiel die Formulierung eines Ziels, dass den Prozentsatz der vertriebenen Produkte, die zurückgegeben werden, festlegt (Smith et al., 1996).

Im dritten Schritt sollten Führungskräfte das Ausmaß der erforderlichen Reaktion und die geeigneten Korrekturmaßnahme ermitteln. Es gibt unterschiedliche Korrekturmaßnahmen, die gewählt werden können, darunter:

- Reparatur des Produkts, um die Gefahr zu beseitigen
- Ersatz des Produkts durch eine gefahrlose Alternative
- Bereitstellung einer vollständigen Rückerstattung bei Rückgabe
- Ausgabe von Warnhinweisen oder aktualisierten Gebrauchshinweisen für eine sichere Handhabung
- Implementieren eines Software-Patches oder -Updates

Für Unternehmen ist es wichtig, die Einfachheit des Rückrufprozesses zu priorisieren. Sie sollten darauf abzielen, die Komplexität jeglicher Prozesse zu vermeiden, indem sie z. B. die Anzahl der Prozessschritte begrenzen, die für Verbraucherinnen erforderlich sind, um eine Reparatur, einen Ersatz oder eine Rückerstattung zu erhalten. So könnten Unternehmen beispielsweise die Verbraucherinnen auffordern, das Produkt an den ursprünglichen Kaufort oder an ein benanntes Reparaturzentrum zurückzugeben. Bei großen Produkten oder einem dünnen Netz an Händlerinnen und Werkstätten ist es notwendig, einen Retourenservice anzubieten. Darüber hinaus kann die Bereitstellung von Optionen wie der Entsendung einer Technikerin für die Reparatur vor Ort oder die Abwicklung des Ausbaus und der Ersatz des Produkts, einschließlich der Behebung etwaiger Sachschäden, den Komfort für die Kundinnen und deren Akzeptanz für die erforderlichen Maßnahmen erhöhen (ACCC, 2023).

Unternehmen können von Verbraucherinnen einen Kaufbeleg verlangen, um zu überprüfen, ob das betroffene Produkt tatsächlich von ihnen gekauft wurde. Es kann jedoch sinnvoll sein, dass Verbraucherinnen keine Quittung vorlegen müssen (und sollten), um sich für eine Korrekturmaßnahme zu qualifizieren. So kann es sein, dass sie das Produkt als Geschenk erhalten oder es vor langer Zeit gekauft haben. Der Eigentumsnachweis kann verschiedene Formulare umfassen, wie z. B. eine Quittung, einen Kontoauszug, die Rückgabe eines Teils oder des gesamten Produkts, Informationen zur Garantieregistrierung, ein Foto des Produkts in ihrem Besitz oder Transaktionsdetails aus einem Treueprogramm (ACCC, 2023).

Als nächstes sollten Unternehmen über Kommunikationsstrategien entscheiden, darunter auch Kommunikationskanäle und -formate. Unternehmen sollten mehrere Kommunikationskanäle nutzen, um sicherzustellen, dass sie so viele Kundinnen wie möglich erreichen. Dazu gehören Pressemitteilungen, soziale Medien, E-Mails und auch Werbung. Darüber hinaus müssen Unternehmen bei dringenden Rückrufen die Verwendung von Telefonanrufen oder Textnachrichten in Betracht ziehen (Faster Capital, 2023). Auch die Wahl des Kommunikationsformats, sei es visuell oder textlich, wirkt sich auf die Effektivität von Rückrufwarnungen aus. Untersuchungen zeigen, dass sich Bilder und Grafiken als wirksamer erweisen als reine Textinformationen, um Verbraucherinnen auf Produktrückrufe aufmerksam zu machen und sie zu einer Teilnahme zu bewegen (Trendel et al., 2018).

Die zurückrufende Firma sollte zusätzlich die Ankündigungsdetails festlegen (einschließlich wer sie vornimmt, wann und wo, wer benachrichtigt werden muss sowie den ausformulierten Text der Ankündigung) und die Umsetzung der Maßnahmen organisieren (u. a. Klärung, wer sich um die Annahme fehlerhafter Produkte kümmert, Skizzierung der Strategie des Unternehmens zur Überwachung zurückgegebener Produkte und Angabe der Stelle, die für die Bereitstellung von Reparaturen oder Ersatz verantwortlich ist).

Manche Unternehmen verfügen bereits über Kommunikationspläne für das Krisenmanagement, die auf verschiedene Krisenarten ausgelegt sind. Rückrufe sollten in solche Krisenpläne aufgenommen werden. Für Unternehmen, die Kommunikationspläne für das Krisenmanagement zuerst noch entwerfen, könnte ein Rückrufszenario ein geeigneter Startpunkt sein, da Produktschadenskrisen zu den typischen und potenziell bedrohlichsten Geschäftsrisiken gehören.

Schließlich ist auch die Integration der Rückrufplanung in die Datenbanken der Managementinformationssysteme unerlässlich. Diese Integration stellt sicher, dass die Aufzeichnungen über die Rückverfolgbarkeit von Produkten, die u. U. auch mit Kundendaten verknüpft werden können, aufbewahrt werden. Vor allem ermöglicht es dem Unternehmen, den Fortschritt des Rückrufs zu verfolgen. Die Möglichkeit, die fehlerhafter Produkte mit Kundeninformationen zu verknüpfen, ist wertvoll, um sicherzustellen, dass genaue Informationen, einschließlich Fehler und Korrekturmaßnahmen, zielgerichtet kommuniziert und umgesetzt werden. Darüber hinaus hilft es Managerinnen, die Effektivität von Rückrufen zu bewerten und Distributorinnen und Kundinnen zu erreichen, die noch nicht auf den Rückruf reagiert haben (Smith et al., 1996).

Die Komplexität und der Umfang all dieser Aktivitäten macht es unmöglich, alle beschriebenen Schritte erst während einer Produktschadenskrise einzuleiten, insbesondere wenn das Unternehmen unmittelbar vor der Ankündigung eines Produktrückrufs steht. Wie in Abschn. 5.1 beschrieben, müssen die Unternehmen weit im Voraus auf Rückrufe vorbereitet sein. Das „How-To"-Handbuch (siehe Abschn. 5.1.2) sollte alle oben genannten Aspekte umfassen, die idealerweise auf die Besonderheiten des laufenden Rückrufszenarios zugeschnitten sind. Während der Rückruf vorbereitet und durchgeführt wird, sollten nur minimale Anpassungen der vorbereiteten Richtlinien ausreichen, um den Rückruf effektiv managen zu können.

5.2.5 Kommunikation mit den relevanten Stakeholdern

Der wichtigste Schritt ist eine zielgerichtete Kommunikation mit den verschiedenen Stakeholdergruppen, insbesondere mit Kundinnen und Händlerinnen (siehe Kap. 4). Denn ohne deren schnelle Reaktion ist ein effektives Rückrufmanagement nicht möglich. Managerinnen, die Rückrufe steuern, sollten jedoch auch andere Stakeholder in den Rückrufprozess einbeziehen. Dazu gehören politische Entscheidungsträgerinnen und Regulierungsbehörden, Medien und Finanzmarktakteurinnen. Es ist entscheidend, die Glaubwürdigkeit des Unternehmens in den Augen aller Stakeholder durch effektive Kommunikation sicherzustellen.

Kundinnen stellen die wichtigste Gruppe dar. Zu den Schlüsselfaktoren in der Kommunikation mit Kundinnen gehören Transparenz und leicht verständliche Aussagen über Handlungsempfehlungen. Die Kundinnen müssen über die Einzelheiten des Rückrufs informiert werden:

- Beschreibung des Produkts: Dazu gehören Name, Modell, Chargen- oder Seriennummern sowie Produktionsdatum
- Hochauflösende Bilder des Produkts
- Wie oder warum das Problem aufgetreten ist: Es ist wichtig, bei der Erklärung des Problems Fachsprache zu vermeiden
- Potenzieller Defekt des Produkts: Beschreibung des Risikos und Hinweis an die Verbraucherinnen, wie sie das Problem erkennen können
- Angebotene Korrekturmaßnahme
- Leicht verständliche und nicht-technische Anweisungen zu Folgeschritten (z. B. Richtlinien für Produktrückgabeverfahren, Rückerstattung oder Ersatz)
- Verletzungs- oder Todesmeldungen (da dies die Dringlichkeit des Handelns unterstreicht); Aussagen wie „es sind keine Zwischenfälle aufgetreten" könnten jedoch das potenzielle Risiko herunterspielen und sollten vermieden werden.
- Kontaktinformationen

Bei der Gestaltung der Rückrufnachricht sollten Managerinnen sog. Call-to-Action-Anweisungen einbeziehen. Zum Beispiel: „Nehmen Sie [Produkt] aus der Spielzeugkiste Ihres Kindes und senden Sie es uns zurück, um ein Ersatzprodukt zu erhalten." Unternehmen sollten in der Kommunikation keine Formulierungen verwenden, die das Risiko für die Verbraucherinnen herunterspielen, wie z. B. „Vorsichtsmaßnahme", „geringes Risiko" und „sekundäre Auswirkungen" (ACCC, 2023). Der häufig verwendete Begriff des „freiwilligen Rückrufs" ist ebenso kontraproduktiv und irreführend, weil er auch signalisiert, dass die *Beteiligung* am Rückruf freiwillig ist. Darüber hinaus stellt die Regulierungsbehörde, die den Rückruf beaufsichtigt, detaillierte Kommunikationsrichtlinien zur Verfügung. Sie decken alles ab, von obligatorischen Medienbenachrichtigungen bis hin zu sprachlichen Anforderungen, wie z. B. der Beschreibung von Symptomen der lebensmittelbedingten Krankheit. Die Vertrautheit mit diesen Richtlinien ist für jedes Unternehmen bei der Erstellung von Rückrufmitteilungen von entscheidender Bedeutung (Mitchell, 2012). Abb. 5.5 beinhaltet eine Vorlage für die Ankündigung eines Produktrückrufes, die die wesentlichen Informationen integriert.

Darüber hinaus sollten Unternehmen eine Kundenservice-Hotline oder E-Mail-Adresse einrichten, an die sich Kundinnen bei Fragen oder Bedenken wenden können. Während der Akkuprobleme mit dem Galaxy Note 7 (siehe Fallbeispiel in Abschn. 4.2), stellte Samsung beispielsweise eine Kundenhotline zur Verfügung und erklärte das Problem und die Korrekturmaßnahmen. Dieser Ansatz stellte sicher, dass sich die Kundinnen informiert und gehört fühlten. Unternehmen sollten auch Verzögerungen kommunizieren und Kundinnen informieren, wenn die Produkte wieder als sicher eingestuft werden. Ein gutes Beispiel ist Chipotle. Im Jahr 2015 erlebte Chipotle, eine amerikanische Restaurantkette, einen E. Coli-Ausbruch. Während des Rückrufs hielt das Unternehmen die Kundinnen über die von ihnen ergriffenen Sicherheitsmaßnahmen auf dem Laufenden und informierte über Verzögerungen bei der Wiedereröffnung der Restaurants. Dies half dem Unternehmen, das Vertrauen der Kundinnen zu erhalten (Faster Capital, 2023).

Der nächste entscheidende Faktor ist eine sorgfältig geplante Social-Media-Strategie für ein effektive kommunikative Begleitung eines Produktrückrufs. Eine gut geplante Social-Media-Strategie ermöglicht es einer Marke, mit den Kundinnen zu kommunizieren, ihre Sorgen aufzunehmen, Hilfestellung zu geben und somit die Krise zu bewältigen. Zum Beispiel können Social-Media-Listening-Tools während eines Produktrückrufs hilfreich sein. Diese Tools ermöglichen es Unternehmen, Social-Media-Plattformen aktiv auf Erwähnungen im Zusammenhang mit der Marke und dem Rückruf zu überwachen. Indem sie die sozialen Medien genau im Auge behalten, können Unternehmen umgehend auf Kundenanfragen und Bedenken reagieren und auf im Umlauf befindliche Fehlinformationen reagieren. Darüber hinaus helfen diese Werkzeuge zur Beobachtung der sozialen Medien dabei, die Stimmung zu verfolgen und die allgemeine Gemütslage der Kundinnen zu bewerten, was eine angepasste Reaktionsstrategie ermöglicht (Faster Capital, 2023).

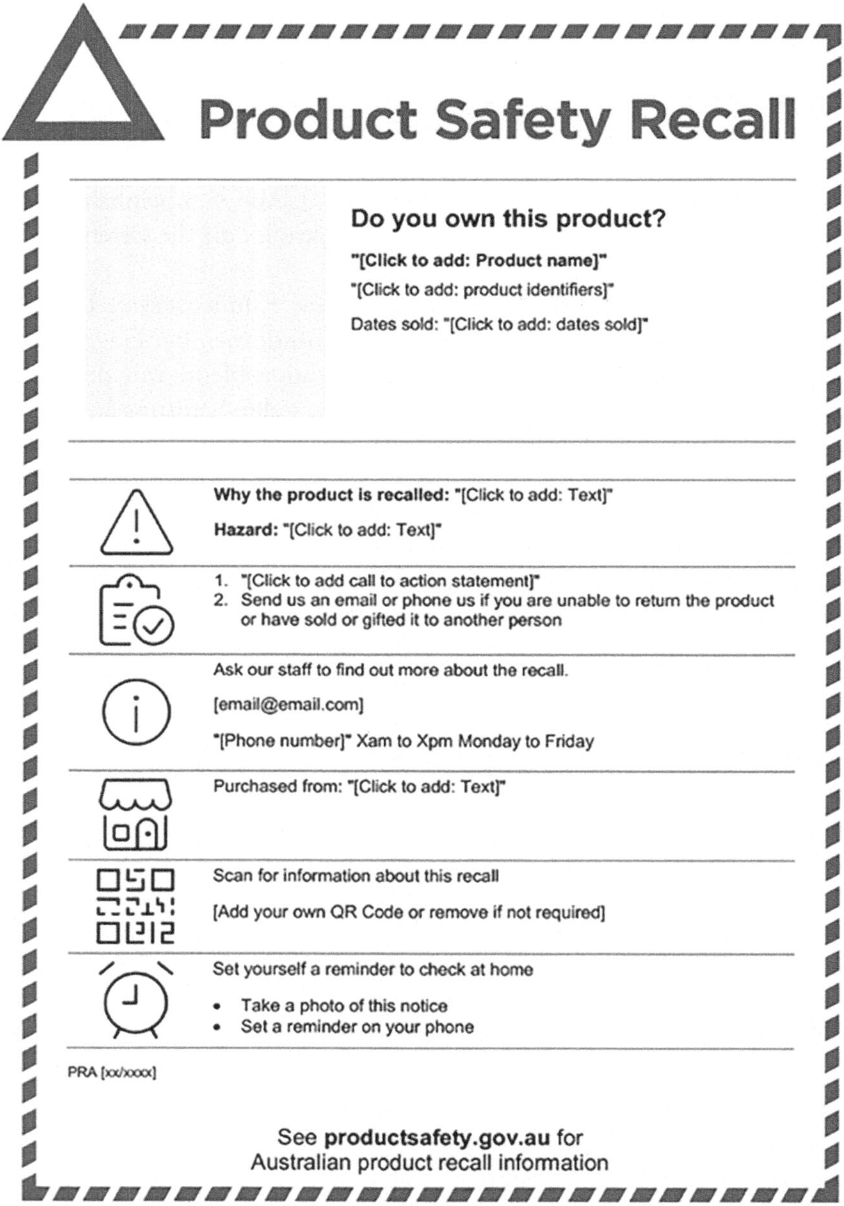

Product Safety Recall

Do you own this product?

"[Click to add: Product name]"

"[Click to add: product identifiers]"

Dates sold: "[Click to add: dates sold]"

Why the product is recalled: "[Click to add: Text]"

Hazard: "[Click to add: Text]"

1. "[Click to add call to action statement]"
2. Send us an email or phone us if you are unable to return the product or have sold or gifted it to another person

Ask our staff to find out more about the recall.

[email@email.com]

"[Phone number]" Xam to Xpm Monday to Friday

Purchased from: "[Click to add: Text]"

Scan for information about this recall

[Add your own QR Code or remove if not required]

Set yourself a reminder to check at home

- Take a photo of this notice
- Set a reminder on your phone

PRA [xx/xxxx]

See **productsafety.gov.au** for Australian product recall information

Abb. 5.5 Vorlage für die Ankündigung eines Produktrückrufes der Australian Competition & Consumer Commission (ACCC). (Hinweis: Rahmen, Warndreieck und Titel in Signalrot in der Originalvorlage. Quelle: ACCC (2024; URL: productsafety.gov.au/recalls/conducting-a-consumer-product-safety-recall/tell-the-accc-of-the-recall))

Darüber hinaus können Unternehmen andere Optionen nutzen, wie z. B. bezahlte Social-Media-Anzeigen. Die Nutzung kostenpflichtiger Optionen auf Social-Media-Plattformen, wie z. B. das Hervorheben von Beiträgen, kann die Aufrufe erhöhen und die Reichweite der Sicherheitswarnung und der Rückrufankündigung über die unmittelbaren Followerinnen hinaus erweitern. Es ist wahrscheinlich, dass nur wenige Kundinnen einer Marke dieser aktiv in den sozialen Medien folgen. Bezahlte Werbung kann effektiv auch diejenigen ansprechen, die das Produkt als Geschenk erhalten oder gebraucht gekauft haben (ACCC, 2023). Es wird darüber hinaus empfohlen, die folgenden Maßnahmen zu ergreifen:

- Aufforderung an die Followerinnen, Freunde oder Familienmitglieder, die von dem Rückruf betroffen sein könnten, die Rückrufinformation mit diesen zu teilen
- Interaktion mit den Kommentaren unter dem Beitrag, der den Rückruf kommuniziert
- Unternehmen sollten sich bei Usern bedanken, die Rückrufinformation teilen und markieren
- Beantwortung aller Fragen zum Rückruf
- Sicherstellung, dass ausreichend Personal zur Verfügung steht, insbesondere in den ersten Tagen nach der Ankündigung des Rückrufs, da dann viele Verbraucherinnen Fragen haben könnten oder zusätzliche Informationen benötigen
- Wiederholtes Posten der Rückrufnachricht während des Rückrufzeitraums, um möglichst viele Kundinnen zu erreichen

Da Social-Media-Posts jedoch nur begrenzten Platz haben, um alle wichtigen Informationen zu vermitteln, ist es ratsam, einen Link bereitzustellen, der die Verbraucherinnen zu der auf der Website des Unternehmens oder der Aufsichtsbehörde veröffentlichten Rückrufankündigung führt. Um dies zu erreichen, können Unternehmen auf ihrer Website eine spezielle Unterseite für die Produktsicherheit erstellen, die alle notwendigen Informationen enthält. Diese Informationen sollten für eine adäquate Darstellung auf mobilen Geräten optimiert werden (ACCC, 2023).

Gleichzeitig sollten Marketing-Fachkräfte bestehende Kommunikationskampagnen überprüfen, um sicherzustellen, dass geplante Werbung uninformierte Verbraucherinnen nicht zum Kauf oder zur Benutzung zurückgerufener Artikel ermutigt. Möglicherweise muss das Unternehmen auch seine Werbestrategie überarbeiten. So könnten sie beispielsweise im Umfeld ihrer bestehenden Werbung über die Rückrufaktionen informieren (z. B. durch ein Overlay-Banner auf der Homepage). Es ist wichtig, den Zeitpunkt, die Häufigkeit und die Dauer jeglicher kommunikativer Maßnahmen zu überprüfen und anzupassen.

Um jedoch die Konsistenz der Botschaft über verschiedene Kommunikationskanäle hinweg zu wahren, können Unternehmen eine hauptverantwortliche Sprecherin bestimmen. Diese Sprecherin bzw. deren Team sollte über den Rückruf umfassend informiert sein und in der Lage sein, auf alle Anfragen von verschiedenen Interessengruppen zu antworten. Untersuchungen zeigen, dass die Auswahl einer Sprecherin, sei es die Geschäftsführerin oder eine andere Vertreterin, die insbesondere für Medienanfragen zur Verfügung steht, auch die Reaktionen der Verbraucherinnen auf Produktrückrufe maßgeblich beeinflussen kann (Wang & Wang, 2014). Verbraucherinnen, die durch ein hohes Maß an Machtdistanz geprägt sind, zeigen eine geringere Neigung, ihre Kaufabsicht zu reduzieren, wenn das Unternehmen die Geschäftsführerin als Sprecherin für den Rückruf einsetzt (Laufer et al., 2018).

Ein Paradebeispiel ist der Rückruf von Mattel, der bereits in Kap. 1 beleuchtet wurde. Im August 2007 rief Mattel Millionen von Spielzeugen wegen Bleikontamination zurück. Während des Rückrufs waren das Unternehmen und der CEO öffentlich sichtbar und verfügbar. Am Tag des Rückrufs traf sich beispielsweise Bob Eckert, der CEO von Mattel, mit Reporterinnen und gab zahlreiche Fernseh- und Telefoninterviews. Der CEO entschuldigte sich auch öffentlich (Bartz, 2007). Grundsätzlich sollte bei Rückrufen mit einem hohen Schweregrad eine Unternehmensvertreterin, wie z. B. die Geschäftsführerin, die Probleme erklären und als Bindeglied zwischen allen internen und externen Stakeholdern fungieren.

Während eine entschuldigende Antwort wegen eines fehlerhaften Produktes eine vernünftige erste Reaktion ist, ist die Art und Weise, wie die Entschuldigung verfasst wird, von großer Bedeutung (Antonetti & Baghi, 2023). Ein Unternehmen kann einräumen, dass seine Fähigkeiten nicht ausreichten, um den Produktfehler zu verhindern, aber gleichzeitig seine Verpflichtung zum Ausdruck bringen, in Zukunft erhebliche Verbesserungen bei der Prozess- als auch der Produktqualität umzusetzen. Wenn das Unternehmen jedoch in der Vergangenheit in diverse Produktrückrufe involviert war, werden unausweichlich Fragen zu seiner Kompetenz aufkommen. Auch wenn sich der Produktfehler, ohne eine Möglichkeit der externen Rechtfertigungen (z. B. Lieferantenprobleme), direkt auf das Kerngeschäft bezieht, ist es eher nicht ratsam, unzureichende Fähigkeiten bei der Gewährleistung sicherer Produkte einzugestehen. In solchen Fällen wird es weniger überzeugend, lediglich aufrichtige Bemühungen, um die Verbesserung von Prozessen und Produktqualität in der Zukunft zu versprechen.

Managerinnen sollten auch die „Wärme" der Marke berücksichtigen – definiert als das Maß, in dem eine Marke Fürsorge zeigt und Emotionen sowie Empathie auslösen kann. Wärme wird mit Freundlichkeit, Vertrauenswürdigkeit und Aufrichtigkeit in Verbindung gebracht. Untersuchungen zeigen, dass die wahrgenommene Markenwärme die Kundinnen auf zwei wesentliche Arten beeinflusst (Astvansh et al., 2024). Kundinnen, die eine Marke als warmherzig empfinden, neigen eher dazu, Unternehmen „freundliches" Feedback zu geben, als sich „aggressiv" über Produktfehler und Schadensfälle zu beschweren. Diese Rückmeldung kann bei der frühzeitigen Erkennung von Produktfehlern helfen (siehe Abschn. 5.2.1). Darüber hinaus ist es wichtig, diesen Aspekt in der Kommunikation mit den Kundinnen zu berücksichtigen. Die Anerkennung des Feedback-Motivs der Kundinnen steigert deren Zufriedenheit.

Einzelhändlerinnen sollten über den Rückruf in Kenntnis und mit Informationsmaterial versorgt werden, um den Verbraucherinnen, die Fragen zum Rückruf haben, effektiv helfen zu können. Darüber hinaus müssen die Händlerinnen *gleichzeitig* mit der ersten Rückrufankündigung benachrichtigt werden, um eine effektive Zusammenarbeit zu gewährleisten. Dieser Ansatz trägt dazu bei, Verwirrung bei Kundinnen zu vermeiden, z. B. wenn sie Rückerstattungen oder Reparaturen von Händlerinnen anfordern, bevor diese überhaupt über ihre Rolle in diesem Prozess informiert wurden. Einzelhändlerinnen müssen also eng mit der Herstellerin zusammenarbeiten, um eine effektive Kommunikation während eines Produktrückrufs zu gewährleisten. Diese Zusammenarbeit umfasst den Austausch von Kundenkontaktinformationen, die Koordination von Rückrufaktionen und die Abstimmung der Nachrichten, um Verwirrung und

Enttäuschung bei den Kundinnen zu vermeiden. Der Aufbau einer starken Partnerschaft mit der Herstellerin ermöglicht es den Einzelhändlerinnen, den Rückrufprozess zu stemmen und sicherzustellen, dass Kundinnen mit präzisen und konsistenten Informationen versorgt werden (Smith et al., 1996; Faster Capital, 2023).

Eine konsistente und transparente Kommunikation mit den Aufsichtsbehörden ist auch während des Rückrufs von entscheidender Bedeutung. Dazu gehört, dass Unternehmen die Behörden über das Problem informieren und sie regelmäßig über den Fortschritt des Rückrufs auf dem Laufenden halten. Schlechte Kommunikation mit Behörden kann zu Verzögerungen führen und möglicherweise erhebliche Kosten für das zurückrufende Unternehmen verursachen (z. B. Behörden schließen Fabriken, solange das Problem für den Produktfehler nicht identifiziert wurde). Eine bessere Zusammenarbeit spart jedoch nicht nur Zeit und Kosten, sondern verbessert auch den Informationsaustausch, wodurch die Belastung für Unternehmen verringert wird (z. B. gibt es weniger Rückfragen seitens der Behörden, weil Dokumentation unzureichend ist). Auch die Rechtsabteilungen nehmen eine wichtige Rolle bei der Bewertung der Haftungsrisiken und Rechtsansprüche sowie der Sicherstellung der Einhaltung aller gesetzlichen Anforderungen während des Rückrufprozesses ein. Bei der Abstimmung mit Aufsichtsbehörden und Rechtsabteilungen während eines Produktrückrufs haben Unternehmen zwei Optionen zur Auswahl. Einige ziehen es vor, den Rückrufprozess intern abzuwickeln, während andere Unternehmen sich für die Zusammenarbeit mit externen Rechtsberaterinnen entscheiden. Die optimale Wahl hängt letztendlich von den jeweiligen Umständen des Rückrufs und den im Unternehmen zur Verfügung stehenden Ressourcen ab. Beispielsweise kann es sein, dass ein kleines Unternehmen nicht über die erforderlichen Ressourcen verfügt, um einen groß angelegten Produktrückruf intern zu verwalten, und möglicherweise externe Expertinnen hinzuziehen muss. Umgekehrt könnte ein größeres Unternehmen mit einem etablierten Rechtsteam erfahrend genug sein, den Prozess intern abzuwickeln (Faster Capital, 2023).

Schließlich wird Managerinnen empfohlen, die Medien aktiv als Mittel zur Übermittlung der Rückrufnachricht zu nutzen. Dies kann über Nachrichtenwebsites mit internationaler, nationaler, regionaler und lokaler Reichweite erfolgen. Traditionell werden Rückrufbenachrichtigungen aufgrund der zu erreichenden großen Reichweite und breiten Publikumsbasis auf nationalen Nachrichtenwebsites platziert. Nichtsdestotrotz können Unternehmen durch die Verwendung von Umfrage- und Trackingdaten aus Quellen wie Nielsen Scarborough und The Alliance for Audited Media (AAM) Websites und Publikationen ermitteln, die von Besitzerinnen des zurückgerufenen Produktes häufiger besucht werden. Darüber hinaus gilt die Erstellung von „Bildungsinhalten" als proaktiver Ansatz im digitalen Medienmanagement. Diese Inhalte können Erklärvideos (wie im Fall des Pepsi-Rückrufs in Abschn. 5.2.3 gezeigt), Infografiken und Blogbeiträge enthalten, die die Gründe für den Rückruf erläutern und die Schritte skizzieren, die unternommen werden, um das Problem zu beheben (Faster Capital, 2024).

5.2.6 Durchführung und Überwachung von Rückrufen

In dieser Phase müssen Managerinnen drei entscheidende Elemente berücksichtigen: die Isolierung zurückgegebener Artikel, die Überwachung der Effektivität des Rückrufs und die Implementierung von Korrekturmaßnahmen.

Erstens sollten zurückgegebene Produkte von anderen Artikeln getrennt werden, um zu verhindern, dass defekte Produkte ungewollt wieder in den Verkehr eingebracht werden. Dies erfordert effektive Logistik- und Informationssysteme, um jedes Produkt zurückverfolgen zu können. Diese Systeme sollten in der Lage sein, fehlerhafte Artikel nach Charge, Anlage, Prozess oder Schicht zu isolieren und dabei Identifikatoren wie Seriennummern verwenden. Dies hilft bei der Überwachung des Fortschritts von Rückrufen und der Dokumentation der Rückrufeffektivität.

Wie bereits in Kap. 3 hervorgehoben, ist ein weiterer kritischer Aspekt des Rückrufmanagements die Produktrückrufeffektivität. Managerinnen müssen eine Erfolgsquote für den Rückruf festlegen und diese Quote sowie zugehörige Erfolgsmetriken (z. B. Anzahl der Rückrufwebseitenbesuche) während des Rückrufes kontrollieren. Auf diese Weise können sie z. B. die Wirksamkeit der Verteilung der Rückrufkommunikation bewerten. Zwei Hauptdimensionen der Produktrückrufeffektivität sind:

- *Beteiligungsrate bei Rückrufen*: Der Prozentsatz der zurückgerufenen Produkte, deren Defekt behoben wird, z. B. durch die Reparatur, die Rückgabe, den Ersatz, die Deaktivierung oder die Entsorgung
- *Abwicklungsgeschwindigkeit von Rückrufen*: Die Differenz zwischen dem Abschlussdatum und dem Ankündigungsdatum des Rückrufs

In den meisten Ländern hängt die Priorisierung für die Rückrufüberwachung von der mit einem Produkt verbundenen Risikostufe ab, wobei sowohl die Schwere als auch die Unmittelbarkeit der potenziellen Gefahr für Gesundheit oder Sicherheit berücksichtigt werden. Auch andere Faktoren, wie die Lebensdauer des Produkts oder der Preis, werden berücksichtigt. Während beispielsweise eine geringere Rückrufeffektivität für preiswerte, risikoarme Artikel zu beobachten ist, v. a. wenn der Kauf der Produkte bereits Jahre zurückliegt, beobachtet man eine höhere Rückrufeffektivitätsrate für teure Produkte mit einem höheren wahrgenommenen Risiko. Wenn ein Rückruf als nicht effektiv erachtet wird und unsichere Produkte weiterhin auf dem Markt sind, oder wenn ein Unternehmen weiterhin Berichte über Vorfälle im Zusammenhang mit einem zurückgerufenen Produkt erhält, können die Behörden das Unternehmen auffordern, seine Rückrufstrategie zu verbessern, um die Effektivität zu erhöhen. Daher ist es für Unternehmen unerlässlich, Systeme zur genauen Überwachung der Produktrückrufeffektivität einzurichten. Dies schützt nicht nur die öffentliche Gesundheit und erhöht die Sicherheit, sondern trägt auch dazu bei, die zusätzlichen Kosten zu vermeiden, die mit der Verlängerung oder Überarbeitung eines Rückrufs verbunden sind (OECD, 2018).

Die Umsetzung und Überwachung der Korrekturmaßnahmen erfordern auch die Zusammenarbeit mit den Distributoren. Wenn das Produkt an Einzelhändlerinnen zurückgegeben werden soll, müssen sich diese bereit erklären, die Rücksendungen und alle Entschädigungen, die den Verbraucherinnen gewährt werden, zu verwalten und Informationen darüber mit der Herstellerin zu teilen. Wenn Händlerinnen/Werkstätten das defekte Produkt reparieren müssen, muss ihnen auch ein ausreichendes Angebot an zeitnah verfügbaren Ersatzteilen zur Verfügung gestellt werden (Smith et al., 1996).

5.2.7 Dokumentation und Berichterstattung

Während des Rückrufs ist es zwingend erforderlich, alle Schritte für rechtliche und interne Zwecke aufzuzeichnen und den Aufsichtsbehörden Bericht zu erstatten. Die Dokumentation von Informationen über den Fortschritt des Rückrufs ermöglicht eine Prüfung der Verfahren und unterstützt Managerinnen bei der Verfolgung der Effektivität des Rückrufs, der Identifizierung von Schwächen und Stärken, der Durchführung präziserer Qualitäts- und Leistungstests für neue Produkte und der Vorhersage künftiger Rückrufe. Dazu gehören:

- Produktaufzeichnungen (z. B. technische Unterlagen, Untersuchungen von Qualitätsmängeln, Prüfzertifikate und Vertriebsstandorte)
- Kundenbeschwerden
- Informationen von Lieferantinnen (z. B. Qualitätstests)
- Entscheidungsprozesse
- Korrekturmaßnahmen
- Fortschritt des Rückrufverfahrens
- Bericht über die Produktrückrufeffektivität
- Überblick über alle zurückgerufenen Chargen

Diese Dokumentation stellt nicht nur die Einhaltung der gesetzlichen Anforderungen sicher, sondern dient auch als entscheidende Grundlage für die Initiierung strukturierter Lernprozesse in der Post-Rückruf-Phase (Europäische Kommission, 2016).

5.3 Post-Rückruf-Phase: Erholung & Lerneffekte

Es ist zwar entscheidend, einen Rückruf sorgfältig vorzubereiten und effektiv durchzuführen, um die damit verbundenen Risiken zu minimieren (wie in den Abschn. 5.1 und 5.2 erläutert), aber es ist unrealistisch zu erwarten, dass negative Konsequenzen dadurch vollständig vermieden werden können. Wenn ein Rückruf erfolgt, kann dies langfristig zu einem Schaden für die Marke führen, das Vertrauen der Kundinnen untergraben und die allgemeine

Zufriedenheit mit den Produkten verringern. Darüber hinaus besteht das Risiko rechtlicher Konsequenzen aufgrund von Sicherheitsbedenken, die sich weiter auf die finanzielle Leistungsfähigkeit des Unternehmens auswirken können. In diesem Kapitel werden wir deshalb Strategien untersuchen, mit denen Managerinnen die Erholung des Unternehmens vorantreiben und sogar gestärkt aus einer Produktschadenskrise hervorgehen können.

Nach einem Produktrückruf stehen Managerinnen vor mehreren zentralen Aufgaben. Erstens gilt es, sowohl nicht-finanzielle Aspekte wie das Vertrauen der Kundinnen und den Ruf des Unternehmens als auch den finanziellen Erfolg wiederherzustellen – einschließlich der Rückgewinnung verlorener Kundinnen und der Erholung des Umsatzes (zumindest) auf das Niveau vor der Krise. Zweitens ist es von entscheidender Bedeutung, aus der Krise zu lernen, um ähnliche Vorfälle in Zukunft zu vermeiden und Strategien zur Schadensbegrenzung bei potenziellen weiteren Rückrufen zu optimieren. Eine gründliche Dokumentation und Berichterstattung (wie in Abschn. 5.2.7 beschrieben) sind dabei essenziell, um Verbesserungspotenziale zu identifizieren und gezielt umzusetzen.

5.3.1 Wiederherstellung des Unternehmenserfolgs

Managerinnen, die den Unternehmenserfolg nach einem Rückruf wiederherstellen möchten, stehen zunächst vor einer Reihe von Entscheidungen zur Anpassung der Marketinginstrumente. . In Forschung und Praxis werden dabei insbesondere zwei Strategien häufig diskutiert: die Anpassung der Produktpreise und die Modifikation der Werbeausgaben. Die Wahl der optimalen Vorgehensweise bei diesen Strategien ist jedoch eine komplexe Herausforderung.

Während beispielsweise Preiserhöhungen kurzfristige Einnahmen sichern können, könnte eine Senkung der Preise die Rückgewinnung verlorener Kundinnen oder die Bindung bestehender Kundinnen erleichtern. In ähnlicher Weise kann die Erhöhung der Werbeausgaben dazu beitragen, verlorene Kundinnen zurückzugewinnen, aber die Senkung dieser Ausgaben könnte den Cashflow des Unternehmens nach der Krise stärken. Die Sicherung des Cashflows ist wichtig, um auch etwaigen finanziellen Verpflichtungen wie Schadensersatzzahlungen, die durch die Produktschadenskrise ausgelöst wurden, nachkommen zu können.

Die Forschung hat sich intensiv mit der Wirksamkeit von Anpassungen von Produktpreisen und Werbeausgaben nach einer Produktschadenskrise befasst. In der Regel folgt auf Rückrufe eine Phase, in der die Wirksamkeit der Werbeausgaben deutlich niedriger ist und die Kundinnen auch elastischer auf Preisänderungen reagieren (Van Heerde et al., 2007). Während sich jedoch die zunehmende Werbung der zurückrufenden Marke nach dem Rückruf positiv auf den Marktanteil der Marke in der entsprechenden Produktkategorie auswirken kann, scheinen Anpassungen der Produktpreise weniger effektiv zu sein (Cleeren et al., 2013).

Dabei müssen jedoch die variierenden Eigenschaften von Produktschadenskrisen beachtet werden. So ist beispielsweise der Grad der negativen Berichterstattung in den Medien über die Produktfehler sehr unterschiedlich. Während einige Rückrufe, wie der Volkswagen Abgasskandal (siehe Fallbeschreibungen in den Abschn. 3.1 und 3.2), umfangreiche negative mediale Aufmerksamkeit erhalten, fliegen andere Produktkrisen weitgehend unter dem Radar der Presse. Untersuchungen deuten darauf hin, dass nach Rückrufen mit ausgeprägter negativer Aufmerksamkeit durch die Medien der Rückgang der Werbewirksamkeit *weniger* stark ausgeprägt und daher eine relative Erhöhung der Werbeausgaben nützlicher sein kann. Das Ausmaß der negativen Berichterstattung in den Medien scheint dagegen keinen zusätzlichen Einfluss auf die gestiegene Preiselastizität zu haben (Cleeren et al., 2013).

Ein weiterer Unterscheidungsfaktor ist, ob die zurückrufende Firma öffentlich die Schuld für den Produktfehler übernommen hat. Einige Unternehmen entscheiden sich dafür, ihre Schuld offen einzugestehen, wenn sie mit einem Produktrückruf konfrontiert sind, während andere sich dafür entscheiden, die Schuld auf andere abzuwälzen, wie z. B. bei den falsch etikettierten Vanilla Florentine Cookies, als sich Herstellerin und Lieferantin gegenseitig die Schuld zugeschoben haben (siehe Fallbeispiel in Abschn. 4.4). Nach einem Rückruf sind die Abnahme der Werbewirksamkeit und die Erhöhung der Preiselastizität noch ausgeprägter, wenn die zurückrufende Firma öffentlich die Schuld für die Mängel übernimmt (Cleeren et al., 2013).

Diese Forschungsergebnisse bieten Führungskräften eine praktische Orientierungshilfe. Sie sollten den Rückgang der Werbewirksamkeit und die erhöhte Preiselastizität nach dem Rückruf verstehen und die Strategien entsprechend anpassen. Die Wirksamkeit der Maßnahmen nach dem Rück-

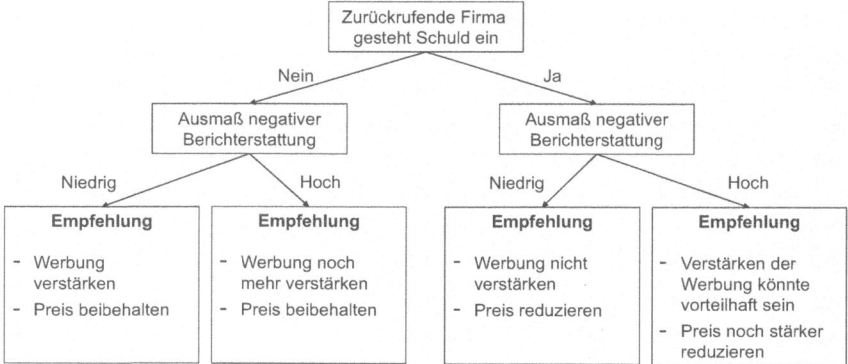

Abb. 5.6 Empfohlene Maßnahmen nach dem Rückruf auf der Grundlage von Rückrufmerkmalen. (Quelle: adaptiert von Cleeren et al., 2013)

ruf hängt von den jeweiligen Umständen ab (siehe Abb. 5.6). Wenn die zurückrufende Firma die Schuld für den Produktfehler nicht übernommen hat (was natürlich nicht bedeutet die Schuld abzustreiten, falls die Schuld eindeutig beim Unternehmen liegt), kann es sinnvoll sein, die Werbemaßnahmen zu verstärken, insbesondere angesichts einer erheblichen negativen Medienaufmerksamkeit. Wurde hingegen die Schuld akzeptiert, ist eine Senkung der Produktpreise ratsam, insbesondere bei umfangreicher negativer Berichterstattung in den Medien. In solchen Fällen kann auch eine verstärkte Werbung angebracht sein, je nachdem, wie sich der positive Effekt der Medienaufmerksamkeit und die negativen Effekte der Schuldübernahme die Waage halten.

Neben der Auswahl wirksamer Marketingmaßnahmen nach dem Rückruf müssen Führungskräfte auch eine geeignete Kommunikationsstrategie entwickeln. Ein erfolgreiches Beispiel war die Reaktion von Kraft nach dem Rückruf ihres gesamten Erdnussbuttersortiments in Australien im Jahr 1996 (siehe auch Fallbeschreibung in Abschn. 3.3).

Krafts Erdnussbutter-Rückruf in Australien (Reprise): Die Wahl des richtigen Marketing-Mix

Im Jahr 1996 sah sich Kraft Australia mit einer erheblichen Produktschadenskrise konfrontiert, als seine Erdnussbutterprodukte mit Salmonellenvergiftungen bei Kundinnen in Verbindung gebracht wurden. Das Unter-

5 Der Produktrückrufmanagement-Zyklus

nehmen musste alle Erdnussbutterprodukte in Australien zurückrufen und den weiteren Vertrieb für über vier Monate aussetzen. Trotz heftiger Kritik und Klagen wegen der langsamen Reaktion gelang es Kraft schlussendlich sich relativ schnell von der Krise zu erholen.

Nachdem die Sicherheitsprobleme, die durch Rückruf offenbart wurden, behoben waren, traf Kraft die strategische Entscheidung, der Werbung für seine Flaggschiff-Erdnussbuttermarke Kraft Vorrang vor der anderen Marke Eta einzuräumen. Mit einer Investition von 3 Mio. australischen Dollar in nationale Werbung wollte Kraft den Relaunch seiner wichtigsten Erdnussbuttermarke unterstützen. Dieser Schritt erwies sich als erfolgreich und führte zu einer raschen Erholung der Verkäufe der Hauptmarke (siehe Abb. 5.7). Obwohl der Konkurrent Sanitarium zunächst von der Kraft-Krise profitierte, kehrte der australische Erdnussbuttermarkt bald wieder auf der Vorkrisenzustand zurück (Van Heerde et al., 2007).

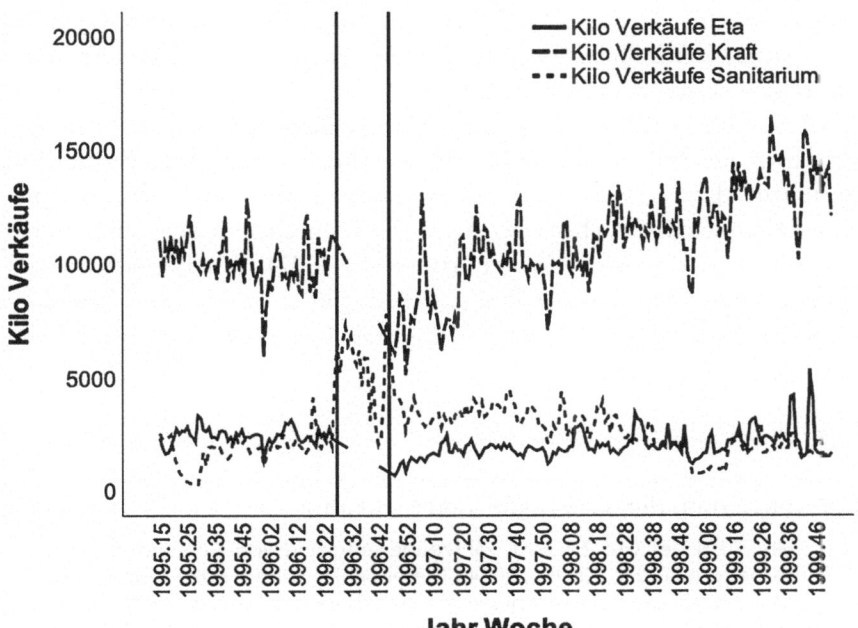

Abb. 5.7 Umsatzerholung bei den Erdnussbuttermarken von Kraft. (Quelle: Aktualisiert nach Van Heerde et al., 2007)

5.3.2 Aus der Krise lernen

Ein entscheidendes Ziel nach einem Produktrückruf ist es, den Rückrufprozess gründlich zu bewerten, um Schwachstellen zu lokalisieren und notwendige Verbesserungen einleiten zu können. Durch die Auswertung von Berichten, Dokumentationen und Analyseergebnissen, die während des Rückrufprozesses gesammelt wurden, können Managerinnen verbesserungswürdige Bereiche identifizieren, die Wahrscheinlichkeit zukünftiger Rückrufe verringern und das Management zukünftiger Rückrufe optimieren. Untersuchungen zeigen, dass Unternehmen tatsächlich aus Produktrückrufen lernen, was zu einem Rückgang des Auftretens zukünftiger Produktschadenskrisen führt (Thirumalai & Sinha, 2011). Diese Lerneffekte zeigen sich besonders nach schwerwiegenden Produktfehlern. Studien zeigen auch, dass ein großes Rückrufvolumens (Gesamtzahl der zurückgerufenen Einheiten) mit einer verringerten Wahrscheinlichkeit für zukünftige Rückrufe und weniger Gesundheitsrisiken für Kundinnen durch fehlerhafte Produkte einher geht (Kalaignanam et al., 2013).

Wiederholte Rückrufe weisen hingegen darauf hin, dass es nicht gelungen ist, aus früheren Vorfällen angemessen zu lernen. Aktuelle Studien legen nahe, dass die Weiterentwicklung von Marketingfähigkeiten und operativer Kompetenz dazu beitragen kann, die Wahrscheinlichkeit zukünftiger Rückrufe zu reduzieren (Chakravarty et al., 2022). Ein Beispiel für ein Unternehmen, das aus einer Produktschadenskrise gelernt und daraufhin Verbesserungen umgesetzt hat, ist General Motors (GM) (ebenfalls in Abschn. 4.1 behandelt).

GMs Rückruf wegen eines defekten Zündschalters (Reprise): Verbesserung der Sicherheits- und Lernkultur

Im Jahr 2014 rief GM 2,6 Mio. Fahrzeuge aufgrund von Defekten an den Zündschaltern zurück (Krisher, 2014). Dieser Fehler konnte dazu führen, dass der Motor während der Fahrt plötzlich abschaltete, wodurch wichtige Sicherheitsmechanismen wie Airbags außer Funktion gesetzt wurden. Bis 2005 wurden mindestens 97 Todesfälle auf dieses Problem zurückgeführt (Plumer, 2015). Die Berichte darüber, wann und wie die leitenden Angestellten von GM auf die fehlerhaften Schalter aufmerksam wurden, variieren. Mehrere Berichte weisen jedoch darauf hin, dass GM bereits mehrere Jahre vor Beginn des Rückrufs über die fehlerhaften Schalter informiert wurde.

5 Der Produktrückrufmanagement-Zyklus

Abb. 5.8 Der CEO von GM entschuldigt sich inmitten eines Rückrufs. (Quelle: Screenshot aus einem YouTube-Video (youtube.com/watch?v=LaSVVffDT2c))

> Mary Barra, die damalige CEO von GM, räumte vor Reportern (siehe Abb. 5.8) Fehler in den Prozessen zur Sicherstellung der Produktsicherheit des Unternehmens ein und drückte zunächst Ihr Bedauern wie folgt aus: „Ich möchte damit beginnen, persönlich mein Bedauern auszudrücken und auch das Bedauern von General Motors für das, was passiert ist. Es ist klar, dass Menschenleben verloren wurden und Familien betroffen sind, und das ist sehr ernst." (Edmondson, 2014).
>
> Diese öffentliche Entschuldigung stellte einen entscheidenden ersten Schritt hin zu einer verbesserten Sicherheitskultur bei General Motors (GM) dar. Im März 2014 kündigte CEO Mary Barra die Ernennung eines neuen Leiters für Fahrzeugsicherheit, Jeff Boyer, an, dessen Aufgabe es war, das Unternehmen bei der Lösung von Sicherheitsproblemen zu unterstützen. Laut der Ankündigung von GM sollte der Sicherheitschef nicht nur für die Entwicklung sicherer Fahrzeugsysteme verantwortlich sein, sondern auch für die Einhaltung der Produktsicherheitsstandards sowie für sicherheitsrelevante Aktivitäten nach dem Verkauf, einschließlich Rückrufen. Darüber hinaus war der Sicherheitschef verpflichtet, regelmäßig mit der Geschäftsführung und anderen Führungskräften über Fragen der Fahrzeugsicherheit zu kommunizieren. Parallel dazu leitete GM eine interne Untersuchung ein, um Schwachstellen in den sicherheitsbezogenen Prozessen des Unternehmens zu identifizieren und fundierte Erkenntnisse zu gewinnen, die es ermöglichten, aus der Krise zu lernen und Verbesserungen umzusetzen (Edmondson, 2014).

Wie im obigen Beispiel beschrieben, schuf GM nach dem großen Rückruf im Jahr 2014 eine neue Führungsrolle mit dem Schwerpunkt Sicherheit. Managerinnen sollten sich jedoch darüber im Klaren sein, dass die Einrichtung einer solchen Führungsrolle, die sich mit Rückrufen und Sicherheit befasst, zwar ein ernsthaftes Engagement signalisieren kann, aber auch das Risiko einer „Abschottung" und „Isolierung" der Sicherheitsthematik mit sich bringt. Idealerweise sollte das Thema Sicherheit in der Verantwortung aller Akteurinnen innerhalb eines Unternehmens liegen. Daher ist es wichtig, ein Umfeld zu schaffen, in dem sich jede Einzelne befähigt fühlt, einen offenen und ehrlichen Dialog zu führen, insbesondere wenn sie mit Herausforderungen oder Fehlern konfrontiert wird. Mitarbeiterinnen, die auf Produktmängel und Sicherheitsprobleme hinweisen, sollten belohnt und nicht bestraft werden (Edmondson, 2014).

Unter geeigneten Umständen und in Maßen können Produktrückrufe und Sicherheitsprobleme als Katalysatoren für Veränderungen und Innovationen dienen (Haunschild & Sullivan, 2002). Obwohl Produktschadenskrisen erhebliche Ressourcen eines Unternehmens binden, können sie Managerinnen dazu anregen, die Produktqualität und -sicherheit durch gezielte Innovationen zu verbessern. Bis zu einer gewissen Schwelle haben Rückrufe also das Potenzial, Lern- und Innovationsprozesse in Gang zu setzen.

Wenn die Häufigkeit von Rückrufen jedoch ein bestimmtes Maß überschreitet, könnten Unternehmen nicht mehr über ausreichend Ressourcen verfügen, um Innovationen voranzutreiben, da diese vollständig für Rückrufprozesse und die Bewältigung der Krise gebunden sind. Dieses Argument wird durch Forschungen gestützt, die einen umgekehrt U-förmigen Zusammenhang zwischen der Rückrufhäufigkeit und der Innovationsfähigkeit eines Unternehmens identifiziert haben. Die Ausprägung dieses Zusammenhangs ist besonders deutlich für Unternehmen auf starken Wachstumspfaden (Ni et al., 2023).

Wie in diesem Buch hervorgehoben wird, stellen Produktrückrufe eine erhebliche Herausforderung für das zurückrufende Unternehmen dar, und die negativen Auswirkungen auf den Unternehmenserfolg sollten nicht unterschätzt werden. Zurückrufende Unternehmen haben jedoch die Möglichkeit, die Erholung von der Krise zu beschleunigen (siehe Abschn. 5.3.1). Darüber hinaus können – wie in den meisten Krisensituationen – auch Chancen entstehen. Unter den richtigen Bedingungen können Produktrückrufe Veränderungen und Innovationen im Unternehmen anregen, die Wahrscheinlichkeit wiederkehrender Sicherheitsmängel verringern und sowohl das Unternehmen als auch seine Kundinnen vor zukünftigen Produktfehlern schützen.

Literatur

Australian Competition & Consumer Commission. (2023). *Supplier checklist for conducting a recall.* https://www.productsafety.gov.au/recalls/conducting-a-consumer-product-safety-recall/recall-tools-and-guidelines/supplier-checklist-for-conducting-a-recall. Zugegriffen am 16.03.2024.

Australian Competition & Consumer Commission. (2024). *Tell the ACCC of the recall.* https://productsafety.gov.au/recalls/conducting-a-consumer-product-safety-recall/tell-the-accc-of-the-recall. Zugegriffen am 06.05.2024.

Allianz. (2017). *Product recall: Managing the impact of the new risk landscape.* https://commercial.allianz.com/content/dam/onemarketing/commercial/commercial/reports/AGCS-Product-Recall-Report.pdf. Zugegriffen am 05.02.2024.

Antonetti, P., & Baghi, I. (2023). Projecting lower competence to boost apology effectiveness: Underlying mechanism and boundary conditions. *Journal of the Academy of Marketing Science, 51*(3), 695–715.

Astvansh, V., Suri, A., & Damavandi, H. (2024). Brand warmth elicits feedback, not complaints. *Journal of the Academy of Marketing Science*, 1–23.

Bartz, D. (2007, September 12). Mattel apologizes for recalls, backs stronger CPSC. *Reuters.* https://www.reuters.com/article/idUSN12248840/. Zugegriffen am 08.02.2024.

Campbells. (2021). Supply base requirements and expectations manual (SBREM). https://www.campbellsoupcompany.com/wp-content/uploads/2021/02/Campbell_Supply-Base-Requirements-and-Expectation-Manual-English.pdf. Zugegriffen am 08.02.2024.

Carlton, J., & Yoder, S. K. (1994, Dezember 21). Humble pie: Intel to replace its Pentium chips. *The Wall Street Journal*, B1.

Cartwright, J., & Healy, C. (2023, April 26). From farm to fork: The vital role of traceability in meeting the UK's sustainable food demands and fighting food fraud. *Charles Russell Speechlys.* https://www.charlesrussellspeechlys.com/en/insights/quick-reads/102id5w-from-farm-to-fork-the-vital-role-of-traceability-in-meeting-the-uks-sustainable/. Zugegriffen am 08.02.2024.

Chakravarty, A., Saboo, A. R., & Xiong, G. (2022). Marketing's and operations' roles in product recall prevention: Antecedents and consequences. *Production and Operations Management, 31*(3), 1174–1190.

Cleeren, K., van Heerde, H. J., & Dekimpe, M. G. (2013). Rising from the ashes: How brands and categories can overcome product-harm crises. *Journal of Marketing, 77*(2), 58–77.

Corcoran, E. (1994, Dezember 21). Intel to replace chips. *The Washington Post*. https://www.washingtonpost.com/archive/politics/1994/12/21/intel-to-replace-chips/1ec2c929-aaa5-449a-9dbc-3db322d8d013/. Zugegriffen am 15.04.2024.

Edmondson, A. C. (2014, November 2). Fixing a weak safety culture at General Motors. *Harvard Business Review*. https://hbr.org/2014/03/fixing-a-weak-safety-culture-at-general-motors. Zugegriffen am 08.02.2024.

Europäische Kommission. (2016). *EudraLex – Volume 4 -Good manufacturing practice (GMP) guidelines*. https://health.ec.europa.eu/medicinal-products/eudralex/eudralex-volume-4_en. Zugegriffen am 08.02.2024.

Faster Capital. (2023, April 14). *Crisis management: Navigating crises: The art of handling product recalls*. https://fastercapital.com/content/Crisis-management-Navigating-Crises-The-Art-of-Handling-Product-Recalls.html#Implementing-Corrective-Actions-and-Preventive-Measures. Zugegriffen am 08.02.2024.

Faster Capital. (2024, April 4). *Public relations: The PR nightmare: Managing product recalls in the media update*. https://fastercapital.com/content/Public-relations-The-PR-Nightmare-Managing-Product-Recalls-in-the-Media-update.html. Zugegriffen am 29.05.2024.

Food & Drug Administration. (2024, Mai 3). Food defense awareness for front-line food industry workers. https://fda.gov/food/food-defense-training-education/employees-first. Zugegriffen am 03.05.2024.

Hall, D. C., & Johnson-Hall, T. D. (2021). Recall effectiveness, strategy, and task complexity in the U.S. meat and poultry industry. *International Journal of Production Economics, 234*, 1–13.

Haunschild, P. R., & Sullivan, B. N. (2002). Learning from complexity: Effects of prior accidents and incidents on airlines' learning. *Administrative Science Quarterly, 47*(4), 609–643.

Hawkins, E. (2024, Januar 25). Airlines blame Boeing for reputational damage. *Axios*. https://www.axios.com/2024/01/25/airlines-turn-on-boeing. Zugegriffen am 15.04.2024.

Hearit, K. M. (1999). Newsgroups, activist publics, and corporate apologia: The case of Intel and its Pentium chip. *Public Relations Review, 25*(3), 291–308.

Hoffmann, A. O. I., Cheong, C. S., Phan, H.-L., & Zurbruegg, R. (2024). So, sue me if you can! How legal changes diminishing managers' risk of being held liable by shareholders affect firms' likelihood to recall products. *Journal of Marketing, 88*(5).

Holmes, P. (1993, Juli 6). How the Pepsi syringe hoax fizzled (1993). *PRovoke Media*. https://www.provokemedia.com/latest/article/how-the-pepsi-syringe-hoax-fizzled-(1993). Zugegriffen am 29.03.2024.

Isidore, C. (2024, Februar 5). Boeing was once known for safety and engineering. But critics say an emphasis on profits changed that. *CNN*. https://edition.cnn.com/2024/01/30/business/boeing-history-of-problems/index.html. Zugegriffen am 15.04.2024.

Jackson, G. C., & Morgan, F. W. (1988). Responding to recall requests: A strategy for managing goods withdrawal. *Journal of Public Policy & Marketing, 7*, 152–165.

Kalaignanam, K., Kushwaha, T., & Eilert, M. (2013). The impact of product recalls on future product reliability and future accidents: Evidence from the automobile industry. *Journal of Marketing, 77*(2), 41–57. https://doi.org/10.1509/jm.11.0356

Keller, A., & Borwick, K. (2023, Juli 20). Fisher-Price Rock 'n Play. *Consumer Notice*. https://www.consumernotice.org/products/child-safety/fisher-price-rock-n-play/. Zugegriffen am 08.02.2024.

Krisher, T. (2014, Mai 8). GM recall leaves customers frustrated and waiting. *Hendersonville Times-News*. https://eu.blueridgenow.com/story/news/2014/05/08/gm-recall-leaves-customers-frustrated-and-waiting/28317124007/. Zugegriffen am 15.04.2024.

Laufer, D., Garrett, T. C., & Ning, B. (2018). The moderating role of power distance on the reaction of consumers to the CEO as a spokesperson during a product harm crisis: Insights from China and South Korea. *Journal of International Management, 24*(3), 215–221.

León-Bravo, V., Caniato, F., & Caridi, M. (2019). Sustainability in multiple stages of the food supply chain in Italy: practices, performance and reputation. *Operations Management Research, 12*(1–2), 40–61.

Lewis, P. H. (1994, Dezember 13). I.B.M. Deals blow to a rival as it suspends pentium sales. *The New York Times*. https://www.nytimes.com/1994/12/13/us/ibm-deals-blow-to-a-rival-as-it-suspends-pentium-sales.html. Zugegriffen am 15.04.2024.

Liu, A. X., Liu, Y., Luo, T., & Wang, R. (2023). Impacts of chief marketing officer in product recalls. *Marketing Letters*, 1–13.

Liu, Y., Shankar, V., & Yun, W. (2017). Crisis management strategies and the long-term effects of product recalls on firm value. *Journal of Marketing, 81*(5), 30–48.

Maloni, M. J., & Brown, M. E. (2006). Corporate social responsibility in the supply chain: An application in the food industry. *Journal of Business Ethics, 68*(1), 35–52.

Mejia, C., McEntire, J., Keener, K., et al. (2010). Traceability (product tracing) in food systems: Cost considerations and implications. *Comprehensive Reviews in Food Science and Food Safety, 9*, 159–175.

Mitchell, H. (2012, Juni 1). Communicating during and through a food recall. *Food Safety Magazine*. https://www.food-safety.com/articles/3780-communicating-during-and-through-a-food-recall. Zugegriffen am 17.03.2024.

Mukherjee, U. K., & Sinha, K. K. (2018). Product recall decisions in medical device supply chains: a big data analytic approach to evaluating judgment bias. *Production and Operations Management, 27*(10), 1816–1833.

Ni, J., Borisov, A., Modi, S., & Huang, X. (2023). Learning from failure: The implications of product recalls for firm innovation. *Journal of Supply Chain Management, 59*(3), 42–64.

Plumer, B. (2015, Mai 11). The GM recall scandal of 2014. *Vox*. https://www.vox.com/2014/10/3/18073458/gm-car-recall. Zugegriffen am 15.04.2024.

OECD. (2018). *Enhancing product recall effectiveness globally: OECD background report*. OECD science, technology and industry policy papers, No. 58, OECD Publishing, Paris. https://doi.org/10.1787/ef71935c-en

Ramirez, A. (1994, Dezember 3). Stocks gain despite intel's chip problem. *The New York Times.*. https://www.nytimes.com/1994/12/13/business/stocks-gain-despite-intel-s-chip-problem.html. Zugegriffen am 15.04.2024.

Smith, N. C., Thomas, R. J., & Quelch, J. (1996). A strategic approach to managing product recalls. *Harvard Business Review*. https://hbr.org/1996/09/a-strategic-approach-to-managing-product-recalls. Zugegriffen am 08.02.2024.

Sullivan, M. (1990). Measuring image spillovers in umbrella-branded products. *The Journal of Business, 63*(3), 309–329.

Thirumalai, S., & Sinha, K. K. (2011). Product recalls in the medical device industry: An empirical exploration of the sources and financial consequences. *Management Science, 57*(2), 376–392.

Trendel, O., Mazodier, M., & Vohs, K. D. (2018). Making warnings about misleading advertising and product recalls more effective: An implicit attitude perspective. *Journal of Marketing Research, 55*(2), 265–276.

Van Heerde, H., Helsen, K., & Dekimpe, M. G. (2007). The impact of a product-harm crisis on marketing effectiveness. *Marketing Science, 26*(2), 230–245.

Wang, X., & Wang, Z. (2014). The effect of product-harm crisis situations on firms' spokesperson strategies: Evidence from China's emerging market economy. *Public Relations Review, 40*, 110–112.

Wowak, K. D., Ball, G. P., Post, C., & Ketchen, D. J., Jr. (2021). The influence of female directors on product recall decisions. *Manufacturing & Service Operations Management, 23*(4), 895–913.

Wowak, K. D., Craighead, C. W., Ketchen, D. J., Jr., & Connelly, B. L. (2022). Food for thought: Recalls and outcomes. *Journal of Business Logistics, 43*, 9–35.

6

Branchenunterschiede

> **Was Sie in diesem Kapitel erwartet**
> - Dieses Kapitel befasst sich mit den Besonderheiten des Produktrückrufmanagements in verschiedenen Branchen, wobei der Schwerpunkt auf dem Konsumgütersektor, der Lebensmittelindustrie und der Fahrzeugindustrie liegt.
> - Das Kapitel beinhaltet eine umfassende Analyse der häufigsten Ursachen für Produktrückrufe, verfügbarer Korrekturmaßnahmen und Strategien zur effektiven Kommunikation mit Einzelhändlerinnen und Verbraucherinnen in jeder der drei genannten Branchen.
> - Darüber hinaus werden Fallstudien und Daten präsentiert, um die weitreichenden Folgen von Produktrückrufen in den drei Branchen zu verdeutlichen.

Die Bedeutung von Produktrückrufen variiert stark je nach Branche. Sowohl die Ursachen für Rückrufe als auch die regulatorischen Rahmenbedingungen unterscheiden sich erheblich zwischen den einzelnen Produktkategorien. Diese Vielfalt zeigt sich auch darin, dass die Regulierung in den verschiedenen Branchen oft von unterschiedlichen Behörden

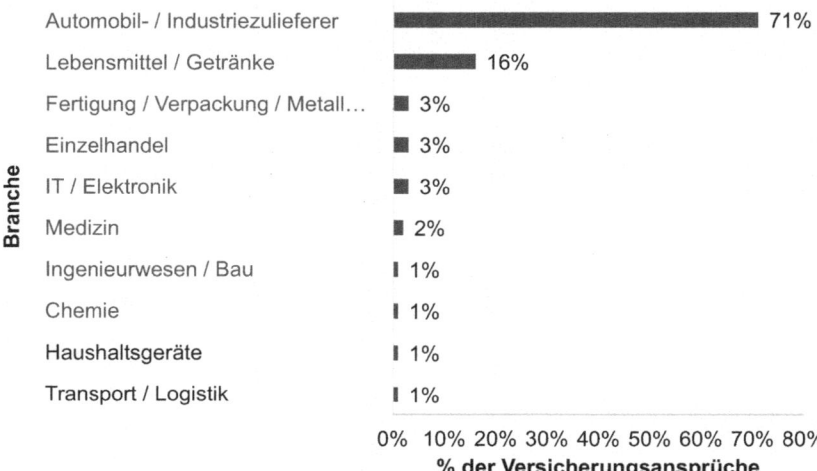

Abb. 6.1 Betroffene Branchen nach Wert der Versicherungsansprüche für Produktrückrufe. (Quelle: Eigene Darstellung basierend auf Daten von Allianz, 2017b)

überwacht wird. Aufgrund der Häufigkeit von Rückrufen, der Anzahl betroffener Produkte und der damit verbundenen Kosten, einschließlich der Versicherungskosten (siehe Abb. 6.1), stechen insbesondere drei Branchen hervor: Konsumgüter (z. B. Heimelektronik, Haushaltsgeräte, Werkzeuge), Lebensmittel und Automobile. Die jüngste Forschung hat sich vor allem auf Rückrufe in diesen drei Sektoren konzentriert (Astvansh et al., 2024). Daher werden wir uns in den folgenden drei Kapiteln eingehend mit diesen Branchen befassen.

6.1 Konsumgüter

In den meisten Ländern umfasst die Kategorie der Konsumgüter die breiteste Palette von Produkten, ausgenommen jene aus den Bereichen Automobil, Luftfahrt, Pharmazie, Tabak, Lebensmittel und Waffen. Diese Kategorie zeichnet sich durch eine große Vielfalt aus, die von Haushaltsartikeln wie Elektrogeräten, Werkzeugen und Möbeln bis hin zu Freizeitartikeln wie Spielzeug und Sportgeräten reicht. Die Konsumgüterindustrie ist äußerst vielseitig und zeichnet sich durch unterschiedliche Komplexitäten in Bezug auf Materialien, Herstellungsprozesse und Produkttypen aus.

Es ist daher eine anspruchsvolle Aufgabe, sich in dieser vielfältigen Branche im Hinblick auf Produktrückrufe zurechtzufinden. Die möglichen Korrekturmaßnahmen sind äußerst unterschiedlich und reichen von vollständigen Korrekturmaßnahmen wie kostenlosen Reparaturen, einem Produktaustausch, Rückerstattungen oder Upgrades bis hin zu teilweisen Maßnahmen wie Reparatur-Sets oder Rabatten. Im Vergleich dazu dominieren in der Automobilindustrie Reparaturen und in der Lebensmittelindustrie Rückerstattungen. Die Wahl der geeigneten Korrekturmaßnahme ist eine kritische Entscheidung mit weitreichenden Auswirkungen auf den Unternehmenserfolg – sowohl finanziell als auch nicht-finanziell (z. B. Mafael et al., 2022; Raithel & Hock, 2021). Abb. 3.6 in Abschn. 3.2 zeigt beispielsweise, dass unterschiedliche Maßnahmen je nach Schweregrad des Rückrufs und der Markenreputation variieren können und sich unterschiedlich auf die Kundenzufriedenheit auswirken.

Die Suche nach der idealen Vorgehensweise wird durch die komplexen globalen Lieferketten im Bereich der Konsumgüter noch schwieriger. An diesen Lieferketten sind mehrere Akteurinnen beteiligt – Lieferantinnen, Herstellerinnen, Distributorinnen inkl. Einzelhändlerinnen –, was die Koordination der Rückrufmaßnahmen und Rückverfolgung fehlerhafter Produkte zu einer schwierigen Aufgabe macht. Insbesondere die nachgelagerte Rückverfolgbarkeit ist mit verschiedenen Herausforderungen verbunden. Im Gegensatz zu verderblichen Lebensmitteln halten manche Konsumgüter jahrzehntelang (z. B. Möbel) und stellen möglicherweise noch lange nach dem Kauf Risiken für die Verbraucherinnen dar. Erschwerend kommt hinzu, dass viele Herstellerinnen ihre Produkte über Drittanbieter vertreiben, was die direkte Kommunikation mit den Endverbraucherinnen erschwert, wenn nicht gar unmöglich macht.

Der technologische Fortschritt, insbesondere bei internetfähigen Geräten wie Smartphones und IoT-Geräten (IoT: Internet of Things), bringt jedoch eine gewisse Erleichterung. Herstellerinnen können diese Geräte nutzen, um direkt mit Benutzerinnen zu kommunizieren, wie der Ansatz von Samsung zeigt (siehe Abb. 4.3 in Abschn. 4.2).

Selbst für Herstellerinnen, die direkt über ihre eigenen Filialen verkaufen, gibt es immer noch Herausforderungen. Bargeldtransaktionen oder Datenschutzbestimmungen können die direkte Kommunikation mit den Kundinnen behindern, sodass die Unternehmen die Rückrufaktionen über indirekte Kommunikationskanäle steuern müssen.

Der IKEA-Rückruf wegen umkippender Kommoden, der in Abschn. 3.1 besprochen wurde, illustriert diese Herausforderungen anschaulich und zeigt, wie das Unternehmen Probleme der Rückverfolgbarkeit und Benachrichtigung betroffener Kundinnen anging.

IKEAs Kipp-Problem (Reprise)

Das Kipp-Problem betraf vor allem die Kommoden von IKEA, insbesondere die langjährige MALM-Serie, die seit Jahrzehnten weltweit verkauft wird. Sicherheitsbedenken entstanden durch das Umkippen der Möbel, das insbesondere für Kinder eine erhebliche Gefährdung darstellte. Tragischerweise wurden mehrere Todesfälle, die bis ins Jahr 1989 zurückreichen, auf Kippunfälle mit IKEA-Möbeln zurückgeführt. Obwohl die Wahrscheinlichkeit eines tödlichen Unfalls sehr gering ist, verdeutlichen die weltweit hohen Verkaufszahlen dieser Produkte – mehrere Dutzend Millionen – die potenzielle Reichweite und Schwere des Problems. Besonders gravierend waren die Auswirkungen des Produktfehlers in Nordamerika, wo IKEA einen offiziellen Rückruf startete. In anderen Ländern, mit Ausnahme von China, blieb dies aufgrund unterschiedlicher regulatorischer und rechtlicher Rahmenbedingungen aus.

Zunächst initiierte IKEA ein Reparaturprogramm, bei dem Verankerungssets zur Befestigung der Möbel an Wänden bereitgestellt wurden, um das Risiko des Umkippens zu minimieren. Trotz der von IKEA ergriffenen Maßnahme kam es weiterhin zu Vorfällen, was IKEA dazu veranlasste, seine Strategie zu überdenken. Eine zentrale Herausforderung bestand darin, dass viele Verbraucherinnen die Warnhinweise von IKEA entweder nicht wahrnahmen oder ignorierten. Zudem war es schwierig, alle Kundinnen mit zurückgerufenen Produkten effektiv zu erreichen.

Als Reaktion darauf führte IKEA eine *obligatorische* Produktregistrierung für bestimmte Artikel ein, die in Nordamerika (ikea-usa.com/safe) als „Secure It!"-Produkte gekennzeichnet sind. Diese Initiative stellte sicher, dass die Verbraucherinnen die Möbel ordnungsgemäß verankern, und dient als vorbeugende Maßnahme gegen mögliche rechtliche Haftungen im Falle künftiger Unfälle wegen unsachgemäßer Montage der Möbel. Darüber hinaus bietet IKEA eine optionale Registrierung für alle langlebigen Produkte an. Diese Maßnahme zielt darauf ab, den Verbraucherinnen zeitnahe Rückruf- und

> Sicherheitsinformationen auf direktem Wege zur Verfügung zu stellen (info. ikea-usa.com/registration). IKEA veröffentlicht alle Rückrufe auch auf seiner Website (ikea.com/us/en/customer-service/product-support/recalls/).
> Der IKEA-Produktrückruf der umkippenden Kommoden erstreckte sich über mehrere Jahre und umfasste Millionen von zurückgerufenen Einheiten. Zahlreiche Vorfälle, darunter Verletzungen und Todesfälle, veranlassten IKEA dazu, zunächst Verankerungssätze bereitzustellen und später obligatorische und optionale Maßnahmen (Produktregistrierungen) einzuführen, um das Sicherheitsbewusstsein zu fördern, zukünftige Unfälle zu verhindern und die Rückrufbereitschaft zu verbessern.

Die Zahl der Rückrufe von Konsumgütern blieb bis 2023 relativ stabil, zeigte jedoch dann sowohl in der EU als auch in den USA einen deutlichen Anstieg und überschritt in beiden Regionen gemeinsam die Marke von 4000 Rückrufen (siehe Abb. 6.2). Im Jahr 2023 gab es in den USA 884 Rückrufe von Konsumgütern, die über 300 Mio. Produkteinheiten betrafen. Dies entspricht durchschnittlich etwa 2,4 zurückgerufenen Produkten pro Haushalt in den USA, bei rund 127 Mio. Haushalten. Statistisch gesehen ist damit jeder US-amerikanische Haushalt im Durchschnitt von mindestens zwei Rückrufen pro Jahr betroffen.

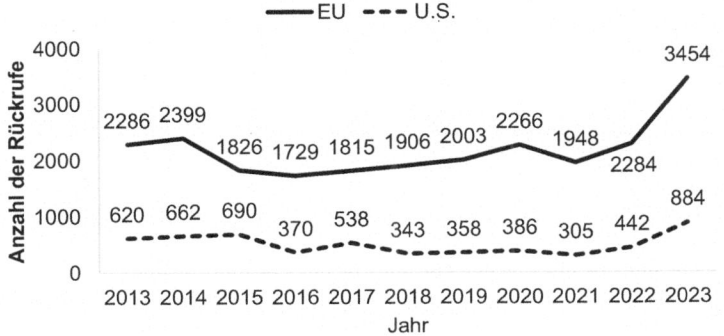

Abb. 6.2 Anzahl der Rückrufe von Konsumgütern in der EU und den USA. (Quelle: Eigene Darstellung auf der Grundlage von Daten des EU-Schnellwarnsystems (ec.europa.eu/safety-gate-alert) und U.S. Consumer Product Safety Commission (cpsc.gov/recalls))

Die Gründe für Rückrufe von Konsumgütern sind vielfältig, aber einige wenige Gefahren stechen als Hauptursache für die meisten Rückrufe hervor. Zu diesen vorherrschenden Gründen, die zwischen 2013 und 2023 72 % der Rückrufe ausmachten, gehören in der EU die Kontamination mit Chemikalien (z. B. krebserregende Stoffe), Verletzungen (z. B. umkippende Möbel), Erstickungsgefahren (z. B. Kleinteile, die von Spielzeug abbrechen), Stromschläge (aufgrund unzureichender Isolierung von Elektrogeräten) sowie Brände und Verbrennungen (z. B. durch Überhitzung von Elektrogeräten). Abb. 6.3 gibt einen Überblick über alle Gefahrenarten für Rückrufe von Konsumgütern in der EU von 2013 bis 2023.

Ein möglicher Grund für die steigende Zahl von Rückrufen von Konsumgütern ist das sich kontinuierlich weiterentwickelnde regulatori-

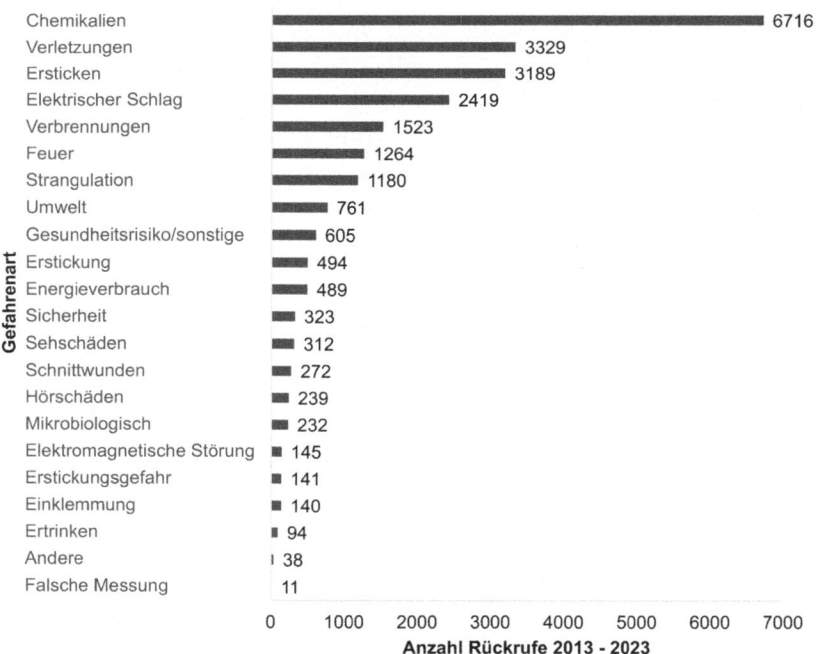

Abb. 6.3 Anzahl der Rückrufe von Konsumgütern in der EU nach Gefahrenart. (Quelle: Eigene Darstellung basierend auf Daten von EU-Schnellwarnsystem für gefährliche Nichtlebensmittelprodukte (ec.europa.eu/safety-gate-alert))

sche Umfeld. Insbesondere in der EU sind die Vorschriften für Konsumgüter zunehmend strenger geworden. Dies erfordert von Unternehmen eine sorgfältige Berücksichtigung bei der Gestaltung und Anpassung von Partner- und Lieferantenvereinbarungen, um Compliance-Standards einzuhalten und Risiken zu minimieren. Besonders im Jahr 2023 war ein deutlicher Anstieg der regulatorischen Aktivitäten in der Konsumgüterindustrie zu verzeichnen (Sedgwick, 2024).

Eine nennenswerte Entwicklung war die vorläufige Einigung des Europäischen Parlaments und des Europäischen Rates über die Verordnung über Ökodesign für nachhaltige Produkte (ESPR), die mit dem EU-Aktionsplan für die Kreislaufwirtschaft im Rahmen des europäischen Green Deals in Einklang steht. Diese Verordnung stellt umfangreiche Leistungs- und Informationsanforderungen an Unternehmen hinsichtlich des ökologischen Fußabdrucks ihrer Produkte, der Aspekte wie Zuverlässigkeit, Reparierbarkeit, Energieeffizienz und Recyclinganteil abdeckt. Besonders betroffen ist das Verbot der Vernichtung von Textilprodukten wie Bekleidung und Schuhen, das die Textilindustrie erheblich tangiert.

Zudem sehen sich Konsumgüterunternehmen mit erhöhten rechtlichen Risiken konfrontiert, insbesondere durch die EU-Richtlinie über Musterfeststellungsklagen, die die Regelungen für Sammelklagen in den EU-Mitgliedstaaten harmonisiert. Ergänzend dazu könnte die überarbeitete EU-Produkthaftungsrichtlinie, deren Verabschiedung noch aussteht, Verbraucherinnen ermöglichen, Schadenersatz für durch Produkte verursachte Schäden zu fordern. Diese Richtlinie bietet zusätzlichen Schutz in Bezug auf Software, künstliche Intelligenz und Online-Marktplätze.

Auch Online-Marktplätze unterliegen neuen Vorschriften, wie etwa der EU-Produktsicherheits-Grundverordnung. Diese verschärft die Haftungs- und Sicherheitsanforderungen für Online-Verkäuferinnen und schreibt Produktsicherheitsbewertungen, obligatorische Unfallmeldungen sowie die Rückverfolgbarkeit von Produkten vor.

Zusätzlich wird im Vereinigten Königreich ein Gesetzesvorschlag mit dem Titel „Digital Markets, Competition, and Consumers Bill" diskutiert. Dieser zielt darauf ab, den Verbraucherschutz im Internet zu stärken, indem der Wettbewerbs- und Marktaufsichtsbehörde (CMA) erweiterte Befugnisse eingeräumt werden. Gleichzeitig werden großen digitalen Unternehmen spezifische Verpflichtungen in den Bereichen Vertrauen, Transparenz, fairer Handel und Wahlfreiheit auferlegt.

6.2 Lebensmittelindustrie

Anders als im Bereich der Konsumgüter, wo sowohl vollständige (z. B. kostenlose Reparatur, Umtausch, Rückerstattung) als auch teilweise (z. B. Reparatursätze) Korrekturmaßnahmen üblich sind, besteht die gängige Praxis in der Lebensmittelindustrie darin, eine vollständige Rückerstattung des Kaufpreises anzubieten. Ein Teil der Verantwortung liegt jedoch bei den Kundinnen, da sie in der Regel verpflichtet sind, die Produkte an die Verkäuferin zurückzugeben, um eine Rückerstattung zu erhalten (Raithel et al., 2023).

Es gibt drei Hauptgründe für Lebensmittelrückrufe: Herstellungsfehler, designbezogene Probleme und Fehler in der Lieferkette. Probleme im Zusammenhang mit der Fertigung können auf Mängel zurückzuführen sein, die durch Krankheitserreger oder Fremdmaterialien entstehen. Häufige Probleme in dieser Kategorie sind bakterielle Kontaminationen mit Krankheitserregern wie Listerien oder Salmonellen, die zu Lebensmittelvergiftungen führen können. Berichten zufolge war die Kontamination in den ersten drei Quartalen des Jahres 2023 der vorherrschende Faktor für Lebensmittelrückrufe in Großbritannien und Europa und machte fast 2140 Vorfälle von insgesamt etwa 4700 Rückrufen aus (siehe Abb. 6.4). Weitere herstellungsbezogene Gründe sind das Vorhandensein von Fremdkörpern wie Kunststoff oder Metall im Produkt, unhygienische Einrichtungen und Geräte,

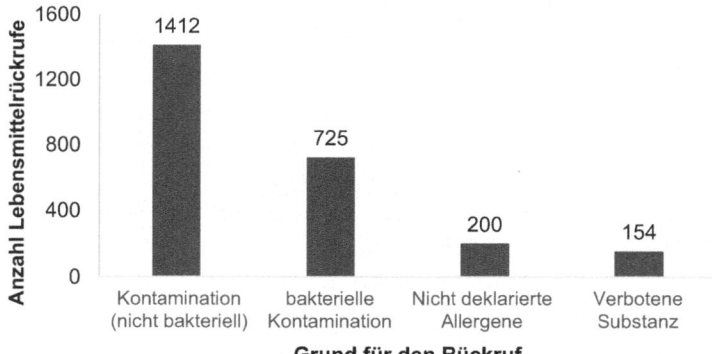

Abb. 6.4 Häufigste Gründe für Lebensmittelrückrufe in Großbritannien und Europa in den ersten drei Quartalen des Jahres 2023. (Quelle: Eigene Darstellung basierend auf Daten von Sedgwick, 2023)

Verstöße gegen Import- und Exportvorschriften, Mängel bei verarbeiteten Lebensmitteln und die Herstellung von Produkten, die außerhalb der genehmigten Zeiten eine Inspektionsabdeckung erfordern (FSA, 2023).

Designbezogene Probleme treten auf, wenn Sicherheitsstandards nicht eingehalten werden, insbesondere bei Verpackung und Etikettierung. Fehler wie falsche Etikettierungen oder Kennzeichnungen können die Authentizität von Lebensmitteln beeinträchtigen, zu Verwirrung bei Verbraucherinnen führen und erhebliche Gesundheitsrisiken verursachen. Ein häufiges Problem sind fehlerhafte oder fehlende Allergeninformationen, insbesondere bei Produkten mit mehreren Zutaten, die aus unterschiedlichen Einrichtungen und landwirtschaftlichen Betrieben stammen. Berichten zufolge waren nicht deklarierte Allergene in den ersten drei Quartalen des Jahres 2023 der Hauptgrund für Rückrufe durch die US-amerikanische FDA. Sie machten 190 von insgesamt 401 Rückrufen aus (Sedgwick, 2023). Der Stew-Leonard-Rückruf von falsch gekennzeichneten Cookies (siehe Fallstudie in Abschn. 4.4) dient als warnendes Beispiel für die potenziell tödlichen Gefahren einer fehlerhaften Etikettierung.

Produktrückrufe im Zusammenhang mit der Lieferkette entstehen häufig durch Mängel, die auf fehlerhafte Vorprodukte zurückzuführen sind (z. B. die Verwendung verbotener Pestizide durch Landwirtinnen) oder während der Transport-, Lager- und Vertriebsphasen auftreten. Probleme beim Lebensmitteltransport, wie z. B. unzureichende Temperaturkontrolle, können Verderb oder Kontamination verursachen. Die zunehmende Komplexität moderner Lieferketten erschwert zudem die schnelle Identifizierung betroffener Produkte. Beispielsweise dauert der Rückrufprozess für etwa 80 % der Lebensmittel in den USA oft bis zu 10 Monate, selbst wenn bereits Krankheitsfälle auftreten (O'Donnell, 2017). Forschungen zeigen, dass der Umgang mit zahlreichen Systemen und Lieferantinnen produzierende Unternehmen einem höheren Risiko von Produktfehlern aussetzen und die effektive Umsetzung von Rückrufen erheblich behindern kann. Daher wird empfohlen, häufige Lieferantenwechsel aus rein finanziellen Gründen zu vermeiden. Darüber hinaus können Verzögerungen bei der Reaktion durch mangelnde Vorbereitung oder fehlende Rückrufpläne entstehen. Um solche Szenarien zu vermeiden, sollten Managerinnen sicherstellen, dass auch die Lieferantinnen die Sicherheitsstandards einhalten (Wowak et al. 2022) und die in Kap. 5 vorgestellten Leitlinien befolgen.

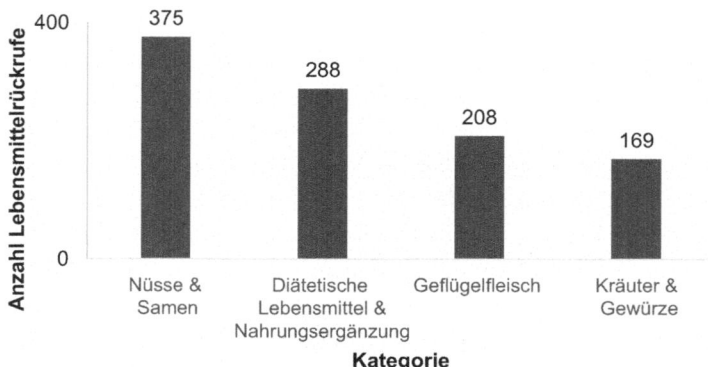

Abb. 6.5 Die am häufigsten zurückgerufenen Lebensmittelkategorien in Großbritannien und Europa in den ersten drei Quartalen des Jahres 2023. (Quelle: Eigene Darstellung basierend auf Daten von Sedgwick, 2023)

Abb. 6.5 zeigt die am häufigsten zurückgerufenen Produktkategorien in Großbritannien und Europa in den ersten drei Quartalen des Jahres 2023. Obst und Gemüse waren mit 585 Rückrufen die am häufigsten zurückgerufene Produktkategorie. Nussprodukte und -samen sowie diätetische Lebensmittel, Nahrungsergänzungsmittel und angereicherte Lebensmittel folgten als die am zweit- bzw. drittstärksten betroffenen Kategorien. Bei der Zahl der Rückrufmeldungen lagen Deutschland und die Niederlande mit 457 bzw. 385 Meldungen an der Spitze.

Die Kommunikation mit den Verbraucherinnen im Lebensmittelsektor erfolgt in der Regel indirekt. Aufsichtsbehörden aktualisieren Rückrufbenachrichtigungen auf ihren Websites, Einzelhandelsgeschäfte geben Rückrufbenachrichtigungen heraus, und Massenmedien und Social-Media-Plattformen spielen ebenfalls eine wichtige Rolle bei der Rückrufkommunikation. Rückrufinformationen können über die Bonusprogramme und Loyalitätskarten der Einzelhändlerinnen verteilt werden. Einzelhändlerinnen mit erfolgreichen Loyalitätsprogrammen können ihre Kundinnen über zurückgerufene Produkte direkt informieren. Wenn die Verbraucherinnen jedoch keine Artikel bei diesen Einzelhändlern kaufen oder wenn der Rückruf nicht in den nationalen Nachrichten auftaucht, bleiben die meisten Rückrufe der breiten Öffentlichkeit unbekannt. Obwohl Websites der Behörden und deren Apps und Social-Media-Kanäle solche Informationen regelmäßig veröffentlichen, werden nur proaktive Verbraucherinnen, die diese Apps nutzen und sich für Benachrichtigungen anmelden, über diese Kanäle informiert. Daher dürfte der Anteil der Bevölkerung, der diese Benachrichtigungen erhält, angesichts der großen Zahl von Lebensmittelkäuferinnen recht gering sein (Coffman & Baum, 2022).

Lebensmittel, die sich auf dem Markt befinden oder bald auf dem Markt verfügbar sein werden, sollten angemessen gekennzeichnet werden, um die Rückverfolgbarkeit anhand einschlägiger Informationen zu ermöglichen. Im Lebensmittelsektor ist dies besonders wichtig, da es eine Herausforderung ist, die Kundinnen über indirekte Kanäle zu erreichen. In der Lebensmittelindustrie sieht sich jedoch mit diversen Herausforderungen konfrontiert, die der Rückverfolgbarkeit von Produkten im Wege stehen (Fisher, 2016; iTrade Insights, 2021):

- Fehlende Daten: Unzureichende Aufzeichnungen oder das Fehlen digitalisierter Daten verhindern die Rückverfolgbarkeit oder verlangsamen diese erheblich.
- Geringe Transparenz: Ohne gemeinsame oder einheitliche Daten haben sowohl Käuferinnen als auch Lieferantinnen Schwierigkeiten, die notwendige End-to-End-Transparenz zu erreichen, die für die schnelle Identifizierung kompromittierter Waren entscheidend ist.
- Mangelnde Koordination: Fehlende Daten und geringe Transparenz führen zu Mängeln bei der Koordination und Zusammenarbeit. Bei komplizierten Lieferketten wird die Koordination über den gesamten Weg hinweg jedoch immer wichtiger.
- Widersprüchliche Anforderungen: Uneinheitliche Anforderungen nationaler Regulierungsbehörden verkomplizieren die Situation ebenso wie unterschiedliche Vorschriften in Bezug auf Allergene, Spurenelemente, Pestizide und andere Faktoren. Darüber hinaus stellt der Lebensmittelbetrug eine globale Herausforderung dar.

Zusammenfassend stehen Unternehmen in der Lebensmittel- und Getränkeindustrie vor einem Wandel, der von steigenden Nachhaltigkeitserwartungen und der Notwendigkeit geprägt ist, unethische Praktiken wie irreführende Produktkennzeichnungen zu beseitigen. Um die Authentizität ihrer Produkte zu sichern, das Vertrauen und die Gesundheit der Kundinnen zu schützen und einen Beitrag zum Umweltschutz zu leisten, sollten diese Unternehmen aktiv an Nachhaltigkeitsdiskussionen teilnehmen, robuste Rückverfolgbarkeitssysteme priorisieren und sich kontinuierlich über regulatorische Entwicklungen auf dem Laufenden halten.

6.3 Fahrzeugindustrie

Die Nutzung von Fahrzeugen birgt erhebliche Gesundheitsrisiken sowohl für die Insassen als auch für andere Verkehrsteilnehmerinnen. Nach Angaben der Weltgesundheitsorganisation sterben jährlich über eine Million Menschen durch Fahrzeugunfälle, Millionen weitere erleiden nicht tödliche Verletzungen (WHO, 2023). Untersuchungen deuten darauf hin, dass Fahrzeugrückrufe das Potenzial haben, die Häufigkeit von Verletzungen und Todesfällen im Straßenverkehr erheblich zu reduzieren (Bae & Benítez-Silva, 2011). Die Reparatur zurückgerufener und potenziell gefährlicher Fahrzeuge eliminiert die von den Defekten ausgehende Gefahr und trägt damit zur Beseitigung einer zentralen Unfallursache bei.

Rückrufe in der Fahrzeugindustrie sind häufig und weit verbreitet. Viele Hersteller sehen sich regelmäßig mit einer Vielzahl von Rückrufen unterschiedlicher Schweregrade konfrontiert. In den USA, einem der größten Fahrzeugmärkte der Welt, lag die jährliche Zahl der zurückgerufenen Fahrzeuge im Jahr 2022 bei rund 31 Mio. – ein Anstieg von mehr als 50 % innerhalb eines Jahrzehnts (NHTSA, 2023). Darüber hinaus verursachen Fahrzeugrückrufe erhebliche Kosten. Eine Analyse der Versicherungsgesellschaft Allianz von Produktrückrufversicherungsansprüchen zwischen Januar 2012 und Juni 2017 ergab, dass der Automobilsektor über 70 % des Gesamtwerts der untersuchten Schäden ausmachte und damit die kostspieligste Kategorie darstellte (Allianz, 2017b).

Darüber hinaus ist die Fahrzeugindustrie von zahlreichen Massenrückrufen betroffen, die sowohl für die Kundinnen als auch für die Herstellerinnen, die die Rückrufe durchführen, erhebliche negative Folgen haben. Ein besonderes Beispiel ist der Airbag-Rückruf der Takata Corporation – einer der größten Rückrufe aller Zeit:

6 Branchenunterschiede

Takatas explodierende Airbags

Die Entwicklung der Takata-Airbag-Rückrufe verdeutlicht das enorme Ausmaß, das Rückrufe in der Fahrzeugindustrie für Kundinnen, Zuliefererinnen, Herstellerinnen und andere Interessengruppen haben können. Im November 2008 rief Honda 4000 Fahrzeuge zurück, da die eingebauten Airbags, hergestellt und geliefert von der Takata Corporation, ein Explosionsrisiko darstellten. Tragischerweise wurde im Mai 2009 der erste Todesfall durch die defekten Airbags gemeldet: Eine 18-jährige Frau starb in ihrem Honda Accord, nachdem Metallsplitter, die bei der plötzlichen Explosion des Takata-Airbags freigesetzt wurden, ihre Halsschlagader durchtrennten (Klayman & Geoghegan, 2015).

Seit dem ersten Rückruf von Honda im Jahr 2008 haben nahezu alle großen Fahrzeugherstellerinnen ähnliche Rückrufe durchgeführt. Im Jahr 2017 meldete die Takata Corporation Insolvenz an, da die enormen Haftungskosten in Zusammenhang mit zahlreichen Todesfällen und Verletzungen untragbar wurden (Hals, 2018). Auch Anfang 2024 ist die Rückrufaktion noch nicht abgeschlossen: Insgesamt wurden etwa 67 Mio. Fahrzeuge von verschiedenen Herstellerinnen zurückgerufen. Die NHTSA bestätigte in den USA bisher 27 Todesfälle und über 400 Verletzte infolge der defekten Airbags.

Trotz umfangreicher Kommunikationsmaßnahmen der NHTSA (siehe Abb. 6.6), der Presse und der beteiligten Herstellerinnen waren im Jahr 2023 noch rund 11 Mio. defekte Airbags nicht ausgetauscht und stellten weiterhin ein erhebliches Gesundheitsrisiko für Verbraucherinnen dar (z. B. Navarro & Beene, 2021; Ford, 2024; Honda, 2024; NHTSA, 2024). Um das Bewusstsein für das Problem zu schärfen, hat die NHTSA eine spezielle Website eingerichtet und gezielte Werbekampagnen gestartet.

Die Gesamtkosten der Takata-Airbag-Rückrufe wurden bisher auf 25 Mrd. US-Dollar geschätzt (Allianz, 2017a).

Abb. 6.6 Die Takata-Airbag-Rückrufwerbung der NHTSA. (Quelle: Screenshot aus einem YouTube-Video von Sedgwick (youtube.com/watch?v=y2yJ27ROjVg&t))

Rückrufe in der Fahrzeugindustrie variieren stark in der Art und Schwere der zugrunde liegenden Fehler. Tab. 6.1 zeigt Beispiele für defekte Fahrzeugkomponenten, die einen Rückruf auslösen können, von fehlerhaften Rückfahrkameras bis hin zu defekten Airbags mit potenziell tödlichen Folgen. Studien zeigen, dass die Schwere der mit zurückgerufenen Fahrzeugen verbundenen Gefahren erhebliche Auswirkungen auf das Rückrufmanagement und die Ergebnisse hat. Rückrufe aufgrund schwerwiegender Mängel ziehen im Vergleich zu leichteren Defekten stärkere negative Konsequenzen für Unternehmen nach sich, wie beispielsweise überproportional hohe

Tab. 6.1 Beispiele für mögliche Gründe von Fahrzeugrückrufen. (Quelle: Eigene Darstellung basierend auf Daten von der U.S. NHTSA (nhtsa.gov/recalls))

Herstellerin	Jahr	NHTSA-Kampagne	Defekte Komponente	Potenziell betroffene Fahrzeuge	Beispielhafte Rückrufbeschreibung durch den Hersteller
Volkswagen	2018	18V148000	Airbags	363.713	„Beim Auslösen des Frontairbags der Fahrerin kann ein zu hoher Innendruck zur Explosion des Gasgenerators führen"
Tesla	2021	21V00D000	Verhinderung des Rückwärtsfahrens	356.309	„Der Kabelbaum der Rückfahrkamera kann durch das Öffnen und Schließen des Kofferraumdeckels beschädigt werden, wodurch das Bild der Rückfahrkamera nicht angezeigt werden kann"
Kia	2020	20V750000	Motor	294.756	„Während der Fahrt kann es zu einem Brand im Motorraum kommen"

(Fortsetzung)

Tab. 6.1 (Fortsetzung)

Herstellerin	Jahr	NHTSA-Kampagne	Defekte Komponente	Potenziell betroffene Fahrzeuge	Beispielhafte Rückrufbeschreibung durch den Hersteller
Nissan	2021	21V957000	Tanksystem	24.793	„Abnormaler Verschleiß im Inneren der Kraftstoffpumpe kann dazu führen, dass sie überhitzt und ausfällt"
Porsche	2018	18V841000	Bremsen	112	„Die an der Vorderachse verbauten Bremsleitungen können mit der Zeit korrodieren. Korrosion innerhalb der Leitung kann die Bremsleistung der Vorderachse beeinträchtigen"

Verluste beim Aktienkurs (Bernon et al., 2018). Gleichzeitig sind Rückrufe, die erhebliche Gesundheitsrisiken bergen, in der Regel effektiver und erzielen höhere Teilnahmequoten (Rupp & Taylor, 2002; Malec et al., 2021). Dies deutet darauf hin, dass Kundinnen die Rückrufanweisungen des Herstellers eher befolgen und ihre Fahrzeuge reparieren lassen, wenn sie mit gravierenden und potenziell gefährlichen Defekten konfrontiert sind.

Managerinnen in der Automobilindustrie stehen bei der Abwicklung von Rückrufen vor der Herausforderung, eine Vielzahl von Gesetzen und Vorschriften einzuhalten. In den USA sind Fahrzeughersteller *verpflichtet*, Kundinnen von Rückrufen betroffener Fahrzeuge, die 15 Jahre oder jünger sind, eine vollständige Korrekturmaßnahme anzubieten. Diese umfasst in der Regel eine kostenlose Reparatur, den Ersatz des Fahrzeugs oder die Erstattung des Kaufpreises, abzüglich eines angemessenen Abschlags für die Wertminderung. Meist entscheiden sich Hersteller für eine kostenlose Reparatur des Defekts (NHTSA, 2017). In Deutschland ist eine vollständige Korrekturmaßnahme zwar nicht gesetzlich vorgeschrieben, jedoch bieten Hersteller häufig eine kostenlose Reparatur an, um Reputationsschäden durch den Rückruf zu minimieren (Heimgärtner & Baumgarten, 2023).

Auch die Benachrichtigung betroffener Kundinnen unterliegt strengen Vorgaben. In den USA müssen Rückrufe per Post mit einer Beschreibung der Gefahr, der Korrekturmaßnahme und Anweisungen zur Terminvereinbarung mit der Händlerin kommuniziert werden (NHTSA, 2017). Abb. 4.2 in Abschn. 4.4 zeigt ein Beispiel eines solchen Benachrichtigungsschreibens. In Deutschland erfolgt die direkte Rückrufkommunikation entweder durch die Fahrzeugherstellerin oder das Kraftfahrt-Bundesamt (2021). In China sind Herstellerinnen verpflichtet, Kundinnen schriftlich zu informieren und Rückrufe über verschiedene Medienkanäle öffentlich zu kommunizieren (State Administration for Market Regulation, 2024).

Die Fahrzeugindustrie zeigt im Vergleich zu anderen Branchen eine höhere Rückrufeffektivität. In den USA schwankte die durchschnittliche jährliche Beteiligungsrate an Fahrzeugrufen in den letzten zehn Jahren zwischen 52 % und 73 % (NHTSA, 2023), während sie bei Konsumgütern nur bei durchschnittlich 6 % liegt (CPSC, 2017). Die direkte Kommunikation per Post trägt wesentlich zu dieser höheren Effektivität bei. Fahrzeugbesitzerinnen sind den Herstellerinnen meist durch die Fahrzeugregistrierung bekannt, was eine direkte Kontaktaufnahme ermöglicht. Diese direkte Kommunikation ist deutlich effektiver als die ausschließliche Nutzung indirekter Kanäle wie Pressemitteilungen (CPSC, 2017).

Andere branchenspezifische Faktoren tragen ebenfalls zur höheren Rückrufeffektivität in der Fahrzeugindustrie bei. Fahrzeuge sind deutlich teurer als Produkte anderer Kategorien, was den potenziellen Nutzen einer Rückrufteilnahme erhöht. Die Rückrufeffektivität scheint auch vom Wert des Fahrzeugs abzuhängen: Rückrufe von Luxusfahrzeugen und neueren Modellen weisen eine höhere Effektivität auf (Malec et al., 2021).

Trotz der vergleichsweise hohen Rückrufeffektivität in der Automobilindustrie verbleiben Millionen zurückgerufener, aber unreparierter Fahrzeuge auf den Straßen. Diese Fahrzeuge stellen ein erhebliches Unfall- und Gesundheitsrisiko dar. Maßnahmen wie die Vereinfachung der Terminvereinbarung in Werkstätten und die Bereitstellung von Ersatzfahrzeugen während der Reparatur könnten die Hürden einer Teilnahme am Rückruf reduzieren und somit die Rückrufeffektvität erhöhen (Pagiavlas et al., 2022). Managerinnen, die solche Strategien umsetzen, könnten die negativen Auswirkungen von Rückrufen sowohl für Kundinnen als auch für Unternehmen reduzieren (Bae & Benítez-Silva, 2011; Crosley, 2020; von Schlieben-Troschke & Raithel, 2023, 2024).

Literatur

Allianz. (2017a, Dezember 5). *Product recall risks growing in size and number as technology drives new triggers, warns Allianz.* https://www.allianz.com/content/dam/onemarketing/azcom/Allianz_com/migration/media/press/document/AGCS_product_recall_EN.pdf. Zugegriffen am 15.04.2024.

Allianz. (2017b). *Product recall: Managing the impact of the new risk landscape.* https://commercial.allianz.com/content/dam/onemarketing/commercial/commercial/reports/AGCS-Product-Recall-Report.pdf. Zugegriffen am 05.02.2024.

Astvansh, V., Antia, K., & Tellis, G. (2024). Product recall: A synthesis of multidisciplinary findings, and research directions. *Marketing Letters.* https://doi.org/10.1007/s11002-024-09721-x

Bae, Y. K., & Benítez-Silva, H. (2011). Do vehicle recalls reduce the number of accidents? The case of the US car market. *Journal of Policy Analysis and Management, 30*(4), 821–862.

Bernon, M., Bastl, M., Zhang, W., & Johnson, M. (2018). Product recalls: The effects of industry, recall strategy and hazard, on shareholder wealth. *International Journal of Business Science & Applied Management (IJBSAM), 13*(1), 1–14.

Coffman, V., & Baum, M. D. (2022). Modernizing recalls is a must for consumer safety. *Food Safety Magazine.* https://www.food-safety.com/articles/7780-modernizing-recalls-is-a-must-for-consumer-safety. Zugegriffen am 17.03.2024.

Consumer Product Safety Commission. (2017). *RECALL EFFECTIVENESS WORKSHOP (EARLY SESSION).* https://www.cpsc.gov/s3fs-public/Recall_Effectiveness_Workshop-Transcripts-2018.pdf?DANfPWVdXLz6jk.lAn9rzT3dX6ZQXQa0. Zugegriffen am 16.04.2024.

Crosley, T. (2020, März 19). Who's liable when a recalled product causes an injury? *Crosley Law.* https://crosleylaw.com/blog/dangerous-defects-whos-liable-when-a-recalled-product-causes-an-injury/. Zugegriffen am 15.04.2024.

Fisher, W. (2016). Challenges of food traceability. *Food Safety Magazine.* https://www.food-safety.com/articles/4981-challenges-of-food-traceability. Zugegriffen am 17.03.2024.

Food Standards Agency. (2023, February 21). *Recalls and alerts.* https://www.food.gov.uk/about-us/recalls-and-alerts. Zugegriffen am 15.04.2024.

Ford. (2024). *Takata airbag recall*. https://www.ford.com/support/category/service-maintenance/frequently-asked-questions-regarding-takata-airbag-inflator-recalls/. Zugegriffen am 16.04.2024.

Hals, T. (2018, Februar 17). Judge approves Takata's U.S. bankruptcy plan. *Reuters*. https://www.reuters.com/article/idUSKCN1G10SW/. Zugegriffen am 15.04.2024.

Heimgärtner, K., & Baumgarten, A. (2023, November 8). Ihre Rechte bei Rückruf und Produkthaftung. *ADAC*. https://www.adac.de/rund-ums-fahrzeug/auto-kaufen-verkaufen/neuwagenkauf/rechte-rueckrufaktion/#. Zugegriffen am 16.04.2024.

Honda. (2024, April 5). *Takata airbag inflator recall fact sheet*. https://hondanews.com/en-US/honda-corporate/releases/takata-airbag-inflator-recall-fact-sheet. Zugegriffen am 15.04.2024.

iTrade Insights. (2021). Closing food safety gaps: The 3 challenges of food traceability. https://www.itradenetwork.com/resources/closing-food-safety-gaps-the-3-challenges-of-food-traceability. Zugegriffen am 17.03.2024.

Klayman, B., & Geoghegan, I. (2015, Mai 20). Timeline: Takata air bag recalls. *Reuters*. https://www.reuters.com/article/us-autos-takata-takata-idUSKBN0O42QX20150520. Zugegriffen am 09.04.2024.

Kraftfahrt-Bundesamt. (2021, September 6). *Kodex zur Durchführung von Rückrufaktionen*. https://www.kba.de/DE/Themen/Marktueberwachung/Rueckrufe/Kodex/kodex_pdf.pdf. Zugegriffen am 15.04.2024.

Mafael, A., Raithel, S., & Hock, S. J. (2022). Managing customer satisfaction after a product recall: the joint role of remedy, brand equity, and severity. *Journal of the Academy of Marketing Science, 50*(1), 174–194.

Malec, A. M., Smith, P. K., & Smuts, A. E. (2021). Recall and vehicle characteristics associated with vehicle repair rates. *Review of Industrial Organization, 59*(1), 37–55.

Navarro, A., & Beene, R. (2021, August 25). Takata's ticking time bomb is still on the road. *Bloomberg*. https://www.bloomberg.com/news/articles/2021-08-25/takata-air-bag-recall-millions-remain-defective-and-on-roads-worldwide#xj4y7vzkg. Zugegriffen am 15.05.2024.

National Highway Traffic Safety Administration. (2017). *Motor vehicle safety defects and recalls: What every vehicle owner should know*. https://www.nhtsa.gov/sites/nhtsa.gov/files/documents/mvdefectsandrecalls_808795.pdf. Zugegriffen am 15.04.2024.

National Highway Traffic Safety Administration. (2023). *NHTSA 2022 annual report safety recalls*. https://www.nhtsa.gov/sites/nhtsa.gov/files/2023-03/2022-Recalls-Annual-Report_030223-tag.pdf. Zugegriffen am 15.04.2024.

National Highway Traffic Safety Administration. (2024). *Takata recall spotlight*. https://www.nhtsa.gov/vehicle-safety/takata-recall-spotlight. Zugegriffen am 15.04.2024.

O'Donnell, J. (2017, Dezember 26). Inspector general report: FDA food recalls dangerously slow, procedures deeply flawed. *USA Today*. https://eu.usatoday.com/story/news/politics/2017/12/26/inspector-general-report-fda-food-recalls-dangerously-slow-procedures-deeply-flawed/975701001/. Zugegriffen am 08.02.2024.

Pagiavlas, S., Kalaignanam, K., Gill, M., & Bliese, P. D. (2022). Regulating product recall compliance in the digital age: Evidence from the "Safe Cars Save Lives" Campaign. *Journal of Marketing, 86*(5), 135–152.

Raithel, S., & Hock, S. J. (2021). The crisis-response match: An empirical investigation. *Strategic Management Journal, 42*(1), 170–184.

Raithel, S., Hock, S. J., & Mafael, A. (2023). Product recall effectiveness and consumers' participation in corrective actions. *Journal of Academy of Marketing Science*, 1–20.

Rupp, N. G., & Taylor, C. R. (2002). Who initiates recalls and who cares? Evidence from the automobile industry. *The Journal of Industrial Economics, 50*(2), 123–149.

Sedgwick. (2023). *Recall index report*. https://www.sedgwick.com/brandprotection/. Zugegriffen am 08.04.2024.

Sedgwick. (2024). *Recall index report*. https://www.sedgwick.com/brandprotection/. Zugegriffen am 15.04.2024.

State Administration for Market Regulation. (2024). *Measures for the implementation of the regulations on the administration of recall of defective automobile products*. https://www.gov.cn/zhengce/2020-11/03/content_5723712.htm. Zugegriffen am 16.04.2024.

von Schlieben-Troschke, J., & Raithel, S. (2023), The opportunity in product recalls: The impact of recall compliance on brand satisfaction. *Proceedings of the European Marketing Academy, 52nd*.

von Schlieben-Troschke, J., & Raithel, S. (2024), The financial performance impact of product recall compliance. *Proceedings of the European Marketing Academy, 53rd*.

World Health Organization. (2023). Road traffic injuries. https://www.who.int/news-room/fact-sheets/detail/road-traffic injuries#:~:text=Approximately%20 1.19%20million%20people%20die,adults%20aged%205%E2%80%9329%20 years. Zugegriffen am 15.04.2024.

Wowak, K. D., Craighead, C. W., Ketchen, D. J., Jr., & Connelly, B. L. (2022). Food for thought: Recalls and outcomes. *Journal of Business Logistics, 43*, 9–35.

7
Produktrückrufe im deutschsprachigen Raum

> **Was Sie in diesem Kapitel erwartet**
> - Dieses Kapitel befasst sich mit den Besonderheiten des Produktrückrufmanagements im deutschsprachigen Raum.
> - Dabei wird ein besonderes Augenmerk auf rechtliche und kulturelle Aspekte gelegt, die die Voraussetzungen für ein effektives Management von Produktrückrufen in dieser Region prägen können.
> - Weitere Schwerpunkte sind die am 13. Dezember 2024 in Kraft getretene EU-Produktsicherheitsverordnung (General Product Safety Regulation, GPSR) und ihre Auswirkungen auf die Handhabung von Produktschadenskrisen und -rückrufen.

Die Charakteristiken eines erfolgreichen Produktrückrufmanagements variieren nicht nur branchenübergreifend (siehe Kap. 6), sondern werden auch durch länderspezifische Faktoren geprägt. Um Produktrückrufe effektiv zu bewältigen und ihre negativen Auswirkungen auf Unternehmen (siehe Kap. 3) und Kundinnen zu minimieren, müssen diese Besonderheiten berücksichtigt und die Rückrufprozesse an marktspezifische Rahmenbedingungen, wie beispielsweise rechtliche und kulturelle Aspekte, angepasst werden.

Abb. 7.1 Der Wilke Wurstwaren Skandal. (Quelle: Screenshot aus einem YouTube-Video der ARD (youtube.com/watch?v=0s72R_4bGRQ))

Ein eindrückliches Beispiel aus der DACH-Region (Deutschland, Österreich, Schweiz) ist die Produktschadenskrise des Unternehmens Wilke aus dem Jahr 2019 (siehe Abb. 7.1). Infolge des Verzehrs von mit lebensgefährlichen Listerien-Keimen belasteten Fleischprodukten starben laut der Staatsanwaltschaft Kassel 11 Personen, viele weitere erlitten schwere gesundheitliche Schäden. Der Vorfall führte zur Insolvenz des Unternehmens, und ein Manager stand wegen fahrlässiger Tötung vor Gericht (FAZ, 2023). Dieser Fall verdeutlicht die schwerwiegenden Konsequenzen eines unzureichenden Produktrückrufmanagements und die Dringlichkeit, präventive Maßnahmen sowie effektive Krisenstrategien zu entwickeln.

Ein weiteres prominentes Beispiel mit Ursprung im deutschsprachigen Raum ist der Volkswagens Dieselskandal von 2015 (siehe Fallstudien in den Abschn. 3.1 und 3.2), bei dem allein in Deutschland 2,4 Mio. Fahrzeuge zurückgerufen wurden (Hessler, 2019). Dieser Fall verdeutlicht auch, wie die länderspezifischen rechtlichen Rahmenbedingungen sowohl den Rückrufprozess als auch die Folgen des Rückrufs für Unternehmen und Kundinnen beeinflussen können. Deutsche Autobesitzerinnen konnten im Gegensatz zu Verbraucherinnen in den USA zunächst keine kollektiven Schadensersatzansprüche geltend machen. Dies gewährte Volkswagen die Möglichkeit, in Deutschland eine defensivere, passivere und kurzfristig kostengünstigere

Rückrufstrategie zu wählen. Im Gegensatz zu Kundinnen in den USA mussten betroffene deutsche Kundinnen individuelle Entschädigungen durch zeit- und kostenintensive Gerichtsverfahren einfordern. In den USA bot Volkswagen hingegen proaktiv Entschädigungen an, um teure Sammelklagen zu vermeiden oder zu reduzieren. Als Reaktion auf die Krise wurde im November 2018 der deutsche Rechtsrahmen nach dem US-amerikanischen Vorbild angepasst und die Musterfeststellungsklage eingeführt (Hessler, 2019; siehe auch Ausführungen zu diesem Fallbeispiel in den Abschn. 3.1 und 3.2). Dieses Beispiel zeigt auf, wie regionale rechtliche Rahmenbedingungen, die Rückrufstrategien von Unternehmen maßgeblich beeinflussen können.

Im deutschsprachigen Raum gab es kürzlich bedeutende Änderungen der rechtlichen Rahmenbedingungen, die den Umgang von Unternehmen mit Produktfehlern und das Management von Produktrückrufen betreffen. Seit dem 13. Dezember 2024 ist die neue EU-Produktsicherheitsverordnung (General Product Safety Regulation, GPSR) in Kraft, die erhebliche rechtliche Auswirkungen für in Europa tätige Unternehmen mit sich bringt. Die Verordnung gilt für alle Produktkategorien, für die keine spezifischen Regelungen existieren, und betrifft daher eine Vielzahl von Produkten wie Spielzeuge, Elektrogeräte, Sport- und Freizeitartikel, Haushaltswaren, Möbel, Kleidung und Textilien sowie Werkzeuge. Ausgenommen sind hingegen bestimmte Kategorien wie Lebens- und Futtermittel, Arzneimittel, Antiquitäten, Beförderungsmittel (z. B. Kraftfahrzeuge) sowie lebende Pflanzen und Tiere (Europäische Union, 2023; IHK, 2024). Die Verordnung betrifft Produkte, die auf dem Markt der Europäischen Union in Verkehr gebracht werden – somit auch die Produkte, die in Deutschland und Österreich verkauft werden. Vor Inkrafttreten der EU-Produktsicherheitsverordnung basierten die rechtlichen Vorgaben für das Produktrückrufmanagement in Deutschland auf dem Produktsicherheitsgesetz (ProdSG), das seinerseits auf der europäischen Richtlinie 2001/95/EG fußt.

Um die Veränderungen der rechtlichen Rahmenbedingungen für das Produktrückrufmanagement im deutschsprachigen Raum darzustellen, werden im Folgenden die wesentlichen Neuerungen durch die EU-Produktsicherheitsverordnung skizziert. Zudem erfolgt ein Vergleich mit den rechtlichen Rahmenbedingungen in den USA (siehe auch Tab. 7.1).

Tab. 7.1 Wesentliche rechtliche Neuerungen für durch die EU-Produktsicherheitsverordnung und ein Vergleich zu den USA. (Quelle: eigene Darstellung)

Aspekt	Deutschsprachiger Raum	USA
Risikoanalyse und Sicherheitsbewertung vor dem Verkauf	Verpflichtende interne Risikoanalyse für jedes Produkt vor dessen Einführung	Verpflichtet, vor dem Verkauf sicherzustellen, dass Produkte den geltenden Sicherheitsstandards entsprechen
Marktüberwachung	Erweiterte Befugnisse und Kooperation mit anderen EU-Mitgliedsstaaten	Einheitliche Überwachung durch die Consumer Product Safety Commission (CPSC)
Meldepflicht	Verpflichtende Meldung gefährlicher Produkte über das EU-Safety-Gate-System sowie an zuständige nationale Behörden	Verpflichtung zur Meldung bei ersten Anhaltspunkten eines potenziellen Produktfehlers
Rückrufkommunikation	Strenge Anforderungen an Inhalt und Design von Rückrufanzeigen nach EU-Verordnung	Strenge Vorgaben durch die CPSC
Korrekturmaßnahmen	Verpflichtende Bereitstellung von zwei aus drei Optionen: Reparatur, Ersatz, Erstattung	Verpflichtende (teilweise oder vollständige) Korrekturmaßnahme: Reparatur, Ersatz, Erstattung oder andere Maßnahmen
Rückverfolgbarkeit von Produkten	Unternehmen müssen Maßnahmen mit Behörden abstimmen, z. B. Ersatz oder Reparatur anbieten	Genaue Kennzeichnungsregeln für einige Produktkategorien (z. B. Spielzeuge) zur Gewährleistung der Rückverfolgbarkeit
Überprüfung der Rückrufeffektivität	Regelmäßige Berichte über den Verlauf des Rückrufs an zuständige Behörden	Regelmäßige Berichte über den Verlauf des Rückrufs an die CPSC
Sanktionen bei Verstößen	Geldstrafen abhängig vom Mitgliedsstaat	Geldstrafen von über 17 Mio. USD möglich sowie strafrechtliche Verfolgung

Unternehmen in der EU sind verpflichtet, vor dem Inverkehrbringen von Produkten eine interne Risikoanalyse durchzuführen und technische Unterlagen zu erstellen, um die Produktsicherheit nachzuweisen (IHK, 2024). Die Marktüberwachungsbehörden erhielten durch die EU-Reform erweiterte Befugnisse, darunter das Durchführen von Inspektionen, das Einholen von Informationen und das Anordnen von Maßnahmen bei Verstößen. Zudem fördert die Verordnung eine intensivere Zusammenarbeit zwischen den Marktüberwachungsbehörden der EU-Mitgliedstaaten, um den Austausch von Informationen über gefährliche Produkte zu erleichtern und koordinierte Maßnahmen zu ermöglichen (Europäische Union, 2023). In Deutschland soll dadurch auch die Zusammenarbeit zwischen den Bundesländern gestärkt werden, um die Produktsicherheitsüberwachung einheitlicher und effektiver zu gestalten.

Unternehmen sind nun ebenfalls verpflichtet, ernste Sicherheitsrisiken und Rückrufe unverzüglich über das EU-Safety-Gate-System zu melden (IHK, 2024). Gleichzeitig müssen die zuständigen nationalen Behörden, wie die Bundesanstalt für Arbeitsschutz und Arbeitsmedizin (BAuA), unverzüglich informiert werden (BAuA, 2024). Für die Kommunikation von Rückrufen gelten strenge Anforderungen: Rückrufbenachrichtigungen müssen klar formuliert und inhaltlich präzise sein. Zu diesem Zweck wird ein standardisiertes Template bereitgestellt (Europäische Union, 2024; siehe Abb. 7.2).

Herstellerinnen in der EU sind im Falle eines Produktrückrufs verpflichtet, Verbraucherinnen mindestens zwei der folgenden Korrekturmaßnahmen anzubieten: die Reparatur des zurückgerufenen Produkts, einen Ersatz oder eine Erstattung in Höhe des ursprünglichen Kaufpreises (IHK, 2024). Für Produktkategorien mit erhöhtem Sicherheitsrisiko müssen darüber hinaus Rückverfolgbarkeitssysteme eingeführt werden. Diese Systeme speichern relevante Daten, um Produkte und ihre Komponenten entlang der gesamten Lieferkette eindeutig identifizieren zu können (Europäische Union, 2023).

Unternehmen in der EU müssen außerdem die Effektivität von Produktrückrufen überprüfen und sicherstellen, dass alle betroffenen Produkte für Verbraucherinnen unschädlich gemacht werden (BAuA, 2024). Dazu sind regelmäßige Berichte über den Rückrufverlauf an die zuständigen Behörden erforderlich. Werden die Vorschriften zur Produktsicherheit nicht ein-

> **[COMPANY NAME] RECALLS [PRODUCT]**
>
> *Insert picture(s) of product & a graphical indication of where to find identification numbers (if applicable)*
>
> *For the online version of the recall notice, it is important that essential information contained in the picture, especially if it is needed to identify the recalled product, is also available in a written format that is machine-readable.*

Include clear description of the recalled product, including PRODUCT IDENTIFICATION INFORMATION:
- Name and brand of the product
- Product identification numbers, such as batch and serial number and, if applicable, graphical indication of where to find them on the product
- Information on where, when and by whom the product was sold (if available)

WHY IS THIS PRODUCT DANGEROUS?
- Clearly state the hazard the product poses and why
- Don't use any terms or expressions that may decrease consumers' perception of risk, for example "voluntary"/ "precautionary"/ "discretionary", "in rare/specific situations" or by indicating that there have been no reported accidents

WHAT TO DO
- Instruct consumers to stop using the recalled product immediately
- Clearly explain the action consumers should take (for example, return to point of sale, schedule appointment for in-house pick-up/repair)

REMEDIES FOR CONSUMERS
- Clearly describe the remedies available to consumers among the following: repair, replacement, or refund (in accordance with Article 37 of Regulation 2023/988)
- Indicate whether additional incentives (for example discounts or vouchers) are available

CONTACT
- Provide the address of an interactive online service (such as a website with a contact form, or an email address) and/or free phone number where consumers can get more information in relevant official language(s) of the Union.

Abb. 7.2 EU-Vorlage für Produktrückrufbenachrichtigungen. (Hinweis: Rahmen und Überschriften waren in Signalrot in der Originalvorlage. Quelle: Europäische Union, 2024)

7 Produktrückrufe im deutschsprachigen Raum

| Company logo (optional) | **Product Safety Recall** | Date |

[APOLOGY (OPTIONAL)]
[LINKS TO SOCIAL MEDIA / WEBSITE (OPTIONAL)]
[QR CODE or other technical solution leading to recall page / more information (OPTIONAL)]

SPREAD THE NEWS: Tell your friends and family about this recall!

Logo of market surveillance authority if recall follows a compulsory measure (optional)

Abb. 7.2 (Fortsetzung)

gehalten, drohen Sanktionen. Die konkrete Art und der Umfang dieser Sanktionen werden jedoch von den einzelnen Mitgliedstaaten festgelegt (Europäische Union, 2023).

Die rechtlichen Rahmenbedingungen des Produktrückrufmanagements von Konsumgütern in den USA weisen einige Gemeinsamkeiten, aber auch deutliche Unterschiede zu den Regelungen der EU-Produktsicherheitsverordnung auf. In den USA wird das Rückrufmanagement in der Konsumgüterindustrie durch den Consumer Product Safety Improvement Act (CPSIA) geregelt, der eine zentrale bundesstaatliche Überwachung durch die Consumer Product Safety Commission (CPSC) vorsieht. Ähnlich wie in der EU sind Konsumgüterunternehmen in den USA verpflichtet, sicherzustellen, dass ihre Produkte den geltenden Sicherheitsstandards entsprechen, bevor sie in den Handel gelangen (CPSC, 2008).

Ein wesentlicher Unterschied liegt in der Meldepflicht: Unternehmen in den USA müssen die CPSC bereits bei ersten Anhaltspunkten eines potenziellen Produktfehlers informieren – und das innerhalb von 24 h nach der Identifizierung eines Defekts (CPSC, 2024a). Die Entscheidungsprozesse und Anforderungen an Rückrufe in den USA sind im Vergleich zur EU noch detaillierter geregelt. Rückrufmaßnahmen werden in einem sogenannten „Corrective Action Plan" zwischen dem Unternehmen und der CPSC festgelegt, wobei die Behörde präzise Vorgaben für die Durchführung macht.

Genau wie in die EU-Produktsicherheitsverordnung, hat die CPSC verbindliche Regelungen für die Kommunikation von Rückrufen an Verbraucherinnen festgelegt. Rückrufbenachrichtigungen müssen beispielsweise die Anzahl der zurückgerufenen Einheiten, eine genaue Beschreibung des Produkts und eine Darstellung der ausgehenden Gefahr enthalten (CPSC, 2021).

Während die EU vorschreibt, dass mindestens zwei Korrekturmaßnahmen angeboten werden müssen, haben Herstellerinnen in den USA mehr Flexibilität: Sie können eine einzelne Maßnahme anbieten, etwa eine Reparatur, den Ersatz des Produkts, eine Erstattung oder eine alternative Lösung.

Die Rückverfolgbarkeit von Produkten spielt auch in den USA eine wichtige Rolle. Die CPSC hat spezifische Kennzeichnungsregelungen für einige Produktkategorien, wie Spielzeuge, eingeführt, um betroffene Produkte im Falle eines Produktfehlers schnell identifizieren zu können (CPSC, 2024b). Ebenso wie Unternehmen in der EU müssen Herstellerinnen in den USA, die in Rückrufe involviert sind, regelmäßig Berichte an die CPSC übermitteln, um den Status und die Effektivität des Rückrufs zu dokumentieren.

Ein bedeutender Unterschied zeigt sich bei den Strafen für Verstöße gegen Produktsicherheitsvorschriften: In den USA können zivilrechtliche Strafen deutlich höher ausfallen und haben schon Beträge von über 17 Mio. US-Dollar erreicht. In schweren Fällen drohen zudem strafrechtliche Konsequenzen, einschließlich weiterer Geldstrafen oder Freiheitsstrafen (Federal Register, 2021).

Mit der EU-Produktsicherheitsverordnung wurde in der EU ein strengeres, stärker reguliertes System eingeführt, das sich an den Grundprinzipien des US-amerikanischen Modells orientiert. Während die umfassende Einbindung der CPSC in den USA mehr Transparenz und Einheitlichkeit gewährleistet, zielt das reformierte europäische System darauf ab, ähnliche Vorteile zu erzielen und die Effektivität von Rückrufen zu steigern. Trotz dieser Reform bleiben wesentliche Unterschiede zwischen dem deutschsprachigen Raum und den USA bestehen. In den USA sorgt die zentrale Rolle der CPSC für eine einheitliche Durchsetzung und Kontrolle der Produktsicherheitsregeln. In Deutschland hingegen bleibt die praktische Umsetzung der EU-Produktsicherheitsverordnung durch die föderale Struktur dezentral organisiert, auch wenn die Marktüberwachung durch die EU-Verordnung verbessert wurde. Ein weiterer Unterschied zeigt sich bei den Sanktionen: In den USA können sehr hohe Geldstrafen verhängt werden, und in schweren Fällen droht sogar strafrechtliche Verfolgung. Im deutschsprachigen Raum fallen die Sanktionen in der Regel weniger streng aus. Zudem ist die Einbindung von Unternehmen in den Entscheidungsprozess für Rückrufprozesse weniger strikt. Während die CPSC in den USA detaillierte Vorgaben macht und die Umsetzung aktiv steuert, haben Unternehmen in im deutschsprachigen Raum selbst nach der Reform mehr Spielraum.

Neben rechtlichen Unterschieden können auch kulturelle Besonderheiten den Umgang von Verbraucherinnen mit Produktfehlern und -rückrufen sowie die Anforderungen an Unternehmen beeinflussen. In Gesellschaften des deutschsprachigen Raums spielt die Unsicherheitsvermeidung eine überdurchschnittlich große Rolle (Hofstede, 2011). Im Vergleich zu Verbraucherinnen in den USA sind deutschsprachige Verbraucherinnen im Durchschnitt skeptischer und risikoaverser (Diehl et al., 2007). Produktfehler und -rückrufe könnten daher – als Abweichung von Ordnung und Struktur – von Verbraucherinnen als besonders große Bedrohung wahrgenommen werden. Dieser hohe Anspruch an die Fehlerlosigkeit von Unternehmen könnte den Druck auf diese erhöhen.

Studien haben gezeigt, dass deutsche Konsumentinnen sensibel auf unternehmerisches Fehlverhalten reagieren und besonderen Wert darauflegen, dass Unternehmen soziale Normen einhalten (Maignan & Ferrell, 2003). Um der größeren Bedeutung von Unsicherheitsvermeidung im deutschsprachigen Raum gerecht zu werden, sollten Unternehmen im Falle von Produktfehlern und -rückrufen besonders auf transparente Kommunikation achten, um Unsicherheiten bei Verbraucherinnen abzubauen.

Dieses Kapitel beleuchtete, wie rechtliche und kulturelle Faktoren das Produktrückrufmanagement im deutschsprachigen Raum prägen und beeinflussen. Darüber hinaus zeigte es die generelle Relevanz der Beachtung regionaler Besonderheiten für ein effektives Management von Produktrückrufen auf. Besonders global agierende Unternehmen stehen vor der anspruchsvollen Aufgabe, ihre Rückrufprozesse an die vielfältigen regionalen Gegebenheiten anzupassen, um in allen Märkten die rechtlichen Rahmenbedingungen einzuhalten, eine hohe Rückrufeffektivität zu erzielen und Schäden für das Unternehmen und für Verbraucherinnen zu minimieren.

Literatur

BAuA. (2024). *Fragen und Antworten zu Rückrufen auf der Basis der General Product Safety Regulation (Regulation (EU) 2023/988)*. https://www.baua.de/DE/Themen/Monitoring-Evaluation/Marktueberwachung-Produktsicherheit/Rueckrufmanagement/FAQ? Zugegriffen am 13.12.2024.

Consumer Product Safety Commission. (2008). *Consumer product safety improvement act of 2008*. https://www.cpsc.gov/s3fs-public/pdfs/blk_pdf_cpsia.pdf. Zugegriffen am 13.12.2024.

Consumer Product Safety Commission. (2021). *Product safety planning, reporting and recall handbook*. https://www.cpsc.gov/s3fs-public/CPSCRecallHandbookAugust2021.pdf. Zugegriffen am 13.12.2024.

Consumer Product Safety Commission. (2024a). *Duty to report to CPSC: Rights and responsibilities of businesses*. https://www.cpsc.gov/Business%2D%2DManufacturing/Recall-Guidance/Duty-to-Report-to-the-CPSC-Your-Rights-and-Responsibilities. Zugegriffen am 13.12.2024.

Consumer Product Safety Commission. (2024b). *Tracking label*. https://www.cpsc.gov/FAQ/Tracking-Label. Zugegriffen am 13.12.2024.

Diehl, S., Mueller, B., & Terlutter, R. (2007). Skepticism toward pharmaceutical advertising in the US and Germany. In *Cross-Cultural Buyer Behavior* (S. 31–60). Emerald Group Publishing Limited.

Europäische Union. (2023). EU-Produksicherheitsverordnung. https://eur-lex.europa.eu/legal-content/DE/TXT/?uri=CELEX%3A32023R0988. Zugegriffen am 13.12.2024.

Europäische Union. (2024). *Commission Implementing Regulation (EU) 2024/1435 of 24 May 2024 laying down rules for the application of Regulation (EU) 2023/988 of the European Parliament and of the Council as regards establishing the template for a recall notice*. https://op.europa.eu/en/publication-detail/-/publication/8e3b2cd6-1bc3-11ef-a251-01aa75ed71a1/language-en. Zugegriffen am 13.12.2024.

FAZ. (2023, 16. Februar). *Wilke-Wurstskandal: Anklage gegen Manager wegen fahrlässiger Tötung*. https://www.faz.net/aktuell/gesellschaft/wilke-wurstskandal-anklage-gegen-manager-wegen-fahrlaessiger-toetung-18684632.html. Zugegriffen am 15.04.2024.

Federal Register. (2021). *Notice of adjusted maximum civil penalty amounts*. https://www.federalregister.gov/documents/2021/12/01/2021-26082/civil-penalties-notice-of-adjusted-maximum-amounts? Zugegriffen am 13.12.2024.

Hessler, U. (2019, September 30). Class action lawsuit against VW in Germany. *DW*. https://www.dw.com/en/german-class-action-lawsuit-over-vw-emissions-begins/a-50596406. Zugegriffen am 15.04.2024.

Hofstede, G. (2011). Dimensionalizing cultures: The Hofstede model in context. *Online readings in psychology and culture, 2*(1), 8.

IHK. (2024). *EU-Verordnung 2023/988 – Neue Vorschriften zur Produktsicherheit.* https://www.ihk.de/braunschweig/beratung-und-service/innovation/produktsicherheit-und-ce-kennzeichnung/eu-verordnung-2023-988-neue-vorschriften-zur-produktsicherheit-6291004? Zugegriffen am 13.12.2024.

Maignan, I., & Ferrell, O. C. (2003). Nature of corporate responsibilities: Perspectives from American, French, and German consumers. *Journal of Business research, 56*(1), 55–67.

8

Spillover-Effekte

> **Was Sie in diesem Kapitel erwartet**
> - In diesem Kapitel werden das Konzept des Spillover-Effekts (Übertragungseffekt) bei Produktrückrufen und die Gründe für sein Auftreten erläutert.
> - Es wird beschrieben, wie die Folgen von Produktrückrufen sich auf andere Produkte innerhalb derselben Marke/desselben Unternehmens, auf Wettbewerberinnen und auf B2B-Kundinnen des rückrufenden Unternehmens auswirken können.
> - Anhand von Praxisbeispielen werden die Auswirkungen auf Managerinnen in verschiedenen Szenarien verdeutlicht.
> - Schließlich werden in diesem Kapitel Einblicke in Strategien gegeben, die Unternehmen einsetzen können, um die negativen Konsequenzen von Produktrückrufen zu mildern.

Produktrückrufe können weitreichende Auswirkungen auf Produkte haben, die nicht direkt vom Rückruf betroffen sind. Jeder Rückruf kann sich auf andere Produkte und Marken auswirken, die von der zurückrufenden Firma vermarktet werden. Diese Effekte können sich auch auf Wettbewerberinnen erstecken. Dieses Phänomen, das Spillover-Effekt bezeichnet wird, tritt auf, wenn die Wahrnehmung einer Marke oder eines Produkts durch Informationen beeinflusst wird, die nicht direkt mit der Marke oder dem Produkt selbst verbunden sind (Ahluwalia et al., 2001). Untersuchungen deuten jedoch darauf hin, dass Spillover-Effekte wahrscheinlicher sind, wenn zwei Marken oder Produkte große Ähnlichkeiten in Bezug auf Produktattribute, Marktgröße und Herkunftsland aufweisen (Borah & Tellis, 2016). Zu den Marken, die sich bei Produktrückrufen gegenseitig beeinflussen und in einem Wettbewerb interagieren können, gehören nicht zurückgerufene Produkte derselben Marke oder desselben Unternehmens sowie konkurrierende Marken in derselben Kategorie (Mackalski & Belisle, 2015). Diese breite Wirkung von Produktrückrufen unterstreicht, wie wichtig es ist, Auswirkungen zu berücksichtigen, die über die direkt am Rückruf beteiligte Marke hinausgehen. In den folgenden Abschnitten wird untersucht, wie sich der Spillover-Effekt auf ähnliche Produkte und Marken erstreckt.

8.1 Spillover-Effekte auf Produkte desselben Unternehmens

Der Spillover-Effekt kann sich auf nicht direkt vom Rückruf betroffene Produkte auswirken, die unter demselben oder einem anderen Markennamen vom zurückrufenden Unternehmen verkauft werden. Dies liegt daran, dass die nicht betroffenen Produkte einer Marke nicht vollständig vor der negativen Berichterstattung rund um die betroffenen Produkte geschützt werden können. Es gilt das Sprichwort „mitgefangen, mitgehangen". Der Rückruf von Butter von Land O'Lakes dient als eindrückliches Fallbeispiel, um kurzfristige Spillover-Effekte zu verstehen, die sich aus einem Produktrückruf ergeben.

> **Rückruf von Land O'Lakes Buttersticks**
>
> Im Juli 2003 rief Land O'Lakes, eine bekannte Herstellerin von Butter, Margarine und Milchprodukten in den USA, freiwillig 3500 Einheiten gesalzener Buttersticks wegen möglicher Kontamination mit Metallsplittern zurück. Dieser Rückruf erstreckte sich über 22 Bundesstaaten und erhielt umfang-

> reiche Medienberichterstattung in nationalen, lokalen und populären Online-Medien. Trotz der negativen Berichterstattung wurde der Rückruf gut gemanagt: Es wurden keine Verletzungen oder Todesfälle gemeldet. Das Unternehmen hielt effektive Kommunikationskanäle mit der FDA und Einzelhändlerinnen aufrecht, und es gab keine Hinweise auf Engpässe bei anderen Produkten von Land O'Lakes. In diesem Szenario trat der Spillover-Effekt folglich unter den *idealen* Umständen inmitten negativer Berichterstattung auf.
>
> Bei der Analyse der Verkaufsdaten für die vier Wochen vor und die sechs Wochen nach dem Rückruf stellten Mackalski und Belisle (2015) fest, dass sich die Auswirkungen des Rückrufs sowohl auf die Margarine von Land O'Lakes als auch auf das breitere Markenportfolio von Land O'Lakes erstreckten. Im Wesentlichen verzeichneten die Verkäufe der gesamten Land O'Lakes-Produktfamilie innerhalb eines Monats nach dem Rückruf der Buttersticks einen Rückgang von 17 %.

Weitere Untersuchungen deuten darauf hin, dass Verbraucherinnen während einer Produktschadenskrise ihre Nachfrageerwartungen auf der Grundlage von Informationen über ähnliche Produkte anpassen, was zu einer Senkung der Erwartungen an die Qualität nicht betroffener Produkte führt. In der Folge führt dies zu Unzufriedenheit und einem Nachfragerückgang (Che et al., 2023).

Bei der Bewältigung von Umsatzverlusten, die durch die vom Rückruf betroffene Markenfamilie entstanden sind, können Managerinnen die folgenden Erkenntnisse nutzen:

- Verbraucherinnen assoziieren Produkte in der Regel mit bestimmten Marken und nicht mit Kategorien.
- Der beschriebene Rückruf von Land O'Lakes unterstreicht zusammen mit den Forschungsergebnissen den zweischneidigen Charakter der Branded-House-Strategie. Während eine solche Strategie von positiven Assoziationen innerhalb der Markenfamilie profitiert, macht sie die Marke auch anfällig für negative Spillover-Effekte durch Produktrückrufe (Ahluwalia et al., 2001).
- Alternativ bietet eine House-of-Brands-Strategie eine höhere Resilienz, insbesondere in Krisenzeiten (Aaker, 2004), fordert aber mehr Ressourcen und stellt größere Anforderungen an das Markenmanagement.

8.2 Spillover-Effekte auf Wettbewerberinnen

Wettbewerberinnen, die Ähnlichkeiten mit der zurückrufenden Marke aufweisen oder in den Köpfen der Verbraucherinnen durch gemeinsame Assoziationen mit dieser verbunden sind, sind besonders anfällig für Spillover-Effekte. Eine Beeinträchtigung der Wahrnehmung der zurückrufenden Marke kann zu Kollateralschäden für die Marken führen, die durch diese Assoziationen verknüpft sind (Mackalski & Belisle, 2015). Studien zeigen jedoch, dass das Ausmaß des Spillover-Effekts von verschiedenen Faktoren beeinflusst wird, darunter Marketingaktivitäten (Van Heerde et al., 2007), das Herkunftsland (Borah & Tellis, 2016), die Produktzuverlässigkeit (Liu & Varki, 2021) sowie die gewählte Rückrufstrategie (Fang et al., 2024). Diese Einflussfaktoren werden in der folgenden Diskussion genauer analysiert.

Der gezielte Einsatz des Marketing-Mixes kann dazu beitragen, assoziierte Marken im Umfeld einer Produktschadenskrise zu schützen (Cleeren et al., 2013). Ein bemerkenswertes Beispiel ist der Rückruf von Kraft-Erdnussbutter, wie bereits in den Abschn. 3.3 und 5.3.1 vorgestellt.

> **Rückruf von Kraft-Erdnussbutter in Australien (Reprise II)**
>
> Im Jahr 1996 geriet Kraft Australia in eine schwere Krise, als seine Erdnussbutter mit einer Salmonellenvergiftung in Verbindung gebracht wurde. Der Rückruf aller von Kraft hergestellten Erdnussbutterprodukte führte dazu, dass der Verkauf von 70 % der Produkte des australischen Erdnussbuttermarktes eingestellt wurde. Die Schwere der Krise wurde durch zahlreiche gemeldete Fälle von Salmonellenvergiftungen und Beschwerden von Verbraucherinnen unterstrichen.
>
> Kraft sah sich für seine schleppende Reaktion mit Kritik konfrontiert und wurde von einer Anwaltskanzlei verklagt. Alle Verkäufe der Erdnussbutter-Marke von Kraft kamen für mehr als vier Monate, vom 30. Juni bis zum 17. November 1996, zum Erliegen. Um die Marke nach der Krise wiederzubeleben, investierte Kraft bis zu 3 Mio. australische Dollar in nationale Werbemaßnahmen.
>
> Während der fünfmonatigen Krise hat Krafts Konkurrenzmarke Sanitarium ihre wöchentlichen Werbeausgaben deutlich gesteigert und satte 36-mal mehr ausgegeben als in der Zeit vor der Krise. Innerhalb der ersten vier Wochen nach der Krise brach der Umsatz der Marke Kraft im Vergleich zu den vorangegangenen vier Wochen um 59 % ein, während sich der Umsatz von Sanitarium verdreifachte. Dieser Umsatzanstieg von Sanitarium war zum Teil auf die aggressive Werbekampagne zurückzuführen (Van Heerde et al., 2007).

> Sanitarium beging jedoch einen strategischen Fehler, indem es sich entschied, die Preise zu erhöhen. Untersuchungen deuten darauf hin, dass eine *Preissenkung* strategisch vorteilhafter gewesen wäre, um langfristige Marktanteile gegenüber den Kraft-Marken zu gewinnen (Van Heerde et al., 2007). Die Entscheidung für eine Preiserhöhung führte möglicherweise dazu, dass sich die Verbraucherinnen von Sanitarium ausgenutzt fühlten. Enttäuschte Verbraucherinnen kehrten nach dem Rückruf schnell zu Kraft zurück, was zeigt, wie wichtig Preisstrategien für die Aufrechterhaltung der Kundenbindung auch während und nach den Produktschadenskrisen eines Wettbewerbers sind.

Eine zentrale Erkenntnis aus dem Kraft-Fall ist, dass ein Produktrückruf nicht nur negative Spillover-Effekte für Konkurrentinnen mit sich bringen kann, sondern diesen auch die Möglichkeit bietet, von einem (schlecht gemanagten) Rückruf zu profitieren (Van Heerde et al., 2007). Forschungen zeigen, dass Wettbewerberinnen ihre kurzfristigen Verkäufe durch gezielte Maßnahmen wie Werbung, Coupons, Sonderaktionen und andere Marketinginstrumente während einer Krise steigern können (Mackalski & Belisle, 2015).

Da eine Produktschadenskrise eine gesamte Produktkategorie beeinträchtigen kann, sollten die Werbung für die Kategorie sowie die Preisstrategien sorgfältig an die spezifischen Umstände der Krise angepasst werden. Dabei spielen Faktoren wie die Art der Produktschadenskrise, die wahrgenommene Schuld des zurückrufenden Unternehmens und die Intensität der negativen Berichterstattung eine entscheidende Rolle (Cleeren et al., 2013). Abb. 8.1 fasst die allgemeinen Richtlinien zusammen.

Ein weiterer Schlüsselfaktor, der die Wahrnehmung der Ähnlichkeit zwischen Marken durch die Verbraucherinnen beeinflussen kann, ist das Herkunftsland. Verbraucherinnen können ähnliche Annahmen über Marken aus demselben Land treffen. Zum Beispiel könnten Verbraucherinnen glauben, dass Marken aus demselben Land ähnliche Produktentwicklungsprozesse haben. Tatsächlich verwenden Marken aus demselben Land in vielen Fällen die gleichen Beschaffungs- und Produktionsprozesse für die Produktentwicklung (Borah & Tellis, 2016). Ein klassisches Beispiel hierfür ist der Abgasskandal von Volkswagen, der bereits in den Abschn. 3.1 und 3.2 beschrieben wurde.

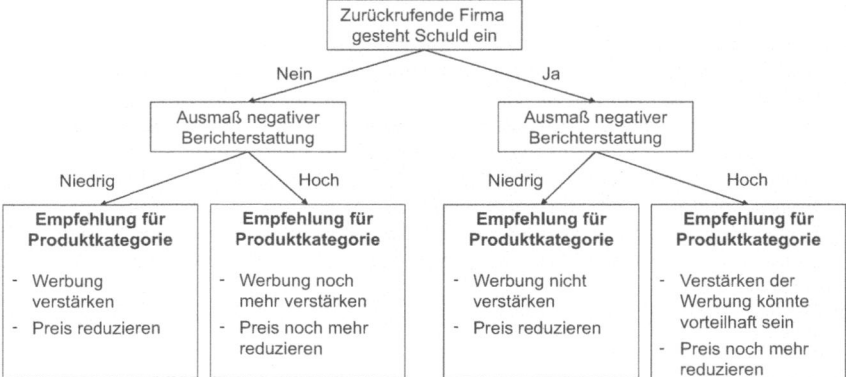

Abb. 8.1 Empfohlene Maßnahmen nach dem Rückruf für die Kategorie auf der Grundlage von Rückrufmerkmalen. (Quelle: Eigene Darstellung basierend auf Cleeren et al., 2013)

Volkswagens Dieselskandal (Reprise II)

Im September 2015 gab Volkswagen zu, in bestimmten Dieselfahrzeugen eine „Abschalteinrichtung" eingebaut zu haben, die die Emissionskontrollen während des regulären Fahrbetriebs deaktivierte, sie aber bei Tests wieder aktivierte. Dadurch konnten die Fahrzeuge bis zu 40-mal mehr Schadstoffe ausstoßen als erlaubt.

In den ersten fünf Tagen nach dem Rückruf erlitten europäische Wettbewerberinnen und Zuliefererinnen, die mit Volkswagen in Verbindung stehen, Marktkapitalisierungseinbußen in Höhe von 18,3 bzw. 12,6 Mrd. €. Europäische Wettbewerberinnen wie Daimler, BMW und Renault verzeichneten die größten individuellen Marktkapitalisierungseinbußen (Barth et al., 2022). Forschungsergebnisse deuten darauf hin, dass negative Online-Kommentare bei Marken aus demselben Land am stärksten sind und folglich die Erfolgskennzahlen wie Umsatz und Aktienkurs von den Konkurrentinnen einer zurückrufenden Firma beeinflussen kann (Borah & Tellis, 2016).

Daher ist es für nicht betroffene Unternehmen essenziell, Rückrufaktionen aufmerksam zu beobachten, insbesondere wenn es sich um Wettbewerberinnen aus demselben Land oder mit einem ähnlichen Kundensegment handelt. Wettbewerberinnen sollten analysieren, wie ihre eigenen Marken mit dem Rückruf und der betroffenen Marke in

Verbindung stehen. Auf Basis dieser Analyse können Strategien entwickelt werden, um entweder von dem Rückruf zu profitieren (siehe Kraft-Beispiel) oder Maßnahmen zu ergreifen, die negative Spillover-Effekte minimieren (siehe Volkswagen-Dieselskandal). Bei der Minimierung negativer Spillover-Effekte ist jedoch Vorsicht geboten, insbesondere bei Verleugnungsstrategien. Aussagen wie „Wir sind sauber" können nachteilig wirken, wenn Verbindungen – etwa durch gemeinsame Lieferanten – nachgewiesen werden.

Ein weiterer entscheidender Faktor, der Spillover-Effekte verstärkt, ist die Reputation des zurückrufenden Unternehmens. Als Toyota 2010 seine Fahrzeuge zurückrief, führte dies zu Marktwertverlusten von 1,63 %, 1,96 % bzw. 5,90 % bei Honda, Nissan und Ford (Borah & Tellis, 2016). Im Vergleich dazu verursachte der Rückruf von General Motors 2014 nur Verluste von 0,19 %, 0,87 % und 0,29 % bei Honda, Ford und Toyota. Der Rückruf von Toyota hatte größere Auswirkungen auf Wettbewerberinnen – möglicherweise aufgrund der höheren wahrgenommenen Produktzuverlässigkeit von Toyota. Verbraucherinnen sind tendenziell skeptischer gegenüber assoziierten Wettbewerberinnen, wenn eine Marktführerin in Turbulenzen gerät, da diese oft als Maßstab für Sicherheit und Qualität gilt.

Empirische Studien zeigen, dass Rückrufe zu stärkeren Spillover-Effekten führen, wenn die Produktzuverlässigkeit des zurückrufenden Unternehmens hoch ist. Dieser Effekt nimmt jedoch ab, wenn die Produktzuverlässigkeit der Wettbewerberin ebenfalls hoch ist (Liu & Varki, 2021). Führungskräften wird empfohlen, ihre Produktqualität aktiv zu kommunizieren. Wenn Toyota beispielsweise einen Rückruf startet, könnte Hyundai den Spillover-Effekt reduzieren, indem es die Auszeichnungen seiner Kia-Modelle Sorento und Rio durch J.D. Power hervorhebt.

Die Rückrufstrategie des zurückrufenden Unternehmens ist der vierte wichtige Faktor, der den Spillover-Effekt von Produktrückrufen auf Wettbewerberinnen beeinflusst. Ein zurückrufendes Unternehmen kann sich für eine von zwei Hauptstrategien entscheiden: einen proaktiven oder einen passiven Rückruf. Proaktive Rückrufe werden initiiert bevor es zu jeglichen Vorfällen (z. B. Unfällen mit Nutzerinnen) kommt. Passive Rückrufe hingegen werden veranlasst, nachdem das Unternehmen

Informationen über Zwischenfälle im Zusammenhang mit einem fehlerhaften Produkt erhalten hat, was in der Regel mit Druck durch die Aufsichtsbehörde einhergeht, das Produkt zurückzurufen. In den Augen der Kundinnen wird ein Unternehmen als sozial verantwortlicher, vertrauenswürdiger und kundenorientierter angesehen, wenn es proaktive Maßnahmen ergreift, bevor Vorfälle auftreten und bevor ein Eingreifen der Regierungsbehörden erforderlich wird.

Untersuchungen zeigen jedoch, dass proaktive Rückrufe im Vergleich zu passiven Rückrufen zu mehr negativen abnormalen Aktienkursverlusten auch für Wettbewerberinnen führen kann. Im Gegensatz zu Kundinnen können Stakeholder wie Anlegerinnen proaktive Rückrufe zunächst als Hinweis auf erhebliche Probleme mit der Produktsicherheit und potenzielle finanzielle Verluste für das zurückrufende Unternehmen wahrnehmen (Chen et al., 2009). Folglich kann dies nicht nur kurzfristig zu erheblichen negativen Auswirkungen auf die Aktienperformance des zurückrufenden Unternehmens führen, sondern auch die Risikowahrnehmung der Anlegerinnen in der gesamten Branche erhöhen, was zu negativen Auswirkungen führt, die auf andere Wettbewerberinnen innerhalb desselben Sektors übergreifen (Fang et al., 2024). Als Reaktion darauf können Wettbewerberinnen kurzfristige Werbe- und Verkaufsförderungsmaßnahmen einführen, um diese negativen Auswirkungen abzumildern. Solche Marketinginvestitionen können das Vertrauen von Kundinnen und Investorinnen in die Produktsicherheit der Wettbewerberin stärken – Voraussetzung ist allerdings, dass die Wettbewerberin nicht in ähnliche Produktsicherheitsthemen verwickelt ist. Andernfalls könnten derartige Maßnahmen kontraproduktiv wirken, wenn entsprechende Verbindungen bekannt werden.

Tab. 8.1 fasst zusammen, wie sich der Spillover-Effekte auf Wettbewerberinnen erstrecken kann. In der Tabelle sind die Schlüsselfaktoren aufgeführt, die die Spillover-Effekte von Produktrückrufen auf Wettbewerberinnen beeinflussen und bietet Einblicke in ihre Auswirkungen und empfohlene Strategien.

8 Spillover-Effekte

Tab. 8.1 Zusammenfassung der Faktoren, die Spillover-Effekt auf Wettbewerberinnen beeinflussen. (Quelle: Eigene Darstellung)

Faktoren	Beschreibung	Auswirkungen auf Wettbewerberin	Empfehlung für Wettbewerberin
Marketingaktivitäten	Effektiver Einsatz von Marketing-Mix-Instrumenten durch Konkurrentinnen während einer schlecht gemanagten Krise durch das zurückrufende Unternehmen	- Profitieren von der Steigerung des kurzfristigen Umsatzes	- Werbemittel und Werbestrategien anpassen
Herkunftsland	Konsumenten-wahrnehmung basierend auf der Herkunft von Marken	- Leiden unter Umsatzrückgängen und Aktienkursverlusten - Negative Online-Kommentare	- Überwachung der Online-Präsenz und -Kommunikation während des Rückrufs einer Mitbewerberin - Vermeidung einer Verleugnungsstrategie
Zuverlässigkeit der Produkte	Reputation für zuverlässige Produkte	- Hohe Produktzuverlässigkeit der *zurückrufenden Firma*: Negativer Effekt auf die Wettbewerberinnen - Hohe Produktzuverlässigkeit der *Wettbewerberin*: Wirkt als Puffer und reduziert die negativen Spillover-Effekte	- Aufbau/Förderung eines guten Rufs bezüglich Produktzuverlässigkeit - Kommunikation des guten Rufes während des Rückrufes
Rückrufstrategie	Strategie des rückrufenden Unternehmens (proaktiv vs. passiv)	- Proaktive Rückrufe führen zu mehr Aktienpreisverlusten als passive Rückrufe	- Kurzfristige Werbe- und Verkaufsförderungskampagnen starten

8.3 Spillover-Effekte auf B2B-Kundinnen

Wenn ein Produkt aufgrund von Sicherheitsbedenken, Qualitätsproblemen oder Verstößen gegen Vorschriften zurückgerufen wird, sind nicht nur die Endverbraucherinnen betroffen, sondern auch die Lieferkette und damit die B2B-Kundinnen des zurückrufenden Unternehmens. Diese B2B-Kundinnen könnten auf das zurückgerufene Produkt als Bestandteil oder Zutat in ihren eigenen Herstellungsprozessen angewiesen sein, was zu erheblichen Störungen in deren Abläufen führen kann. Singh (2021) identifizierte negative Spillover-Effekte von Rückrufen auf andere nicht zurückgerufene Artikel derselben Marke in B2B-Märkten innerhalb der Fahrzeugindustrie. Insbesondere nicht zurückgerufene Modelle innerhalb desselben Fahrzeugsegments wie das des zurückgerufenen Modells stoßen bei B2B-Auktionen auf eine geringere Nachfrage, was zu etwa 5,54 % niedrigeren Preisen führt. Nicht zurückgerufene Modelle konkurrierender Automobilherstellerinnen, die demselben Segment wie das zurückgerufene Modell angehören, müssen aufgrund des Spillover-Effektes ebenfalls mit niedrigeren Preisen (ca. 5,63 %) rechnen.

Der Reputationsschaden, den das zurückrufende Unternehmen erleidet, kann das Vertrauen seiner B2B-Partnerinnen beeinträchtigen. Ein prominentes Beispiel sind die Auswirkungen der Qualitätsprobleme von Boeing auf seine B2B-Kundinnen (siehe auch Fallbeschreibung in Abschn. 3.1).

Boeings anhaltende Qualitätsprobleme (Reprise): Reputationsschaden der Fluggesellschaften

Die Produktionsprobleme von Boeing sind auch für Alaska Airlines und anderen Kundinnen wie United Airlines zu einer Krise geworden. Diese Fluggesellschaften müssen sich beeilen, ihre Flugzeugflotten zu inspizieren und besorgte Passagierinnen und Aktionärinnen zu beruhigen.

In dem Bemühen, ihren Ruf zu schützen und das Vertrauen zu stärken, verfolgte Alaska Airlines eine ziemlich selbstbewusste PR-Strategie, indem sie ein Kamerateam in ihren Hangar einluden, um Inspektionen an den Flugzeugen durchzuführen und auf die Herstellungsfehler hinzuweisen, die Boeing zugeschrieben werden. Es ist erwähnenswert, dass beide Fluggesellschaften der Kommunikation mit ihren Kundinnen eine hohe Priorität beimessen. Nach dem Vorfall am 5. Januar 2024 veröffentlichte der CEO von Alaska Airlines eine Videobotschaft an Vielfliegerinnen, in der er die Ereignisse von Flug 1282 detailliert schilderte und sich für die verursachten Sorgen entschuldigte. Darüber hinaus skizzierte er die Schritte, die die Fluggesellschaft unternehmen würde, um die resultierenden Flugstörungen zu beheben, da Alaska etwa 20 % seiner Flotte am Boden lassen musste.

United Airlines hat sich bei den Reisenden für die Stornierungen entschuldigt und versprochen, dass die 737 Max 9-Flugzeuge „nicht fliegen werden, bis sie genehmigt sind und wir zuversichtlich sind, dass sie zu 100 % sicher sind" (Hawkins, 2024).

Literatur

Aaker, D. A. (2004). *Brand portfolio strategy: Creating relevance, differentiation, energy, leverage, and clarity.* Simon & Schuster.

Ahluwalia, R., Unnava, H. R., & Burnkrant, R. E. (2001). The moderating role of commitment on the spillover effect of marketing communications. *Journal of Marketing Research, 38*(4), 458–470.

Barth, F., Eckert, C., Gatzert, N., & Scholz, H. (2022). Spillover effects from the Volkswagen emissions scandal: An analysis of stock and corporate bond markets. *Schmalenbach Journal of Business Research, 74*, 37–76.

Borah, A., & Tellis, G. J. (2016). Halo (spillover) effects in social media: Do product recalls of one brand hurt or help rival brands? *Journal of Marketing Research, 53*(2), 143–160.

Che, X., Katayama, H., & Lee, P. (2023). Product-harm crises and spillover effects: A case study of the Volkswagen diesel emissions scandal in eBay used car auction markets. *Journal of Marketing Research, 60*(2), 409–424.

Chen, Y., Ganesan, S., & Liu, Y. (2009). Does a firm's product-recall strategy affect its financial value?. An examination of strategic alternatives during product-harm crises. *Journal of Marketing, 73*(6), 214–226.

Cleeren, K., van Heerde, H. J., & Dekimpe, M. G. (2013). Rising from the ashes: How brands and categories can overcome product-harm crises. *Journal of Marketing, 77*(2), 58–77.

Fang, X., Wang, W., Shao, Y., & Banerjee, P. (2024). Examining the effect of a firm's product recall on financial values of its competitors. *Journal of Business Research, 176*. https://doi.org/10.1016/j.jbusres.2024.114586

Hawkins, E. (2024, Januar 25). Airlines blame Boeing for reputational damage. *Axios.* https://www.axios.com/2024/01/25/airlines-turn-on-boeing. Zugegriffen am 15.04.2024.

Liu, D., & Varki, S. (2021). The spillover effect of product recalls on competitors' market value: The role of corporate product reliability. *Journal of Business Research, 137*, 452–463.

Mackalski, R., & Belisle, J. F. (2015). Measuring the short-term spillover impact of a product recall on a brand ecosystem. *Journal of Brand Management, 22*, 323–339.

Singh, K. (2021). *Essays on product recall decision and effect.* https://doi.org/10.17615/s480-5j74

Van Heerde, H., Helsen, K., & Dekimpe, M. G. (2007). The impact of a product-harm crisis on marketing effectiveness. *Marketing Science, 26*(2), 230–245.

9

Fazit: Top 10 der wichtigsten Erkenntnisse und Ausblick auf zukünftige Herausforderungen

Was Sie in diesem Kapitel erwartet
- Dieses Kapitel fasst die 10 wichtigsten Erkenntnisse dieses Buches zusammen:
  1. Produktschadenskrisen und Produktrückrufe stellen unvermeidbare Geschäftsrisiken dar.
  2. Es ist unerlässlich, potenzielle (latente) Produktschadenskrisen proaktiv zu managen.
  3. Sowohl die unmittelbaren als auch die dauerhaften rechtlichen, nichtfinanziellen und finanziellen Auswirkungen sollten berücksichtigt werden.
  4. Ein kundenorientierter Ansatz ist ausschlaggebend für ein erfolgreiches Produktrückrufmanagement.
  5. Produktrückrufprozesse und Korrekturmaßnahmen sollten nahtlos in die Customer Journey integriert werden.
  6. Produktrückrufe sollten auch als Gelegenheit gesehen werden, die Integrität des Unternehmens zu demonstrieren und das Vertrauen zu stärken.
  7. Die Rückrufbereitschaft ist der Dreh- und Angelpunkt für ein erfolgreiches Rückrufmanagement.
  8. Das Produktrückrufmanagementstellt ein zentrales Element der Marketingstrategie dar.

> 9. Es ist von zentraler Bedeutung, den Rückrufmanagement-Zyklus an das Geschäftsmodell und die Branche anzupassen.
> 10. Die Leitlinien für Rückrufe sollten kontinuierlich verbessert werden, um eine hohe Rückrufeffektivität in einer dynamischen Umwelt zu gewährleisten.
>
> Den Abschluss dieses Kapitels bildet ein Ausblick auf zukünftige Herausforderungen und Entwicklungen, die für das Produktrückrufmanagement relevant sind.

Im weiten Feld des Produktmanagements stellen Vorschriftsverletzungen, Sicherheitsprobleme und Produktrückrufe unvermeidliche Geschäftsrisiken dar. Diese Herausforderungen lediglich anzuerkennen und eine passive Haltung einzunehmen, ist jedoch keine Erfolg versprechende Strategie. Vielmehr wird in diesem Buch argumentiert, dass Unternehmen diese Risiken nicht nur proaktiv managen sollten, sondern dazu auch in der Lage sind. Dabei verdienen einige zentrale Aspekte besondere Aufmerksamkeit.

Nicht jedes Produktproblem eskaliert zu einer umfassenden Produktschadenskrise oder macht ein umfassendes Produktrückrufmanagement erforderlich. Jedoch erfordert jedes potenzielle Sicherheitsproblem einen sorgfältigen Umgang – insbesondere in einer Zeit fortwährender Beobachtung und sofortiger globaler Nachrichtenverbreitung. Schon vor einem öffentlichen Aufschrei sollten jeder Produktfehler und jedes Sicherheitsbedenken als latente Produktschadenskrise betrachtet werden, die nur darauf wartet, bekannt zu werden. In einer dynamischen und vernetzten Welt müssen Managerinnen der Zeit voraus sein und die Empörungswelle antizipieren. Daher kristallisiert sich proaktives Verhalten als bevorzugte Strategie gegenüber einer passiven Sichtweise und reaktiven Maßnahmen heraus.

Eine effektive Entscheidungsfindung in diesem Umfeld erfordert eine ganzheitliche Bewertung sowohl der kurz- als auch der langfristigen Auswirkungen, die rechtliche, nichtfinanzielle und finanzielle Dimensionen umfasst. Managerinnen müssen der Aufrechterhaltung eines konstanten Cashflows Priorität einräumen und sich darüber im Klaren sein, dass jede größere Produktschadenskrise erhebliche finanzielle Belastungen mit sich bringen kann, einschließlich sofortiger Rückrufkosten und rechtlicher

9 Fazit: Top 10 der wichtigsten Erkenntnisse und Ausblick auf ...

Konsequenzen. Während diese kurzfristige Perspektive entscheidend ist, um das Überleben des Unternehmens während einer Produktschadenskrise zu sichern, müssen Managerinnen auch mögliche langfristige Auswirkungen anerkennen. Erosion des Kundenvertrauens, Schädigung der Unternehmensreputation, und ein angeschlagenes Markenimage können die langfristigen Erholungsbemühungen behindern. So hat beispielsweise BMW kürzlich die Beziehungen zu seinem langjährigen Zulieferer Continental abgebrochen, nachdem weltweit rund 370.000 Autos von einem umfangreichen Rückruf betroffen waren. Dieser Rückruf, der auf fehlerhafte Bremsen von Continental zurückzuführen war, verursachte bei BMW Kosten in Höhe von rund 400 Mio. € (Wallstreet Online, 2024).

Forschung und Praxis helfen bei der Navigation in diesen turbulenten Gewässern. Unter Berücksichtigung der verschiedenen beteiligten Interessengruppen – in erster Linie Kundinnen und Groß-/Einzelhändlerinnen – erweist sich ein kundenorientierter Ansatz zur Bewältigung von Produktschadenskrisen und -rückrufen als effektiverer Ansatz verglichen mit einem alleinigen Fokus auf rechtliche oder technische Aspekte. Diese Perspektive geht über klassische kundenorientierte Marketingstrategien hinaus. Sie erweitert diese Strategien um ein kundenorientiertes Produktrückrufmanagement. Abb. 9.1 zeigt eine klassische Customer Journey, die durch das Produktrückrufereignis als weiteren Kundenkontaktpunkt ergänzt wird.

Die Einbettung von Produktsicherheitsbedenken und Rückrufprotokollen in die Struktur des Geschäftsbetriebs erfordert eine nahtlose Integration in die Customer Journey- und Touchpoint-Management-Strategien. Um diese Integration zu erreichen, ist ein tiefes Verständnis und eine Umsetzung des Produktmanagementzyklus erforderlich.

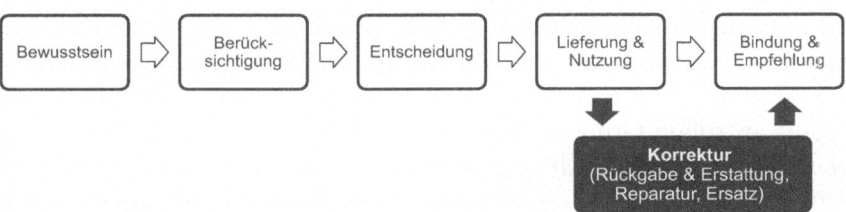

Abb. 9.1 Erweiterung der Customer Journey Karte um das Produktrückrufereignis und die Korrekturmaßnahmen. (Quelle: Eigene Darstellung)

Die Betrachtung des Produktrückrufs als einen weiteren – ebenso wichtigen – Kundenkontaktpunkt ist vielleicht die wichtigste Erkenntnis aus diesem Buch und legt zwei wichtige Implikationen nahe. Erstens erfordert ein erfolgreiches Kundenbeziehungsmanagement während der gesamten Customer Journey einen professionellen Ansatz für das Produktrückrufmanagement – auch wenn der Marketingprozess in umgekehrter Richtung gesteuert werden muss. Zweitens sind Produktschadenskrisen und Rückrufe nicht von Natur aus negativ. Sie stellen eine Gelegenheit dar, die wahren Qualitäten und Eigenschaften des Unternehmens zu präsentieren, indem sie die Worte des im 19. Jahrhundert geborenen amerikanischen Schriftstellers James Jane Allen aufgreifen „Widrigkeiten formen keinen Charakter – sie enthüllen ihn."

Im Mittelpunkt dieses Bestrebens steht die Etablierung der Rückrufbereitschaft. Zu warten, bis eine Produktschadenskrise zuschlägt und ein Rückruf zwingend erforderlich wird, lässt wenig Raum für akribische Planung oder strategische Überlegungen. Daher sind proaktive Maßnahmen zur Herstellung einer Rückrufbereitschaft unabdingbar. In diesem Zusammenhang sollte das Produktrückrufmanagement zu einem Eckpfeiler jeder Marketingstrategie werden. Während viele erfolgreiche Unternehmen über ausgefeilte Kundenzufriedenheits- und Beziehungsrahmen verfügen, bleibt das Produktrückrufereignis innerhalb dieser Rahmenbedingungen oft unzureichend berücksichtigt.

Der Managementzyklus für Produktrückrufe (siehe Kap. 5 und Abb. 9.2) bietet einen umfassenden Rahmen, der alle relevanten Aspekte und Aufgaben umfasst.

Die alleinige Einhaltung eines vorgegebenen Zyklus erweist sich jedoch als unzureichend. Managerinnen müssen über die Werkzeuge und Erkenntnisse verfügen, um jede Phase effektiv zu meistern. Jede Branche, jedes Geschäftsmodell und jede Lieferkette weisen einzigartige Feinheiten auf, die eine Anpassung des hier beschriebenen allgemeinen Produktmanagementzyklus erfordern. Nichtsdestotrotz dient der vorgeschlagene Zyklus als solide Grundlage und deckt alle relevanten Aspekte ab, die Managerinnen berücksichtigen müssen, wenn sie ihn an ihre spezifischen Bedürfnisse und Strategien anpassen. In einem sich ständig verändernden und dynamischen Marktumfeld ist es von entscheidender Bedeutung, die Rückrufprotokolle kontinuierlich zu verfeinern und den Rückrufmanagementzyklus anzupassen, um die Wirksamkeit zu gewährleisten.

9 Fazit: Top 10 der wichtigsten Erkenntnisse und Ausblick auf …

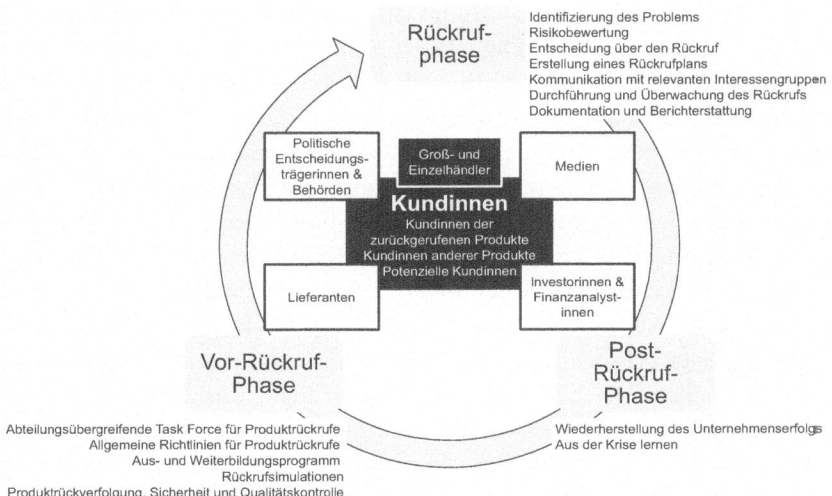

Abb. 9.2 Der Rückrufmanagement-Zyklus. (Quelle: Eigene Darstellung)

Das Management von Produktrückrufen wird immer wichtiger, da es in den kommenden Jahren mit einer Vielzahl von Herausforderungen konfrontiert ist, die durch Globalisierung, technologischen Fortschritt, verändertes Verbraucherverhalten und sich entwickelnde regulatorische Rahmenbedingungen und Umweltbelange verursacht werden.

Die Globalisierung der Lieferketten stellt eine erhebliche Hürde dar, da die Produkte mittlerweile aus verschiedenen Ländern stammen und die Verfolgung und den Ersatz fehlerhafter Produkte erschweren. Die Koordination von Rückrufen über internationale Grenzen hinweg führt zu logistischen und regulatorischen Herausforderungen. Darüber hinaus werden moderne Lieferketten immer komplexer und umfassen mehrere Ebenen von Lieferantinnen und Subunternehmerinnen. Die genaue Ursache eines Produktfehlers zu lokalisieren und sie durch diese komplexe Lieferkette zu verfolgen, stellt eine große Schwierigkeit dar. Um diese Risiken zu mindern, ist es unerlässlich, die Widerstandsfähigkeit der Lieferketten zu stärken. Dazu gehören Strategien wie die Diversifizierung von Lieferantennetzwerken, die Einführung robuster Qualitätskontrollmaßnahmen und Investitionen in Echtzeit-Überwachungstechnologien.

Der Aufstieg des Internet of Things (IoT) führt eine neue Dimension der Produktsicherheit ein. Die Digitalisierung bietet zwar Möglichkeiten zur frühzeitigen Fehlererkennung, bringt aber auch Cybersicherheitsrisiken und Bedenken hinsichtlich der Datensicherheit mit sich. Die effektive Verwaltung der riesigen Datenmengen, die von IoT-Geräten generiert werden, erfordert robuste Datenverwaltungs- und Analysefunktionen. Unternehmen müssen in Technologien und Know-how investieren, um Daten effizient zu sammeln, zu analysieren und zu interpretieren, um Produktfehler frühzeitig zu erkennen und Rückrufverfahren zu vereinfachen.

Informierte Kundinnen, unterstützt durch Technologien der künstlichen Intelligenz (KI), üben einen beispiellosen Einfluss aus. Diese Technologien ermöglichen es den Verbraucherinnen nicht nur, Produkte zu vergleichen, sondern auch potenzielle Gefahren schnell zu erkennen. KI ist zwar vielversprechend, um Sicherheitsrisiken vorzubeugen, beschleunigt aber auch die Verbreitung sicherheitsrelevanter Informationen und beeinflusst die öffentliche Wahrnehmung über Social-Media-Plattformen. Das Management der öffentlichen Wahrnehmung in Echtzeit ist von größter Bedeutung, um Reputationsschäden bei Rückrufaktionen zu minimieren. KI-Technologien bieten Herstellerinnen viele neue Möglichkeiten, indem sie die Produktsicherheit in den Forschungs-, Entwicklungs- und Produktionsphasen erhöhen und gleichzeitig eine verbesserte Identifizierung von Sicherheitsproblemen, die Rückverfolgung von Produkten und die gezielte Kundenbindung bei Rückrufen ermöglichen können.

KI stellt aber auch ein rechtliches und regulatorisches Novum für Unternehmen dar, die diese Technologie in ihre Produkte integrieren wollen. Es stellen sich Fragen zur Verantwortlichkeit, z. B. bei einem Unfall mit einem KI-gesteuerten Auto: Liegt die Verantwortung bei der menschlichen Eigentümerin des Fahrzeugs oder erstreckt sie sich auf die Herstellerin, die die KI-Systeme entwickelt hat? Dieses komplexe Thema unterstreicht die Notwendigkeit eines umfassenden Rechtsrahmens, der sich mit der Haftung im Zeitalter von KI befasst. Die derzeitigen Gesetze berücksichtigen möglicherweise nicht angemessen die einzigartigen Herausforderungen, die KI-Produkte mit sich bringen, was zu Unklarheiten in Bezug auf die Produkthaftung führt.

Die Navigation in der regulatorischen Landschaft stellt eine weitere große Herausforderung dar, wobei die Anforderungen je nach Rechtsordnung und Branche unterschiedlich sind. Multinationale Unternehmen müssen diese Komplexität durch eine enge Zusammenarbeit mit Regulierungsbehörden, Industriepartnerinnen und Interessengruppen bewältigen. Da sich die regulatorischen Rahmenbedingungen weiterentwickeln und die Produktsicherheit immer mehr in den Vordergrund rücken, sind Investitionen in das Rückrufmanagement nach wie vor von entscheidender Bedeutung.

Während sich die öffentliche Aufmerksamkeit derzeit auf Sicherheitsrisiken und eine rasche Reaktion der Unternehmen und Behörden konzentriert, um unsichere Produkte vom Markt zu nehmen, dürfen die Auswirkungen von Produktrückrufen auf die Umwelt nicht übersehen werden. Die Entsorgung oder das Recycling großer Mengen zurückgerufener Produkte kann erhebliche Auswirkungen auf die Umwelt haben. Unternehmen müssen die Umweltauswirkungen von Rückrufen berücksichtigen und nach Möglichkeit nachhaltige Entsorgungs- und Recyclingpraktiken anwenden. Es ist wahrscheinlich, dass die Öffentlichkeit und NGOs die Umweltauswirkungen zurückgerufener Produkte zunehmend unter die Lupe nehmen werden, was schließlich regulatorische Eingriffe einleiten könnte.

Zusammenfassend lässt sich sagen, dass Managerinnen, die mit der Produktsicherheit und dem Rückrufmanagement betraut sind, einen proaktiven Ansatz verfolgen und diesen konsequent in alle Aspekte ihrer Abläufe integrieren müssen. Die Priorisierung kundenorientierter Strategien, die Nutzung fortschrittlicher Technologien und die Einhaltung gesetzlicher Änderungen ermöglichen es Unternehmen, diese Herausforderungen effektiv zu meistern und die Reputation der Marke und das Vertrauen der Kundinnen zu schützen.

Literatur

Wallstreet Online. (2024, März 21). *BMW stellt Conti wegen Problemen bei Bremse vorerst aufs Abstellgleis*. https://www.wallstreet-online.de/nachricht/17911584-mm-bmw-stellt-conti-problemen-bremse-vorerst-aufs-abstellgleis

Literatur

Deschene, L. (2007, August 20). Five ways to do damage control like mattel. *CBS News*. https://www.cbsnews.com/news/five-ways-to-do-damage-control-like-mattel/. Zugegriffen am 15.04.2024.

Frankfurter Allgemeine. (2023, Februar 16). *Anklage gegen Wilke-Manager wegen fahrlässiger Tötung*. https://www.faz.net/aktuell/gesellschaft/wilke-wurstskandal-anklage-gegen-manager-wegen-fahrlaessiger-toetung-18684632.html. Zugegriffen am 16.09.2024.

Javadinia, A., Gill, M., & Jayachandran, S. (2023). Recall environment and post-recall stock market response. *Journal of the Academy of Marketing Science, 52*, 1–24.

Kim, C. (2024, Januar 26). *Órla Baxendale: Dancer with allergy eats mislabelled Stew Leonard's cookie and dies*. BBC. https://www.bbc.com/news/world-us-canada-68102202. Zugegriffen am 15.04.2024.

Mukherjee, U. K., Ball, G. P., Wowak, K. D., Natarajan, K. V., & Miller, J. W. (2022). Hiding in the herd: The product recall clustering phenomenon. *Manufacturing & Service Operations Management, 24*(1), 392–410.

Slider, A., Maidenberg, M. & Tangel, A. (2024, Januar 9). Alaska airlines boeing probe: What we know. *The Wall Street Journal.* https://www.wsj.com/business/airlines/alaska-airlines-boeing-737-max-9-probe-d1af9026. Zugegriffen am 15.04.2024.

Story, L. & Barboza, D. (2007, August 15). Mattel recalls 19 million toys sent from China. *The New York Times.* https://www.nytimes.com/2007/08/15/business/worldbusiness/15imports.html. Zugegriffen am 15.04.2024.

Stichwortverzeichnis

A

Abwicklungsgeschwindigkeit von Rückrufen 114
Agenda-Setting-Theorie 64
Aktivität in der Rückruf-Phase 95
Allgemeine Leitlinien für Produktrückrufe 84, 87
   How-To-Handbuch 88
   ISO Standard 88
   Leitlinien 88
   standardisierte Verfahren 88
   Zertifizierung der Produktsicherheit 88
Alpha-Test 97
Ambivalenzeffekt 32
Ansatz
   kundenorientierter 76, 175
   maßgeschneiderter für das globale Rückrufmanagement 78

Anweisung 47
Anzahl der Produktrückrufe 2
Art einer Produktrückholung 13
Aspekt, emotionaler von Kundenanliegen 78
Audis mangelhafte 1986 Ursachenanalyse 97
Aus- und Weiterbildungsprogramm für das Rückrufmanagement 84, 89
   Kommunikationsrichtlinien 89
   optimale Praktiken 89
   Protokolle zur Berichterstattung 89
   Rollen und Pflichten 89
   Workshops zu Rückrufbereitschaft 89
Auslöschungseffekt 32

Stichwortverzeichnis

Auswirkung
 auf den Umsatz 39
 haftungsrechtliche von
  Produktrückrufen 23
 kurzfristige 174
 langfristige 174
 von Rückrufen auf die
  Umwelt 179
 zweischneidige von medialer
  Aufmerksamkeit 65
Auswirkung, rechtliche von
 Produktrückrufen auf den
 Unternehmenserfolg 20, 98
 regulatorische 23
 strafrechtliche 23
 vertragliche 23
 zivilrechtliche 23
Auswirkung von Produktrückrufen
 auf den finanziellen Unternehmenserfolg 20, 37, 94
 Branchenumfeld 38
 direkte Kosten 37
 Rechtskosten 37
 Reputations- und
  Vertrauensschaden 37
 Umsätze 39
Auswirkung von Produktrückrufen
 auf den nicht-finanziellen
 Unternehmenserfolg
 20, 30, 98
 enttäuschte Kundener-
  wartungen 31
 Kundenzufriedenheit 31
 Markenhass 31
Auswirkung von Produktrückrufen auf
 den Unternehmenserfolg 20
 finanzielle 20, 37
 kurzfristige 20
 langfristige 20

nicht-finanzielle 20, 30
rechtliche 20, 23
Automobilprodukt 136
 Kommunikation mit
  Kundinnen 144
 Korrekturmaßnahme 143
 Rückrufeffektivität 144
 Rückrufgründe 142

B

Bearbeitung von
 Rückerstattungen 54
Benachrichtigungsschreiben 49
Bestandsrückholung 13
Beta-Test 96
Beteiligungsrate bei Rückrufen 114
Bewertung
 der finanziellen Auswirkungen
  durch Investorinnen und
  Analystinnen 68
 der operativen Leistung durch
  Investorinnen und
  Analystinnen 68
 des Reputationsmanagements
  durch Investorinnen und
  Analystinnen 68
Beziehung, vertrauensvolle mit den
 Medien 67
Boeings Qualitätsproblem
 24, 93, 170
Branche, rückrufintensive 38
Branchenumfeld 38
Branchenunterschiede
 Automobilprodukte 140
 Konsumgüter 130
 Lebensmittel 136
Branchenvorschrift 103
Bumerangeffekt 33

Stichwortverzeichnis

C

Campbells Rückverfolgbarkeitsprogramm 92
Chanceneffekt 32
Chargenanalyse 63
Chinesische 2008 Milchkrise 2, 3
Chipotle 2015 Rückruf 107
Compliance-Programm, erweitertes 58
Consumer Product Safety Act (CPSA) 58
Customer Journey Management 175
Customer Touchpoint Management 175

D

DACH-Region 150
Delta-Test 97
Diversität in abteilungsübergreifender Task Force für Produktrückrufe 86
Dokumentation und Berichterstattung 115
Durchführung und Überwachung von Rückrufen 113
   Abwicklungsgeschwindigkeit von Rückrufen 114
   Beteiligungsrate bei Rückrufen 114
   Implementierung von Korrekturmaßnahmen 113
   Isolierung zurückgegebener Artikel 113
   Rückrufeffektivität 113
Durchsetzung der Einhaltung gesetzlicher Vorschriften 57

E

Edeka und Kaufland 2024 Olivenöl-Rückruf 14
Eigenschaft von Produktrückrufen 12
Einfachheit des Rückrufprozesses 103
Einhaltung gesetzlicher Vorschriften 68
Einzelhändlerin 49
   Bearbeitung von Rückerstattungen 54
   Chargenanalyse 63
   fehlende Vorbereitung 54
   Früherkennung von Produktproblemen 49
   Informieren der Herstellerinnen durch Lieferantinnen 61
   Koordination 53
   logistische Unterstützung 63
   Planung und Durchführung von Rückrufen 63
   Produktrückverfolgung 53
   rechtliche Pflichten 60
   Schulung und Unterstützung 53
   Unterstützung 52
   unvorbereitete 54
   unzureichende Kommunikation 54
   Ursachenanalyse 63
   Verfolgung fehlerhafter Komponenten 63
   vertragliche Pflichten 60
   vertrauensvolle Zusammenarbeit mit der Herstellerin 64
Empörungswelle 65
   in den sozialen Medien 65
Entscheidung zum Rückruf 99
Entscheidungsträgerin, politische 57

Stichwortverzeichnis

Erfüllen von Kundenerwartungen 35
Erkenntnis, wichtigste 173
Erstellung eines Rückrufplans 102
   Branchenvorschriften 103
   Einfachheit des Rückrufprozesses 103
   How-To-Handbuch 105
   Kommunikationsstrategie 104
   Korrekturmaßnahme 103
   Managementinformationssystem 105
   Rückrufankündigung 104
   Rückverfolgbarkeit von fehlerhaften Produkten 105
   Ziele 103
EU-Produktsicherheitsverordnung 149, 151, 156
EU-Safety-Gate-System 153

F

Fahrzeugprodukt 140
   Korrekturmaßnahme 143
   Rückrufeffektivität 144
   Rückrufgründe 142
Fallstudie
   Audis mangelhafte 1986 Ursachenanalyse 97
   Boeings Qualitätsprobleme 24, 93, 170
   Campbells Rückverfolgbarkeitsprogramm 92
   falsch etikettierte Vanille-Florentiner Kekse 2024 63, 117
   fehlerhafte Gasgrill-Sets 28
   Fisher-Price 2019 Rock'n'Play Babywiegen-Rückruf 101
   Ford Pinto 1978 Rückruf 18
   GM 2014 Rückruf aufgrund defekter Zündschalter 48, 120
   IKEAs Kipp-Problem 25, 132
   Intel 1994 Pentium-Krise 77
   Johnson & Johnson 2010 Phantomrückruf 69
   Kinder 2022 und 2023 Schokoladen-Rückrufe 4
   Kraft 1996 Erdnussbutter-Rückruf 39, 118, 164
   Krisenvorsorge der Luftfahrtindustrie 82
   Kryptonite 2004 Kugelschreiber-Krise 65
   Land O'Lakes 2003 Buttersticks-Rückruf 162
   maßgeschneiderter Ansatz für das globale Rückrufmanagement 78
   Mattel 2007 Spielzeugrückruf 5
   Peloton 2023 Laufbandrückruf 57
   Pepsi 1993 erfundene Produktschadenskrise 99
   Samsung Galaxy Note 7 2016 Rückuf 53
   Space Shuttle Challenger 1986 Unglück 61
   Takata 2013-Airbag-Rückruf 141
   Volkswagens Dieselskandal 26, 33, 166
Feedback 47
Fehler, häufiger in Medienarbeit 67
Finanzanalystinnen 68
   Bewertung der finanziellen Auswirkungen 68
   Bewertung der operativen Leistung 68

Bewertung des Reputations-
    managements 68
Einhaltung gesetzlicher
    Vorschriften 68
Nachhaltigkeit des
    Rückrufmanagements 68
proaktives Management 70
Transparenz 70
Fisher-Price 2019 Rock 'n Play
    Babywiegen-Rückruf
    56, 101
Ford Pinto 1978 Rückruf 18
Fortschritt, technologischer 178
Früherkennung von
    Produktproblemen 49

G

Gamma-Test 96
Gasgrill-Set, fehlerhafte 28
General Product Safety Regulation
    (GPSR) 149, 151
Geschäftsrisiko 174
Gesetze und Vorschriften zur
    Produktsicherheit 11
Gesetzeslandschaft, komplexe 60
Globalisierung 177
GM 2014 Rückruf aufgrund defekter
    Zündschalter 48, 120
Goldene 24-Stunden-Regel 66
Großhändlerinnen 49
    Früherkennung von
        Produktproblemen 49
    Koordination 53
    Produktrückverfolgung 53
    Schulung und Unterstützung 53
    Unterstützung 52

H

Haftung
    regulatorische 23
    strafrechtliche 23
    vertragliche 23
    zivilrechtliche 23
Handlungsempfehlung 47
Herausforderung, zukünftige
    Auswirkungen von Rückrufen auf
        die Umwelt 179
    Globalisierung 177
    informierte Kundinnen 178
    Internet of Things 178
    Künstliche (allgemeine)
        Intelligenz 178
    regulatorische Landschaft 178
    technologische Fortschritte 178
Herdeneffekt 38
Herkunftsland 164, 165
Hotline für direktes
    Kundenfeedback 40
How-To-Handbuch 83, 88, 105

I

Identifizierung betroffener Artikel 47
IKEAs Kipp-Problem 25, 132
Implementierung von
    Korrekturmaßnahmen 113
Influencerin 62
Information, relevante in
    Rückrufankündigungen 102
Informationsquelle
    externe 96
    interne 96
Informieren der Herstellerinnen
    durch Lieferantinnen 61
Innovation in der Post-Rückruf-
    Phase 122

Intel 1994 Pentium-Krise 77
Interesse, öffentliches 64
Internet of Things 178
Investorin 68
    Bewertung der finanziellen Auswirkungen 68
    Bewertung der operativen Leistung 68
    Bewertung des Reputationsmanagements 68
    Einhaltung gesetzlicher Vorschriften 68
    Nachhaltigkeit des Rückrufmanagements 68
    negative Überreaktion 38
    proaktives Management 70
    Risikoaversion 38
    Transparenz 70
Isolierung zurückgegebener Artikel 113

J

Johnson & Johnson
    1982 Tylenol-Cyanid-Affäre 69
    2010 Phantomrückruf 69
Journalistin 64
    häufiger Fehler 67
    Mauern 67
    Vermittlerinnen 64
    vertrauensvolle Beziehung 67

K

Kinder 2022 und 2023 Schokoladen-Rückrufe 4
Kommunikation
    mit Einzelhändlerinnen während eines Rückrufs 111
    mit Regulierungsbehörden während eines Rückrufs 112
    unzureichende mit Einzelhändlerinnen 54
Kommunikation mit den relevanten Stakeholdern 105
    Einzelhändlerinnen 111
    freiwilliger Rückruf 106
    Kundenhotline 107
    Medien 112
    Regulierungsbehörden 112
    relevante Informationen 106
    Rückruf mit geringem Risiko 106
    Rückruf mit Sekundärwirkung 106
    Rückrufwerbung 109
    Social-Media-Strategie 107
    Sprecherin 110
    vorsorglicher Rückruf 106
Kommunikation mit Kundinnen
    Automobilprodukte 144
    Konsumgüter 131
    Lebensmittel 138
Kommunikationsstrategie 104
Komponente der Rückrufbereitschaft 84
Konsumgut 130
    Informationsanforderungen 135
    Kommunikation mit Kundinnen 131
    Korrekturmaßnahme 131
    Leistungsanforderungen 135
    Lieferkette 131
    Produktregistrierung 132
    rechtliche Risiken 135
    regulatorisches Umfeld 135
    Rückrufgründe 134
    Rückverfolgbarkeit von Lebensmittel 139

Rückverfolgbarkeit von
  Produkten 131
Koordination mit Groß- und
  Einzelhändlerinnen 53
Korrekturmaßnahme 31, 59, 103
  Automobilprodukte 143
  Fahrzeugprodukte 143
  Konsumgüter 131
  Lebensmittel 136
  teilweise 31
  vollständige 31
Kosten, direkte 37
Kraft 1996 Erdnussbutter-Rückruf"
  39, 118, 164
Krisenmanagement der
  Luftfahrtindustrie 82
Krisenvorsorge der
  Luftfahrtindustrie 82
Kryptonite 2004
  Kugelschreiber-Krise 65
Kundenbewusstsein 47
Kundenerwartung, enttäuschte 31
Kundenhotline 107
Kundenvertrauen 175
Kundenzufriedenheit 31
Kundenzufriedenheit nach einem
  Produktrückruf
  Ambivalenzeffekt 32
  Auslöschungseffekt 32
  Bumerangeffekt 33
  Chanceneffekt 32
  Puffereffekt 33
Kundin 46
  Anweisungen 47
  Benachrichtigungsschreiben 49
  Feedback 47
  Handlungsempfehlung 47
  Identifizierung betroffener
    Artikel 47

  informierte 178
  Kundenbewusstsein 47
  Rückrufbenachrichtigung 47
  Rückrufwarnung 47
  Sicherheitsmeldung 54
Künstliche (allgemeine) Intelligenz
  (KI) 178

L
Land O'Lakes 2003 Buttersticks-
  Rückruf 162
Landschaft, regulatorische 178
Lebensmittel 136
  designbezogene Probleme 137
  fertigungsbedingte
    Probleme 136
  Kommunikation mit
    Kundinnen 138
  Korrekturmaßnahme 136
  lieferkettenbezogene
    Probleme 137
  Produktkategorien 138
  Rückrufgründe 136
Lernen in der Post-Rückruf-
  Phase 120
Lieferkette
  Konsumgüter 131

M
Management, proaktives 70, 174
Management Summary 173
Managementinformationssystem 105
Managerin, weibliche in
  abteilungsübergreifender
  Task Force für
  Produktrückrufe 86
Markenhass 31

Markenschaden nach einem Produktrückruf 54
Markenstrategie 163
  umgekehrte 76
Marketing Expertise in abteilungsübergreifender Task Force für Produktrückrufe 87
Maßnahme, verschärfte von Regulierungsbehörden 58
Mattel 2007 Spielzeugrückruf 5, 110
Mauer 67
Medien 64
  goldene 24-Stunden-Regel 66
  häufiger Fehler 67
  Mauern 67
  Vermittlerinnen 64
  vertrauensvolle Beziehung 67
  zweischneidige Auswirkungen 65
Medieneinsatz während eines Rückrufs 112
Meinungsbildnerin 64
Meldepflicht 59
Minimizing-Unpleasant-Message-Effekt 61
Mitgefangen, mitgehangen 162, 167
MUM-Effekt 61
Musterfeststellungsklage 27, 34

N
Nachhaltigkeit des Rückrufmanagements 68

O
Optimierung der Rückrufeffektivität 39

P
Peloton 2023 Laufbandrückruf 57
Pepsi 2003 erfundene Produktschadenskrise 99
Pflicht
  rechtliche von Lieferantinnen 60
  vertragliche von Lieferantinnen 60
Philips 2021 Rückruf 37
Planung 82
Post-Rückruf-Phase 76, 115
  Innovation 122
  Lernen 120
  Preise 116
  Preissensibilität 117
  Sicherheits- und Lernkultur 120
  Werbung 116
  wichtigste Strategien 116
  Wiederherstellung des Unternehmenserfolgs 116
  Wirksamkeit von Werbung 117
  Ziele 116
Preis in der Post-Rückruf-Phase 116
Preissensibilität in der Post-Rückruf-Phase 117
Preisstrategie, optimale 41
Priorisierung von Kundinnen und Vertriebsnetzen 76
Produktschadenskrise, latente 14
Problemidentifikation 96
  Alpha-Test 97
  Beta-Test 96
  Delta-Test 97
  externe Quellen 96
  Gamma-Test 96
  interne Quellen 96
  Qualitätskontrolle 97
  Testergebnisse von Dritten 96

Überwachung verschiedener
  Plattformen in den sozialen
  Medien 96
Produktmanagementzyklus
  Anpassung an Geschäftsmodell
    und Branche 176
Produktmanipulation 12
Produktregistrierung 132
Produktrückholung
  Arten 13
Produktrücknahme 14
Produktrückruf
  angeordneter 12
  Definition 15
  Eigenschaften 12
  freiwilliger 12
  Gründe 2
  Kundenebene 15
  Markenschaden 54
  unfreiwilliger 12
  Vetriebsebene 15
Produktrückrufmanagement 174
Produktrückverfolgung durch
  Groß- und
    Einzelhändlerinnen 53
Produktrückverfolgung, Sicherheit
  und Qualitätskontrolle
  84, 92
  Einhaltung von Vorschriften 93
  kontinuierliche Verbesserung 93
  Protokolle zur
    Qualitätssicherung 93
  Transparenz der Lieferkette 93
Produktschadenskrise 14, 174
Produktzuverlässigkeit 167
  Spillover-Effekt 164
Puffereffekt 33

Q
Qualitätskontrolle 97

R
Reaktion der Wettbewerber 40
Rechtskosten 37
Rechtsstreitigkeiten 60
Regulierungsbehörde 57
  Durchsetzung der Einhaltung
    gesetzlicher Vorschriften 57
  Förderung der Kommunikation
    zwischen Stakeholdern 57
  Korrekturmaßnahme 59
  Meldepflichten 59
  Sanktionen 60
  Transparenz 59
  Überwachung des
    Rückrufprozesses 57
  Verschärfte Maßnahmen 58
  Zusammenarbeit 59
  Zustimmung 59
Reputations- und
  Vertrauensschaden 37
Risiko, rechtliches 60
  Konsumgüter 131
Risikoaversion von Investorinnen 38
Risikobewertung 98
  Art der Gefahr 98
  Ausfallrate 98
  Fehlerquote 98
  finanzielle Folgen 98
  nicht-finanzielle Folgen 98
  rechtliche Haftung 98
  Umfang der Marktabdeckung 99
  Wahrscheinlichkeit einer Schädi-
    gung der Nutzerinnen 98

Stichwortverzeichnis

Rolle, unterstützende von Stakeholdergruppen 76
Rückgabeanweisung 54
Rückgabeprozess 54
Rückruf
  auf Kundenebene 15
  auf Vertriebsebene 15
  freiwilliger 106
  mit geringem Risiko 106
  mit Sekundärwirkung 106
  vorsorglicher 106
Rückruf, passiver
  Spillover-Effekt 167
Rückruf, proaktiver
  Spillover-Effekt 167
Rückrufankündigung 104
  relevante Informationen 106
Rückrufbenachrichtigung 47
Rückrufbereitschaft 76, 82, 176
  Abteilungsübergreifende Task Force für Produktrückrufe 84, 85
  allgemeine Leitlinien für Produktrückrufe 84, 87
  Aus- und Weiterbildungsprogramm für das Rückrufmanagement 84, 89
  Komponenten 84
  Produktrückverfolgung, Sicherheit und Qualitätskontrolle 84, 92
  Rückrufsimulationen 84, 91
Rückrufeffektivität 113
  Abwicklungsgeschwindigkeit von Rückrufen 114
  Automobilprodukte 144
  Beteiligungsrate bei Rückrufen 114
  Fahrzeugprodukte 144
Rückrufgrund 2
  Automobilprodukte 142
  Fahrzeugprodukte 142
  Konsumgüter 134
  Lebensmittel 136
Rückrufkosten
  direkte 20, 37
  indirekte 20
Rückrufmanagement
  emotionale Aspekt von Kundenanliegen 78
  Erfüllen von Kundenerwartungen 35
  Hotline für direktes Kundenfeedback 40
  konformes Verhalten 35
  kundenorientierter Ansatz 76
  optimale Preisstrategie 41
  optimale Werbestrategie 41
  Optimierung der Effektivität des Rückrufs 39
  Planung 82
  Post-Rückruf-Phase 76, 115
  proaktives 38, 70, 174
  Rückruf-Phase 76, 94
  Rückrufbereitschaft 82
  Timing der Erhöhung der Werbeausgaben 41
  überkonformes Verhalten 35
  umgekehrte Marketingstrategie 76
  unterkonformes Verhalten 35
  Vor-Rückruf-Phase 76
  Werbeaktionen nach einem Rückruf 38
  Werbung 38
  Werbung nach einem Rückruf 38, 40
Rückrufmanagement-Zyklus 176
  Planung 82

Post-Rückruf-Phase 76, 115
Rückrufbereitschaft 82
Rückruf-Phase 76, 94
Vor-Rückruf-Phase 76
Rückruf-Phase 76, 94
   Aktivitäten 95
   Dokumentation und Berichterstattung 115
   Durchführung und Überwachung von Rückrufen 111
   Entscheidung zum Rückruf 99
   Erstellung eines Rückrufplans 102
   Kommunikation mit den relevanten Stakeholdern 105
   Problemidentifikation 96
   Risikobewertung 98
Rückrufprozess 94
Rückrufsimulationen 84, 91
   Durchführung und Bewertung 91
   Einbeziehung von Stakeholdergruppen 91
   Entwicklung von Szenarien 91
   kontinuierliche Verbesserung 91
Rückrufstrategie
   Spillover-Effekt 164, 167
Rückrufwarnung 47
Rückrufwerbung 109
Rückverfolgbarkeit von fehlerhaften Produkten 105
Rückverfolgbarkeit von Produkten
   Konsumgüter 131
   Lebensmittel 139

S
Samsung Galaxy Note 7 2016 Rückruf 1, 53, 107
Sanktion, behördliche 60
Sanlu 2008 Milchpulverrückruf 2, 3

Schulung und Unterstützung von Groß- und Einzelhändlerinnen 53
Sicherheits- und Lernkultur 120
Sicherheitsmeldung 54
Simulationsübung 84
Social-Media-Strategie 107
Soziale Medien 64
Space Shuttle Challenger 1986 Unglück 61
Spillover
   auf B2B-Kundinnen 170
   auf Produkte desselben Unternehmens 162
   auf Wettbewerberinnen 164
Spillover-Effekt 149
   Ähnlichkeiten mit Wettbewerbern 164
   Assoziationen mit Wettbewerbern 164
   Folgen für Produktkategorie 165
   Herkunftsland 164, 165
   Markenstrategie 163
   Mitgefangen, mitgehangen 162, 167
   passiver Rückruf 167
   Preise von Wettbewerbern 165
   proaktiver Rückruf 167
   Produktzuverlässigkeit 164, 167
   Rückrufstrategie 164, 167
   Schlüsselfaktoren 168
   Spillover auf B2B-Kundinnen 170
   Spillover auf Produkte desselben Unternehmens 162
   Spillover auf Wettbewerberinnen 164
   Verleugnungsstrategie 167
   Werbung von Wettbewerbern 164

Sprecherin während des
  Rückrufs 110
Stakeholdergruppe
  Einzelhändlerinnen 49
  Finanzanalystinnen 68
  Großhändlerinnen 49
  Investorinnen 68
  Journalistinnen 64
  Kundinnen 46
  Medien 64
  politische Entscheidungs-
    trägerinnen 57
  Priorisierung von Kundinnen und
    Vertriebsnetzen 76
  Regulierungsbehörden 57
  unterstützende Rollen 76
  Vertriebspartnerinnen 49
  Zuliefererinnen 60
Strategie, wichtigste in der Post-
  Rückruf-Phase 116

T
Takata 2013 Airbag-Rückruf
  2, 20, 141
Task Force, abteilungsübergreifende
  für Produktrückrufe 84, 85
  Diversität 86
  externes Fachwissen 86
  internes Fachwissen 86
  kundenzentrierte 87
  Marketing Expertise 87
  weibliche Managerinnen 86
Task Force, kundenzentrierte für
  Produktrückrufe 87
Testergebnis von Dritten 96
Timing der Erhöhung der
  Werbeausgaben 41

Top10 der wichtigsten
  Erkenntnisse 173
Trainingsprogramm 82
Transparenz 70
  in der Lieferkette 62
  mit Regulierungsbehörden 59

U
Überlegung, ethische 19, 20
Überreaktion, negative von
  Investorinnen 38
Überwachung
  des Rückrufprozesses 57
  verschiedener Plattformen in den
    sozialen Medien 96
  von Wiederver-
    kaufsplattformen 56
Umfeld, regulatorisches
  Konsumgüter 135
Unternehmenserfolg 174
Unternehmensreputation 35, 175
Unterstützung
  logistische 63
  von Groß- und
    Einzelhändlerinnen 52
Ursachenanalyse 63

V
Vanille-Florentiner Kekse, falsch
  etikettierte, 2024 63, 117
Verantwortlichkeit in der
  Lieferkette 62
Verantwortung übernehmen 117
Verfahren, standardisierte 88
Verfolgung fehlerhafter
  Komponenten 63

Verhalten
  konformes 35
  überkonformes 35
  unterkonformes 35
Verleugnungsstrategie 167
Vertriebspartnerin 49
  Früherkennung von
    Produktproblemen 49
  Koordination 53
  Produktrückverfolgung 53
  Schulung und Unterstützung 53
  Unterstützung 52
Volkswagens Dieselskandal 26, 33, 117, 150, 166
Vor-Rückruf-Phase 76
  Abteilungsübergreifende Task Force für Produktrückrufe 85
  allgemeine Leitlinien für Produktrückrufe 87
  Aus- und Weiterbildungsprogramm für das Rückrufmanagement 89
  Produktrückverfolgung, Sicherheit und Qualitätskontrolle 92
  Rückrufsimulationen 91

W

Weiterverkauf von zurückgerufenen Artikeln 56
Werbeaktion nach einem Rückruf 38
Werbestrategie, optimale 41
Werbung
  in der Post-Rückruf-Phase 116
  nach einem Rückruf 38, 40
  während eines Rückrufs 38
Westland/Hallmark 2008
  Rindfleischrückruf 1
Wiederherstellung des Unternehmenserfolgs in der Post-Rückruf-Phase 116
Wiederverkaufsplattformen 55
  eBay 55
  Etsy 55
  Facebook 55
  Überwachung 56
  Weiterverkauf von zurückgerufenen Artikeln 56
  Zusammenarbeit 57
Wirksamkeit von Werbung in der Post-Rückruf-Phase 117
Workshop zu Rückrufbereitschaft 89

Z

Zertifizierung der Produktsicherheit 88
Ziel
  für die Erstellung von Rückrufplänen 103
  in der Post-Rückruf-Phase 116
Zuliefererin 60
Zusammenarbeit
  mit Regulierungsbehörden 59
  mit Wiederverkaufsplattformen 57
  vertrauensvolle zwischen Lieferantin und Herstellerin 64
Zustimmung von Regulierungsbehörden 59

The manufacturer's authorised representative in the EU is Springer Nature Customer Service Centre GmbH, Europaplatz 3, 69115 Heidelberg, Germany. If you have any concerns regarding our products, please contact ProductSafety@springernature.com

Printed and bound by CPI Group (UK) Ltd, Croydon, CR0 4YY

23/03/2026

02076458-0001